A.-L. Masson

MANUEL DE MORALE

ET

D'INSTRUCTION CIVIQUE

A l'usage de l'Enseignement primaire

NOUVELLE ÉDITION
entièrement refondue

LIBRAIRIE EMMANUEL VITTE

LYON | PARIS
3, place Bellecour, 3 | 5, rue Garancière, 5

1918

MANUEL DE MORALE

ET

D'INSTRUCTION CIVIQUE

NIHIL OBSTAT

S. Buy, *canonicus, censor diœcesanus.*

Lugduni, die 29ᵃ Septembris 1917.

IMPRIMATUR

Lugduni, die 1ᵃ Octobris 1917.

F. Lavallée,
V. g.

A.-L. Masson

MANUEL DE MORALE

ET

D'INSTRUCTION CIVIQUE

A l'usage de l'Enseignement primaire

COURS MOYEN ET COURS SUPÉRIEUR

Deuxième Édition

LIBRAIRIE EMMANUEL VITTE

LYON	PARIS
3, place Bellecour, 3	5, rue Garancière, 5

1918

PROGRAMME OFFICIEL DE MORALE

1. **L'enfant dans la famille.** — Devoirs envers les parents et les grands-parents : Obéissance, amour, respect, reconnaissance. Aider les parents dans leurs travaux. Les soulager dans leurs maladies. Venir à leur aide dans leurs vieux jours.

Devoirs envers les frères et sœurs : s'aimer les uns les autres. Protection des aînés à l'égard des plus jeunes.

Devoirs envers les serviteurs : les traiter avec politesse et bonté.

2. **L'enfant dans l'école.** — Assiduité. Docilité. Travail. Convenance dans la tenue et dans l'extérieur. Devoirs envers l'instituteur. Devoirs envers les camarades.

3. **Devoirs envers la patrie.** — La France : ses beautés, ses grandeurs. Ce que l'homme doit à la patrie : Respect de l'autorité. Obéissance aux lois. Le service militaire. Discipline. Dévouement. Fidélité au drapeau. L'impôt. Le vote. Droits qui correspondent à ces devoirs. Liberté individuelle. Liberté de conscience. Liberté du travail. Liberté d'association. Garantie de la sécurité, de la vie et des biens de tous. La souveraineté nationale. Explication de la devise républicaine : Liberté, Egalité, Fraternité.

4. Devoirs envers soi-même. — Le corps. Sobriété et tempérance. Dangers de l'alcoolisme. Les biens extérieurs. Economie. Eviter les dettes. Le travail. Ne pas perdre le temps. Obligation du travail pour tous les hommes.

L'âme : véracité et sincérité. Ne jamais mentir. Dignité personnelle. Ne point s'aveugler sur ses défauts. Eviter l'orgueil, la vanité, la coquetterie, la frivolité. Avoir honte de la paresse. Courage dans le péril et le malheur. Dangers de la colère.

Nos devoirs envers les animaux. Les traiter avec douceur. Ne pas les faire souffrir inutilement. Loi Grammont.

5. Devoirs envers les autres hommes. — La justice, condition de toute société. Application et développements de l'idée de justice. Ne faites pas à autrui ce que vous ne voudriez pas qu'on vous fît. Respect de la vie et de la liberté humaines. Respect de la propriété. Respect de l'honneur et de la réputation d'autrui. Respect de la parole donnée. Equité. Probité. Délicatesse.

Application et développement de l'idée de charité ou de fraternité. Ses divers degrés. Faites aux autres ce que vous voudriez qu'on vous fît. Devoirs de bienveillance, de tolérance, de clémence. Le dévouement, forme suprême de la charité. Montrer qu'il peut trouver place dans la carrière la plus obscure.

6. Devoirs envers Dieu.

PROGRAMME D'INSTRUCTION CIVIQUE

L'Etat. Le pouvoir législatif, le pouvoir exécutif. Le pouvoir judiciaire. La Constitution. Le Président de la République. Le Sénat. La Chambre des députés. L'administration centrale, départementale, communale. La commune, le maire, le conseil municipal. Le département, le préfet, le conseil général. L'enseignement, ses divers degrés. La force publique.

NOTE DE L'AUTEUR

Pour l'enchaînement des idées on a cru devoir suivre dans cet ouvrage l'ordre logique des choses, et mettre à leur base ce qui est en réalité la base de toute morale. Mais il sera facile à des personnalités intelligentes comme sont les membres de notre Corps enseignant, de chercher dans la table des matières les sujets qui devront correspondre, soit au programme précédent, tracé par un membre éminent de l'Instruction publique, soit à d'autres programmes qui pourraient paraître ensuite, soit à ceux qui distribuent le travail pour chaque mois de l'année.

PREMIÈRE PARTIE [1]
Morale générale ou théorique

LEÇON I

CE QUE C'EST QUE LA MORALE ET POURQUOI NOUS AVONS DES DEVOIRS

Le mot et la chose. — Le mot *morale* vient du latin *mos, moris*, qui signifie mœurs. La morale est donc la science des mœurs, mais des mœurs telles que celles-ci doivent être, non pas toujours telles qu'elles sont. La morale règle nos mœurs, nos habitudes, nous enseigne à nous bien conduire ; on pourrait l'appeler la science de la vie, non pas qu'elle nous apprenne le mystère de notre existence ; cela regarde la religion et la philosophie ; mais elle est la science pratique de la vie, car elle nous apprend comment nous devons vivre, ce que nous devons faire, ce que nous devons éviter ; et, comme nos obligations ont reçu le nom de *devoirs*, la morale est, en résumé, la science du devoir.

Pourquoi nous avons des devoirs. — Pourquoi *doit-on* faire telle chose et ne doit-on pas faire telle autre ? Est-ce que nous ne sommes pas libres ?

Nous avons des devoirs : 1° Parce que nous ne nous sommes pas faits tout seuls. Aucun de nous n'a toujours existé, n'est-ce pas ? n'existant pas il lui était

---

[1] Nous conseillons aux instituteurs de ne pas se servir de cette première partie pour les jeunes enfants, mais seulement pour des élèves dont l'intelligence est déjà développée.

impossible de rien faire pour se procurer l'existence. Puisqu'un Etre bon et puissant nous a créés, nous avons des obligations envers cet Etre puissant et bon, obligations de reconnaissance, de respect et d'amour.

2° Celui qui nous a créés a eu un but en le faisant : de là un devoir d'obéissance ; nous devons vivre et agir en vue d'atteindre le but qu'il s'est proposé, d'arriver à *notre fin*. La fin d'un être, c'est ce à quoi cet être est destiné. Il y a des créatures qui arrivent à leur fin nécessairement et fatalement, c'est-à-dire qu'elles agissent par une force naturelle ou par instinct, et qu'elles ne peuvent pas faire autre chose que d'atteindre leur fin. Le grain de blé mis en terre dans de bonnes conditions produit toujours un épi ; l'oiseau sillonne toujours l'air de son vol gracieux ; il charme notre oreille par ses chants, et bâtit chaque année son nid sous le feuillage pour que d'autres petits oiseaux continuent sa mission. L'homme a de plus que les autres créatures organisées deux grandes prérogatives : il a la raison pour comprendre ce qu'il fait, et la liberté pour agir d'une manière ou d'une autre. Il concourt volontairement à atteindre sa fin ; c'est pourquoi ses obligations deviennent des devoirs.

3° Nous ne sommes pas jetés isolément sur la terre, notre vie est liée à celle de beaucoup d'êtres : parents, amis, concitoyens ; l'ensemble des relations de tous ces êtres forme les sociétés ; nous ne pouvons pas nous soustraire aux obligations que nous impose notre place dans la société sans rompre l'harmonie générale qui doit régner dans l'univers. Comprenez-vous maintenant, chers enfants, pourquoi nous avons des devoirs ? c'est que nous sommes des *créatures*, des *créatures raisonnables*, de *créatures sociables*. Le devoir est la correspondance de chacun à sa fin, c'est l'obligation que se reconnaît à lui-même un être intelligent et libre.

Rôle de la liberté. — C'est avec la liberté que nous faisons notre devoir. Petit enfant, votre mère vous a imposé une tâche qui doit contribuer à votre éducation ; vous regardez par la fenêtre le soleil qui brille, des camarades peut-être qui jouent dans la prairie, et le désir d'aller les rejoindre vous fait battre le cœur ; mais vous dites : Non ! pas avant d'avoir rempli ma tâche ; et vous vous mettez au travail ; vous avez fait votre devoir, alors que vous auriez été libres de ne pas le faire. Plus tard, il en est de même dans la vie. Nous avons des obligations plus étroites, plus importantes encore qu'on n'en a à votre âge, et, autour de nous, mille tentations, mille séductions semblent nous appeler. Nous résistons à la tentation ; nous disons : Non ! je veux faire cela d'abord, et je le ferai parce que c'est mon devoir. Nous sommes *libres* puisque nous pouvons choisir d'obéir ou de résister ; nous ne sommes pas *indépendants*, car Dieu, notre Créateur, a des droits sur nous, il veut, dans sa bonté, que nous retournions à lui et nous en indique les moyens. Nous avons la *raison*, flambeau divin qui nous éclaire sur nos devoirs, la *liberté* de les accomplir ou de les négliger, la *volonté*, pour nous déterminer dans un sens ou dans un autre : voilà ce qui fait notre grandeur, notre beauté morale.

DEVOIR DE L'ÉLÈVE

Les élèves doivent résumer les principales pensées de la leçon en quelques phrases courtes, claires, détachées comme des maximes. Pour ceux qui ne seraient point encore capables de trouver eux-mêmes ces pensées, nous leur conseillons, après avoir lu ou écouté la leçon, de copier au moins les phrases que nous donnons à la suite, et de les apprendre par cœur. Ces maximes confiées à leur mémoire, se retrouveront dans leur esprit quand besoin en sera.

1. — La morale est la règle de nos mœurs, la science pratique de la vie.
2. — Elle nous fait connaître le bien et le mal, elle nous enseigne nos devoirs.
3. — Le devoir, c'est la correspondance de chacun à sa fin, c'est l'obligation que se reconnaît à lui-même un être intelligent et libre.
5. — La fin d'un être, c'est ce à quoi cet être est destiné.
6. — L'homme est libre parce que Dieu lui a donné la liberté ; il n'est pas indépendant puisqu'il a un Créateur

LEÇON II

LE BIEN ET LE MAL
DEUX DEGRÉS DANS LA MORALE

Le bien, c'est ce qui est dans l'ordre. — Nous sommes créés pour une certaine fin : le bien est la correspondance de toute chose avec sa fin. A l'exercice particulier de chacune de nos facultés nous concevons une fin, n'est-ce pas? Si mon intelligence travaille, c'est pour acquérir des connaissances ; si je marche, c'est pour atteindre un but ou pour exercer mes organes. Mais nous concevons que ces fins particulières concourent à une fin unique qui est le secret de tout notre organisme, et pour laquelle notre nature nous a été donnée, et nous sentons que c'est là notre *bien réel*. Puis, sortant de nous-mêmes, nous concevons que ce bien réel qui pour nous est un tout et une fin suprême, se perd comme bien partiel et relatif dans un autre bien total et absolu qui est la fin de toutes choses et le but de la création parce qu'il en est le principe : c'est alors le bien absolu ou bien en soi qui n'est autre que Dieu. Et, comme le bien apparent ou sensible où tend chacun de nos penchants doit être subordonné au bien réel des individus, de même le bien de chaque individu doit être subordonné au bien absolu ou bien en soi. C'est quand les déterminations de notre volonté sont réglées d'après ce motif qu'elles ont pour caractère le *bien moral*. Le bien moral est donc la libre concordance du bien des individus avec le bien absolu, la conformité volontaire du principe et de la fin.

Le mal, c'est ce qui sort de l'ordre. — Prenez le contraire de ce que nous venons de dire, et vous aurez le mal, c'est-à-dire le désordre, la non-conformité du principe et de la fin. C'est un mal, par exemple, de tendre à une vie purement matérielle quand on est doué d'un principe spirituel. C'est un mal de prononcer des paroles trompeuses et mensongères parce que la parole nous est donnée pour révéler notre pensée.

Bien et Mal sont donc des choses tout à fait opposées ; les confondre serait une véritable aberration de l'esprit.

Deux degrés dans la morale. — Deux grands ordres de choses se partagent le monde : l'ordre naturel et l'ordre surnaturel. Nous rencontrons d'abord la *morale naturelle* qui nous dirige vers notre fin de créatures raisonnables, mais une fin bornée, restreinte à cette seule nature. Elle peut, selon les circonstances, nous rendre heureux en cette vie, quoique cela n'arrive pas toujours ; en tout cas, elle ne va pas au-delà. Mais nous montons sur l'échelle des êtres, et nous trouvons que notre Créateur, non content de nous avoir donné notre nature humaine, nous offre un moyen de nous élever jusqu'à sa nature divine, non par une confusion impossible, mais par une communication très avantageuse pour nous ; de là la vie surnaturelle, de là une série de lois plus élevées que les premières, ne les effaçant, ne les anéantissant pas, car le même législateur les a faites, mais les perfectionnant et les développant : c'est la *morale surnaturelle*. La première reçoit encore le nom de *morale rationnelle* ou *philosophique* parce que les lumières de la raison la font connaître, et les écrits des philosophes l'exposent ; la seconde porte le nom de *morale révélée* ou *évangélique*, parce qu'elle a été l'objet d'une révélation divine et se trouve dans l'Evangile. Toutes deux se tiennent, s'expliquent, se complètent. Dieu a bien voulu mettre beaucoup de choses dans notre intelligence, mais il n'y a pas tout mis ; il s'est réservé de parler directement pour nous apprendre quels rapports nous devons avoir avec lui. La morale surnaturelle ou chrétienne est donc aussi obligatoire que la morale naturelle ; celle-ci est bonne mais insuffisante ; celle-là perfectionne notre nature, élargit notre horizon, nous fait monter vers l'infini.

Morale évangélique. — L'Evangile est du reste le plus parfait Code de morale qu'on puisse imaginer. Si tout le monde suivait la loi évangélique, le bonheur régnerait parmi nous, même dès cette vie ; les troubles qui agitent notre pauvre terre n'y existeraient pas ; chacun serait bon pour son prochain ; il n'y aurait donc plus de haines, d'injustices ou de tromperies ; on ne blesserait plus son voisin par orgueil ; on ne lui nuirait plus par rapacité, convoitise ou malversations ; les biens, la vie, la réputation de chacun seraient en sûreté ; on pourrait se fier à la parole d'autrui ; le riche aiderait le pauvre, et le pauvre aimerait le riche ; l'harmonie et l'équilibre s'établiraient par la bienveillance et l'amour. La pratique de l'Evangile amènerait l'âge d'or et ferait le bonheur des peuples.

DEVOIR DE L'ÉLÈVE

1. — Le bien, c'est ce qui est dans l'ordre ; le mal, ce qui sort de l'ordre.
2. — Le bien particulier de chaque individu consiste à faire ce qui doit le conduire à sa fin.
3. — On reconnaît deux degrés dans la morale : morale naturelle et morale surnaturelle.
4. — La morale naturelle est bonne, mais insuffisante.
5. — L'Evangile est le plus beau, le plus parfait Code de morale qu'on puisse imaginer.
6. — La loi évangélique est faite pour le bonheur de l'homme.
7. — Si tout le monde la suivait, la paix règnerait sur la terre.

LEÇON III

SENS MORAL ET CONSCIENCE

Deux facultés que vous connaissez. — Nous entrons par nos cinq sens en rapport avec les objets du monde extérieur ; c'est pourquoi on appelle ces objets des *objets sensibles*. Le bien et le mal, les bonnes et les mauvaises actions, les vertus et les vices, les qualités et les défauts, l'amour ou le mépris du devoir, tout cela forme un monde à part qui ne tombe pas sous les sens et qu'on appelle *monde moral*. Pour connaître et apprécier les faits du monde moral, Dieu nous a donné des facultés en rapport avec eux : le *sens moral* et la *conscience*. Ce ne sont pas, chers enfants, des facultés nouvelles et supplémentaires dont vous ignoriez l'existence ; c'est la raison, cette grande prérogative de l'humanité, c'est une des opérations de la raison, le jugement appliqué à la conduite de la vie. Dieu a mis en nous la notion du bien et du mal, du juste et de l'injuste, des actes bons et des actes mauvais. Discerner la valeur de ces actes en toutes circonstances et ne pas se laisser tromper par l'apparence, c'est avoir le *sens moral bien développé*. Appliquer ce sens moral à sa conduite propre, se montrer délicat et sévère dans le choix de ses actions personnelles, repousser avec horreur tout ce qui touche ou qui conduit au vice, c'est avoir *une conscience bien formée*.

Ceux qui n'ont plus de sens moral. — Tous les hommes, sans exception, sont doués de ces deux facultés ; chacun de nous, sans y penser, qualifie les actions de bonnes ou de mauvaises. La civilisation et la religion développent le sens moral et le rendent plus délicat ; l'habitude de se laisser aller aux grossiers instincts de la nature, de vivre comme la brute, l'affaiblit et l'étouffe ; c'est pour cela seulement qu'on voit parfois des êtres dégradés, à qui tout ce qui n'est pas jouissance matérielle est devenu indifférent ; ils volent ou ils voient voler ; pourvu qu'on ne soit pas pris, c'est tout ce qu'il leur faut : ils n'ont plus de sens moral.

Rôle de la conscience. — La conscience a un double rôle ; elle nous inspire avant l'action, elle nous récompense ou nous punit après. Tout le monde connaît l'intime satisfaction qui se répand en nous lorsque, au prix peut-être de bien des peines, nous avons rempli un devoir difficile ou rendu à quelqu'un un signalé service : nous sommes si contents de nous que nous sommes aussi contents des autres ; tout nous paraît bon et beau dans le monde, le calme et la paix enveloppent notre âme. Si nous avons mal fait, une pensée tenace et persistante nous obsède sans cesse ; elle s'assied à notre chevet et trouble le sommeil de nos nuits; elle nous poursuit au milieu du travail et des distractions: elle empoisonne nos jours. Cette pensée, c'est le *remords*. On l'a comparée à un ver rongeur qui nous torture, à un aiguillon qui nous perce le cœur; il n'est plus avec elle de joie ni de repos. Si nous avions écouté notre conscience avant d'agir, il n'en serait pas ainsi. Elle nous avertit en amie pour n'avoir pas à nous punir en juge.

Le pouvoir de la conscience. — Dieu nous a fait une grande grâce en donnant ce pouvoir à la conscience. La vertu est rarement appréciée su la terre parce que l'homme ne voit pas toujours juste. Eh bien, avec la satisfaction de notre conscience, nous nous passons de l'estime des hommes. Le crime n'est pas toujours puni comme il devrait l'être parce qu'il reste parfois inconnu. Eh bien, celui qui l'a commis ne trompe ni Dieu ni lui-même comme il trompe les autres hommes; et, en attendant le jugement divin, il traîne après lui un boulet plus pesant que la chaîne du forçat : le boulet du mépris de soi-même. On échappe parfois à la justice humaine : on n'échappe pas à la voix de sa conscience.

DEVOIR DE L'ÉLÈVE

1. — On appelle sens moral la faculté qui nous fait apprécier le bien et le mal, le juste et l'injuste.
2. — La civilisation et la religion développent le sens moral et le rendent plus délicat.
3. — L'habitude de se laisser aller aux grossiers instincts de la nature, étouffe en nous le sens moral.
4. — On appelle conscience la raison appliquée à la conduite de notre vie.
5. — La conscience est une voix intérieure qui nous dit ce que nous devons faire, ce que nous devons éviter.
6. — La conscience nous avertit en amie pour n'avoir pas à nous punir en juge.
7. — La satisfaction de notre conscience est un si grand bonheur qu'elle nous console si nous n'avons pas l'estime des autres hommes.
8. — Le remords poursuit en tous lieux celui qui a fait le mal, et empoisonne sa vie.

LEÇON IV

FORMATION DE LA CONSCIENCE

Comment on aide à l'éclosion de la conscience. — De même, chers enfants, que nous faisons l'éducation de votre raison pour qu'elle atteigne son parfait développement, nous devons aider à l'éclosion de votre conscience afin qu'elle atteigne tout le discernement dont elle est susceptible. Une conscience droite est un grand auxiliaire dans la vie ; on l'acquiert : en étudiant les lois de la morale, en pratiquant le bien, en choisissant ses fréquentations.

1º **Il faut étudier la loi morale**, suivre attentivement les leçons que nous vous donnons à ce sujet. On familiarise ainsi sa raison avec les objets sur lesquels elle doit s'exercer. Il faut s'instruire de ce qui est permis ou défendu en toutes circonstances, de ce qui est grand digne et beau ; de ce qui est laid, bas, mesquin. Il faut nourrir son esprit de bonnes choses. Initiez-vous dans vos lectures à ces actes de dévouement et d'héroïsme qui montent plus haut que le devoir strict, à ces prodiges de charité et d'abnégation qui constituent le beau moral et qui emportent l'âme en de hautes régions. C'est en contemplant l'idéal dans ce qu'il a de plus grand que l'on sent mieux la laideur de l'égoïsme et l'erreur de celui qui ne se gêne pour personne.

2º **Il faut prendre l'habitude de pratiquer le bien**, sous la direction de ceux qui vous conduisent, avant même que votre conscience ne soit parfaitement formée. Sous cette impulsion elle s'éveillera et discernera bientôt par elle-même la juste raison des choses. Rien ne vaut la pratique du bien pour en donner l'amour.

3º **Il faut choisir avec soin vos amitiés, vos relations.** — Plus tard, quand votre caractère sera bien trempé, vous pourrez vous trouver en contact avec des personnes déshonnêtes ou peu scrupuleuses sans que votre moralité en souffre ; peut-être même acquerrez-vous quelque influence sur elles et leur ferez-vous du bien. Tant que vous êtes jeunes, faibles, inconséquents, c'est vous qui subiriez l'influence mauvaise. Celui qui est entouré de gens corrompus finit par penser comme eux, s'il a le caractère faible.

Conscience droite. — L'idéal que nous devons atteindre, c'est de nous faire une *conscience droite et éclairée*, c'est-à-dire allant directement à ce qui est juste et bon, appelant le bien et le mal, chacun de son nom et ne s'y laissant pas tromper, quoi qu'elle puisse entendre dire. On peut encore rendre la conscience *délicate*, c'est-à-dire apte à discerner les moindres nuances du bien et à craindre les moindres taches.

Conscience faussée. — Si, au lieu de cela, on vous a faussé le jugement, en ne vous instruisant pas de vos devoirs, en laissant vos défauts devenir des vices, vous avez cette conscience trop facile qu'on appelle *conscience large ou élastique* parce qu'elle tolère beaucoup de choses qui ne doivent pas être tolérées. Si, tombant dans l'extrême opposé, on vous nourrissait l'âme de minuties, de petitesses, en vous faisant considérer comme important ce qui ne l'est pas, comme obligatoire ce qui est facultatif, vous auriez une *conscience étroite, scrupuleuse*, jugeant mal, voyant les objets dans une fausse lumière.

Nos obligations par rapport à la conscience. — Quand vous aurez la conscience bien formée, chers petits, il faudra encore examiner, consulter, écouter cette conscience.

1º L'*examiner* chaque soir pour savoir si vos œuvres de la journée sont bonnes ou si vous avez commis des fautes. Les mères chrétiennes donnent cette sage habitude à leurs enfants, mais ceux des païens qu'on appelait des *Sages* pratiquaient aussi l'examen de conscience ; le philosophe Pythagore le conseillait à ses disciples ; chez les modernes, le moraliste Franklin marquait chaque jour sur un petit carnet les fautes qu'il avait commises ou les victoires qu'il avait remportées sur lui-même.

2º Il faut *consulter* votre conscience lorsqu'une difficulté se présente. Cela se fait tout naturellement ; vous réfléchissez un instant, et vous comprenez bientôt que telle route, tout épineuse qu'elle paraisse, est la route du devoir ; que telle autre, malgré son attrait, est la voie de la perdition ; que telle action vous donnera la paix et que telle autre vous laissera le trouble. Pascal a dit : « La conscience est le meilleur livre de morale que nous ayons, et celui que nous devons consulter le plus souvent. »

3° A quoi servirait de s'être formé la conscience, de l'examiner et de la consulter, si nous méprisions ses avis ; il faut l'*écouter* et suivre ses inspirations.

DEVOIR DE L'ÉLÈVE

1. — La conscience droite est celle qui va directement au bien sans se laisser tromper par les apparences.
2. — On se forme la conscience en étudiant la loi morale et en prenant l'habitude du bien.
3. — Rien ne vaut la pratique du bien pour en donner l'amour.
4. — Les mauvaises fréquentations endorment, aveuglent la conscience.
5. — La conscience délicate est celle qui discerne les moindres nuances du bien et qui craint les moindres taches.
6. — Une conscience faussée peut être trop large ou trop étroite.
7. — La conscience large ou élastique ne voit pas le mal où il y en a.
8. — La conscience étroite ou scrupuleuse voit du mal où il n'y en a pas.
9. — Il faut examiner, consulter, écouter sa conscience.
10. — Il ne faut jamais agir contre sa conscience.

LEÇON V

LE DEVOIR

Il n'est pas permis de sacrifier le devoir à rien autre. — Quand la conscience nous a montré une action comme étant le devoir, il faut l'accomplir à tout prix.

C'est une grande chose que le devoir, c'est la règle de conduite de tout homme digne de ce nom. Agir par caprice ou par instinct est le fait de l'animal sans raison ; agir par intérêt est souvent utile et permis, mais l'intérêt ne concorde pas toujours avec le devoir, et souvent il faut sacrifier le premier au second ; il n'est pas permis de sacrifier le devoir à rien autre. C'est par devoir que la mère passe les nuits près du berceau de son enfant malade, car elle est obligée de veiller sur cette frêle vie. C'est par devoir que le père de famille travaille toute la journée à l'atelier ou à l'usine parce qu'il est obligé de procurer à ses enfants la subsistance et l'éducation. C'est par devoir que le soldat affronte les boulets ennemis et tombe loin des siens sur un champ de bataille, car le citoyen doit se sacrifier, s'il en est besoin, à l'honneur de sa patrie. C'est par devoir que le magistrat, jugeant selon sa conscience, porte un verdict dont il sait que le coupable se vengera plus tard, car il est le gardien de la sécurité publique, et il ne peut trahir la confiance qu'on a mise en lui.

Tous en ce monde nous avons des devoirs. — Nous en avons envers Dieu, notre Créateur et notre Maître, envers nous-mêmes pour conserver la dignité personnelle dont nous sommes revêtus, envers la société, la famille, la patrie, l'humanité entière. Vous, chers amis, votre devoir est de vous instruire et d'obéir à ceux qui vous élèvent ; le devoir de l'ouvrier est de travailler consciencieusement pour celui qui l'emploie ; le devoir du patron est de se montrer juste, bon et compatissant pour celui qui le sert ; le devoir du riche est d'aider fraternellement le pauvre ; le devoir du pauvre est de ne pas s'attribuer par des moyens injustes la propriété d'autrui. Le devoir des parents est de bien élever leurs enfants ; le devoir des enfants est de venir en aide aux parents âgés ou infirmes. Tous, nous avons des obligations qui s'imposent à nous, dans quelque condition d'âge, de fortune, de position que nous soyons, et si nous voulons garder notre conscience en paix, il faut remplir notre devoir.

Le devoir avant tout. — Parfois ce devoir est visible

et facile. Il suffit d'avoir vraiment la volonté de le faire et nous l'accomplissons. D'autres fois il est douteux, entouré de complications ; il faut, pour le connaître, un sens droit et des conseils expérimentés. D'autres fois il est pénible et difficile parce qu'il ne concorde pas avec notre intérêt, parce qu'il va à l'encontre de nos goûts, de notre caractère. Autour de nous de faux amis, des protecteurs influents veulent nous entraîner dans la route où ils marchent, et cette route parfois n'est pas celle du devoir. Le connétable de Bourbon écoute ses désirs de vengeance : il trahit sa patrie. Jean-Baptiste Rousseau veut se faire bien voir de riches personnages : il renie son père. Pour accomplir le devoir dans les circonstances difficiles, il faut lutter, nous oublier, fouler aux pieds les aspirations de notre cœur, nous renoncer nous-mêmes et résister aux autres, lui sacrifier parfois notre fortune et notre position, mais il reste néanmoins le *devoir*, c'est-à-dire l'*obligatoire*, et pour celui qui a du cœur et de la conscience, le devoir passe avant tout.

Les héros du devoir. — Il y a eu des héros, des héroïnes du devoir, il y a et il y aura toujours des martyrs du devoir. C'était une héroïne du devoir conjugal, cette Eponine passant neuf années dans un souterrain pour ne point abandonner son époux, Sabinus. C'était un héros du patriotisme, ce chevalier d'Assas, criant : « A moi, Auvergne ! voici l'ennemi ! » quand il savait que son cri serait le signal de sa mort. Entrevoyez-vous, mes enfants, la beauté du devoir ? Et comprenez-vous notre émotion quand nous voulons vous donner l'amour de cette grande chose ? « Fais ce que dois, advienne que pourra », disaient nos ancêtres dans notre vieille France. C'est-à-dire : Accomplissons notre devoir, parce que c'est le devoir, et ne nous inquiétons pas des persécutions qu'il pourra nous attirer.

Vous ferez toujours votre devoir. — Vous êtes jeunes. Si nous vous apprenons aujourd'hui à ne pas quitter votre tâche malgré la vision du plaisir qui vous sollicite peut-être, à dire toujours la vérité, quand même elle ne serait pas à votre avantage, à respecter vos parents lors même que certains mauvais sujets se moqueraient de vous, vous serez préparés pour plus tard aux luttes plus ardues de la vie, et vous ferez votre devoir toujours. Jeune fille, vous travaillerez pour vos parents au lieu de dépenser comme vos voisines, de l'argent en colifichets ; jeune homme, vous serez ce soldat qui reste à son poste, sentinelle vigilante, pour garder la frontière, malgré le froid, la fatigue, les railleries des imbéciles. Pères ou mères de famille, vous serez ces nobles chrétiens qui élèvent pour le pays et pour l'Église de vaillantes générations. S'il faut sacrifier quelque chose pour garder l'honneur et l'intégrité de votre conscience, vous le sacrifierez, sachant que le devoir passe avant tout.

Une pauvre veuve avait grand'peine à vivre. Un protecteur puissant lui offrait de faire élever ses enfants et de lui enlever ainsi une lourde charge, mais elle savait que, dans l'établissement où on les aurait mis, leurs mœurs seraient en danger, la pureté de leur âme se trouverait compromise : elle refusa. Le protecteur irrité jura de se venger. Après mille souffrances et mille déceptions, la pauvre femme, poursuivie par des créanciers, fut expulsée de son humble demeure, et ses meubles furent mis à l'encan. « Je ne sais où aller, disait-elle en pleurant, mais je ne regrette rien ; j'aime mieux voir vendre mes meubles que d'avoir vendu ma conscience. »

Pendant notre grande et malheureuse guerre, un enfant de douze ans ramassait du bois mort dans une forêt de l'Argonne, un détachement ennemi arrive bride abattue. « Les soldats français ont passé là, disent-ils à l'enfant ; quel chemin ont-ils pris? » L'enfant ne répond pas. Il les avait vus en effet, il savait bien dans quelle direction ils marchaient, mais il comprenait aussi l'importance de la discrétion. — « Tu ne veux pas le dire, reprennent les Allemands — Non ! — Nous te récompenserons. » Ce disant, ils font briller à ses yeux quelques pièces d'or. L'enfant regarde d'un air de dédain et ne répond pas. « Eh bien, reprend un soldat, ce que l'appât du gain ne saurait faire, la crainte de la mort le fera. » Il appuie son revolver sur la poitrine de l'enfant. « Parle, ou tu es mort.—Toujours pas de réponse. — Pourquoi ne veux-tu pas parler — Parce que je suis Français, dit simplement l'enfant. » Eh ! oui, c'était bien simple : un Français ne trahit pas des Fran--

çais, mais il faut avouer qu'un pistolet sur le cœur est un terrible argument pour un enfant de douze ans, et qu'on n'y saurait résister sans un profond sentiment du devoir.

Droit et devoir. — Je vous ferai remarquer une chose. Il est des devoirs qui ont pour objet Dieu ou le prochain. Le fait de pouvoir exiger un devoir de la part d'un autre s'appelle *le droit*. Pour sauvegarder les droits de Dieu et ceux de nos semblables, nous devons donc accomplir nos devoirs. Vous entendrez beaucoup parler de droits autour de vous ; tout le monde en réclame. Eh bien ! la chose est simple. Si tous les devoirs étaient accomplis, tous les droits seraient satisfaits.

DEVOIR DE L'ÉLÈVE

1. — Le devoir est la règle de conduite de tout homme digne de ce nom.
2. — Quand la conscience nous a montré une chose comme étant le devoir, il faut l'accomplir à tout prix.
3. — Le devoir avant tout ! Ce sera ma devise.
4. — Fais ce que dois : advienne que pourra : c'était la devise de nos pères.
5. — Quand on a bien rempli son devoir, la conscience est tranquille.
6. — Si tous les devoirs étaient accomplis, tous les droits seraient satisfaits.

LEÇON VI

RESPONSABILITÉ, MÉRITE ET DÉMÉRITE DE LA VALEUR MORALE

Responsabilité. — Puisque nous avons une conscience qui nous éclaire sur le bien et le mal, une liberté qui permet à notre volonté de se déterminer en conséquence, nous sommes donc des êtres *responsables*, c'est-à-dire que nous devons répondre de nos actes et en porter les conséquences. Celui qui fait le bien pouvant faire le mal a du mérite à accomplir le premier ; s'il choisit le second il est au contraire à blâmer. Nous sentons cela tout naturellement. Un homme vient d'être dévoré par un tigre ; vous plaignez la victime, mais votre indignation n'est pas la même que s'il a été tué par un autre homme. Le tigre suit son instinct : il n'est pas responsable. Les êtres raisonnables seuls sont responsables de leurs actes. La responsabilité suppose quatre conditions :

1º *La conscience de ce qu'on fait présentement*. Ainsi, dans la première enfance, dans le sommeil, dans une maladie mentale, on n'est pas responsable.

2º *La réflexion* pour peser à l'avance les suites de la résolution que l'on prend. Les animaux, par exemple, sont irresponsables pour plusieurs raisons, mais pour celle-ci entre autres, qu'ils ne sauraient se représenter les conséquences de leurs actes.

3º *La liberté de choisir entre plusieurs actes possibles*. Si nous faisons le bien ou le mal par force, nous ne sommes ni à louer ni à blâmer.

4º *La notion d'une règle* prescrivant certaines choses et en défendant d'autres.

Mérite et démérite. — Cette responsabilité des êtres libres et raisonnables est une grande charge, mais aussi elle fait la supériorité de notre nature et donne de la valeur à nos actes. Si je sacrifie mon plaisir ou mon intérêt à un devoir pénible, alors que j'aurais pu ne pas accomplir cet effort, mon action a de *la valeur* : elle devient méritoire. Si je sacrifie au contraire la justice et le devoir à mon plaisir ou à mon intérêt, j'ai *démérité*, j'ai fait une *perte morale*. Le mérite, c'est ce qui rend une personne digne d'estime ; le démérite, c'est ce qui doit attirer le blâme. D'où nous allons conclure tout naturellement que la *valeur de nos actions* est la mesure vraie de notre *valeur personnelle*.

Comment on juge dans le monde et comment on devrait juger. — Selon les mœurs et la civilisation, les hommes ont diverses manières de s'apprécier, de se donner un rang. Dans une tribu sauvage, l'homme le plus fort est le mieux vu ; dans une autre, c'est le plus adroit. Ici, la beauté remporte le prix ; là les aptitudes intellectuelles, et bien plus souvent, la fortune. Tout cela ne saurait constituer une valeur réelle parce que nous y avons ou peu de part, ou même point de part. Ma fortune, ce n'est pas moi ; ma force et mon intelligence, ce sont des dons de Dieu, et ils n'ont de prix pour moi-même que par l'usage que j'en fais. On ne réfléchit pas assez. Les hommes devraient se classer, non d'après ce qu'ils ont, mais d'après ce qu'ils font. Leur vraie, leur seule valeur, c'est leur valeur morale, c'est-à-dire un lot de vertus ou de vices résultant du bon ou du mauvais emploi de leurs facultés, et des efforts de leur volonté pour accomplir le bien.

Est-il facile de juger de la valeur des hommes? — Nous devons vous prémunir contre cette tendance qu'on a dans le monde à juger sur les apparences, à encenser des nullités qui s'imposent et à dédaigner de nobles et belles âmes capables de beaucoup de bien. Il faudra vous défier à ce propos de l'opinion publique et de votre propre légèreté qui vous feraient prendre souvent du cuivre brillant pour de l'or. Mais nous devons vous dire aussi qu'il n'est pas toujours facile de juger sainement de la valeur des hommes. Trop de choses restent cachées dans le secret des consciences ou dans l'intimité des familles pour que nous puissions apprécier les efforts de chacun, les circonstances qui ont entraîné celui-ci, les difficultés qu'a rencontrées celui-là. Je suppose un enfant appartenant à des parents déshonnêtes ; il n'a jamais reçu que de mauvais conseils ; on l'incite peut-être à voler ou à commettre d'autres actes blâmables. Par un instinct de droiture, par des principes de morale recueillis à l'école ou au catéchisme, il échappe à cette déplorable influence. Il est pauvre pendant des années et des années, il lutte avec énergie pour ne devoir qu'au travail le pain de chaque jour. Réfléchissez à la somme d'efforts qu'il a dû dépenser ; est-ce que, pour rester honnête encore envers et contre tout, il n'a pas été un héros du devoir ? est-ce que sa valeur morale n'est pas plus grande que celle d'un jeune homme appartenant à une famille considérée, qui n'a eu qu'à se laisser vivre pour occuper dans le monde une place honorable ?

Il est aussi beaucoup d'humbles devoirs, beaucoup de petites actions, de renoncements quotidiens, accomplis dans l'obscurité, sans que nul s'en doute, et qui demandent plus d'efforts persévérants que certaines actions brillantes s'imposant d'elles-mêmes à l'admiration publique. Nous ne saurions fouiller ce qu'une heureuse métaphore appelle les plis et les replis de la conscience humaine. Personnellement, du reste, nous sommes sujets à l'erreur ; réfléchissons donc si nous voulons rendre à chacun la justice qui lui est due ; disons-nous que beaucoup de faits nous échappent ; ne nous laissons pas séduire par les apparences ; ne méprisons pas les humbles et les petits, il y a parfois sous leur timidité une grande valeur morale, des intentions très droites, une vertu solide dont nous-mêmes peut-être ne serions pas capables

DEVOIR DE L'ÉLÈVE

1. — Nous sommes des êtres responsables parce que nous avons la raison et que nous devons répondre de nos actes.

2. — Cette responsabilité donne de la valeur à nos actions ; elle nous fait mériter ou démériter.

3. — Le mérite, c'est ce qui rend une personne digne d'estime.

4. — Le démérite, c'est ce qui doit attirer le blâme.

5. — La valeur de nos actions est la mesure vraie de notre valeur personnelle.

6. — On doit juger les hommes non d'après ce qu'ils ont, mais d'après ce qu'ils font.

7. — Ceux qui nous paraissent peu de chose au premier abord, ont souvent une grande valeur morale.

LEÇON VII

QUALITÉS ET DÉFAUTS, VICES ET VERTUS
HABITUDES, PASSIONS

Qualités et défauts. — Un *défaut* est une imperfection morale, une chose contraire à ce qui doit être. La paresse est un défaut parce que le travail est imposé à tous ; le bavardage est un défaut parce qu'on doit observer la réserve et la charité. Il y a des natures plus ou moins bien douées ; quelques-unes ont pour le bien plus de facilité que d'autres ; les dispositions heureuses à certaines perfections s'appellent des *qualités*. L'amour du travail est une qualité, la douceur du caractère en est une également. Créés d'abord par Dieu avec toutes les perfections du cœur et de l'esprit, mais ayant subi de grandes pertes dans ce trésor intellectuel et moral, nous naissons aujourd'hui avec des qualités et des défauts ; il y a en nous du bon et du mauvais. Or, nous sommes chargés de réparer ces pertes, de perfectionner notre nature ; nous y arrivons en faisant la guerre à nos défauts et en développant nos qualités. On lutte contre ses défauts en faisant souvent des actes de la vertu contraire, et cette correction des défauts doit se commencer de bonne heure, car si nous les laissons se développer, les défauts deviennent des vices.

Vices et vertus. — On appelle *vices* les défauts enracinés et développés par l'habitude. Un homme n'est pas vicieux pour s'être laissé aller une fois à son penchant ; il l'est quand il commet fréquemment les actions mauvaises qui s'y rapportent. L'ivrognerie est un vice ; la paresse non combattue et devenue habituelle en est un autre.

De même qu'on devient vicieux si on ne combat pas ses défauts, on peut devenir vertueux si on développe les qualités qu'on possède, ou si, par ses efforts, on en acquiert de nouvelles. La qualité est une disposition naturelle ; la vertu est une perfection acquise à force de volonté, d'empire sur soi-même, en vue d'un but élevé et le plus souvent, surnaturel.

Faisons donc dès le jeune âge la guerre à nos défauts, si nous voulons approcher le plus possible de la perfection morale. On redresse facilement un petit arbuste s'il prend une direction mauvaise ; quand on l'a laissé croître, la chose est difficile. Ne nous étonnons pas, ne nous décourageons pas, si nous sentons en nous quelque mauvais penchant ; la honte n'est pas d'en avoir et de les sentir; elle est de leur céder et de ne rien faire pour s'en débarrasser.

Des habitudes. —On appelle ainsi la répétition fréquente des mêmes actes. Une chose qui vous a paru difficile la première fois que vous l'avez faite, devient facile si vous l'accomplissez tous les jours ; l'habitude supprime l'effort. Eh bien ! il y a des habitudes qui sont bonnes, d'autres qui sont mauvaises, et, selon qu'on a contracté les unes ou les autres, on arrive à faire le bien sans peine ou à se laisser aller au mal sans y faire attention. Vous entendez des personnes dire : Je ne puis pas m'empêcher de m'impatienter ; c'est plus fort que moi. Eh bien ! non ! rien n'est plus fort que nous si nous avons vraiment la volonté de nous corriger, mais cela est beaucoup plus difficile quand on a laissé le défaut croître ; la puissance de l'habitude est très grande ; il faut, pour la vaincre, remonter une pente qui n'existait pas tout d'abord. C'est pourquoi, mes enfants, avant même que vous puissiez comprendre et raisonner tous les motifs de vos actes, nous cherchons à vous donner de bonnes habitudes : le bien, vous devenant familier, ne vous coûtera plus. On a dit : « L'habitude est une seconde nature. » Oui, mais puisque c'est une nature que nous nous faisons nous-mêmes, faisons-la au moins de telle sorte qu'elle nous facilite l'accomplissement du devoir.

Des Passions. — On nomme *passion* un vif sentiment de l'âme qui nous porte vers un objet désiré ou nous éloigne d'un objet détesté avec tant de force et de violence que nul obstacle ne nous arrête. Il y a des passions bonnes qu'il faut encourager, des passions mauvaises qu'il faut combattre. Cependant une habitude a prévalu. Quand on se sert du mot passion tout seul, sans déterminatif, il désigne les mauvaises. Celui qui a laissé croître une passion en devient l'esclave ; il n'est plus libre, car l'homme libre n'obéit qu'à la raison. Celui qui a la passion du jeu, par exemple, est aveuglé sur les conséquences de ses actes ; il ne se possède plus, il compromet sa fortune, son honneur, celui de sa famille.

Mais si nous arrivons à vous montrer le bien et la vertu sous un jour si beau qu'ils vous paraissent plus désirables que toutes choses au monde ; si, tout en révélant à votre raison la justesse des lois de la morale, nous parvenons surtout à toucher votre cœur, à faire qu'il poursuive le beau moral comme son idéal unique, nous vous aurons donné l'enthousiasme de la vertu et la passion du bien.

DEVOIR DE L'ÉLÈVE

1. — Nous avons tous des qualités et des défauts.
2. — Un défaut est une imperfection morale.
3. — Une qualité est une disposition heureuse à certaines perfections.
4. — Nous devons combattre nos défauts et développer nos qualités.
5. — Tous les hommes sont perfectibles.
6. — On appelle vices des défauts enracinés et développés par l'habitude.
7. — La paresse et l'ivrognerie sont des vices.
8. — On appelle vertu une perfection acquise à force de volonté, d'empire sur soi-même et dans un but élevé.
9. — Les bonnes habitudes rendent la vertu facile.

LEÇON VIII

CE QUE C'EST QU'UNE LOI
CARACTÈRES DE LA LOI MORALE

Signification du mot loi. — Une loi est un rapport constant résultant nécessairement de la nature des êtres. Toutes les créatures ont leurs lois : qu'elles les suivent aveuglément, d'après l'impulsion première du Créateur, ou librement, comme nous, peu importe ! tout ce qui existe est soumis à des lois. Regardez sur la terre : les phénomènes physiques ont leurs lois ; il y a les lois de la pesanteur, celles de la végétation, celles de la gravitation des astres. Dans les sciences exactes, nous voyons les nombres se plier à des lois : le tout est plus grand que la partie ; deux quantités égales à une troisième sont égales entre elles. Composés d'un corps et d'une âme, nous voyons les organes de notre corps fonctionner d'après des lois fixes, sages, immuables, les lois de l'organisme humain. Il n'est pas de phénomènes sans lois, les phénomènes moraux ont les leurs comme les phénomènes physiques ; aussi les faits de notre âme, ses pensées et ses actes se trouvent-ils réglés par de sages combinaisons. Comme les astres qui suivent leur route dans l'espace sans se heurter les uns les autres, sans se précipiter dans l'espace, notre âme, étoile d'un autre ciel, gravite autour de Dieu, son centre, dans le cercle harmonieux de la loi morale.

Cette loi possède cinq caractères : elle est claire, universelle, immuable, possible et obligatoire.

Claire, c'est-à-dire facile à comprendre. Souvent nos lois humaines sont compliquées ; il faut pour s'y reconnaître, des hommes spéciaux. La loi morale a ses principes essentiels dans notre propre cœur, chacun peut en lire facilement les préceptes pourvu qu'il ait bonne volonté et ne se laisse point aveugler par les passions.

Elle est universelle parce qu'elle a existé dans tous les temps et chez tous les peuples, plus ou moins développée, c'est vrai, promulguée d'une ou d'autre manière, mais on la trouve toujours et partout. Dieu la déposa d'abord dans la conscience de l'être raisonnable : c'était la *loi naturelle* ; quand le cœur endurci des hommes ne fut plus sensible à sa lumière, il la formula dans la révélation en donnant ses commandements à Moïse ; on l'appela *loi écrite* ou *loi mosaïque*. Enfin Notre-Seigneur Jésus-Christ venant sur terre régénérer l'humanité déchue a complété les divins enseignements ; mais notre *morale chrétienne ou évangélique* n'est que le développement de la notion du bien déposée primitivement au cœur du genre humain.

Elle est immuable, c'est-à-dire qu'elle a toujours été la même et ne saurait changer. « Elle n'est pas autre à Rome qu'à Athènes », disait déjà Cicéron, il y a vingt siècles. Le mensonge n'est pas plus permis aujourd'hui qu'au temps de Moïse ou de saint Paul ; le vol et la spoliation ne sont pas plus autorisés en France qu'en Amérique. Si parfois les applications de la loi morale sont modifiées selon les circonstances, elle reste immuable dans son principe puisqu'elle tient à la nature des choses. Elle n'a jamais plié devant les caprices des hommes, ni fait de concessions à leurs passions et à leurs vices. Elle reste grande et inébranlable au milieu des fluctuations humaines, laissant passer ceux qui la violent et demeurant tout entière après eux.

Elle est toujours possible, parce qu'elle est juste, c'est-à-dire elle n'exige que ce que l'homme peut faire. A supposer que nous soyons arrêtés par quelque obstacle dans l'exécution de nos desseins, Dieu qui voit le fond des cœurs se contente de la ferme intention que nous avions de remplir notre devoir ; nous n'avons rien à nous reprocher, notre conscience peut être en paix. Il est parfois impossible de faire fortune ou de réussir dans telle ou telle carrière ; faire son devoir n'est jamais impossible parce que ce qui dépasse notre puissance et nos facultés n'est plus notre devoir.

Elle est obligatoire ; elle nous oblige moralement et non par force. Elle est obligatoire parce qu'elle est la loi de notre nature spirituelle, de notre personnalité morale, et qu'elle est imposée par quelqu'un ayant le droit de l'imposer. Nous pouvons l'enfreindre, c'est vrai, en vertu de notre liberté, et c'est justement l'obéissance volontaire qui constitue l'agent moral; mais nous ne l'enfreignons jamais sans nous déprécier, sans réduire notre valeur.

DEVOIR DE L'ÉLÈVE

1. — Une loi est un rapport constant résultant de la nature des êtres.
2. — Il y a les lois de la pesanteur, de la végétation, de la gravitation, etc.
3. — Le bien est la loi des êtres raisonnables.
4. — La loi morale enseignant le bien est donc inhérente à l'essence des choses.
5. — Elle est claire, c'est-à-dire facile à comprendre.
6. — Elle est universelle parce qu'elle a existé dans tous les temps et chez tous les peuples.
7. — Elle est immuable parce qu'elle a toujours été la même et qu'elle ne saurait changer.
8. — Elle est possible parce qu'elle n'exige rien que nous ne puissions faire.
9. — Elle est moralement obligatoire parce qu'on ne peut l'enfreindre sans se déprécier.

LEÇON IX

DES SANCTIONS DE LA LOI MORALE

Nous devons être traités selon nos œuvres. — Quand vous avez été sages et dociles, petits amis, une bonne caresse de votre mère vient vous récompenser. Si vous avez été paresseux, menteurs, gourmands ou désobéissants, ce n'est pas même un simple reproche que vous encourez, c'est, selon le cas, une correction plus ou moins sévère. La justice et la raison nous disent en effet que toute bonne action doit être récompensée, que tout mal doit subir un châtiment. Puisque nous sommes capables de mérite et de démérite, il est naturel que nous soyons traités selon nos œuvres, et les récompenses attachées à l'observation de la loi morale forment ce qu'on appelle la sanction de la loi.

Est-ce donc qu'on fait le bien uniquement par intérêt ? — Non ! ce qui est la fin naturelle d'une chose peut n'en pas être la condition. Le bien doit être recherché pour lui-même, mais une fois accompli, il comporte une compensation par la force des choses. Considérons à la fois que la destinée de l'homme est le bonheur, et que le bien est sa loi. Comme il y a une relation nécessaire entre les moyens et la fin, la loi et la destinée, on comprend que le bonheur doit être la conséquence de la vertu et le malheur, celle du vice, alors même que nous n'aurions pas porté nos regards si loin en nous livrant à l'un ou à l'autre.

La sanction de la loi morale vient de trois sources différentes : de la conscience elle-même, qui promulgue la loi ; de nos semblables, qui sont soumis à la même loi que nous ; du Législateur lui-même, c'est-à-dire de Dieu.

Sanction de la conscience. — Etre content de soi ! cette joie intérieure est plus forte qu'on ne pense ; elle nous donne le calme, la paix et le bonheur, elle nous fait supporter souvent des injustices criantes ou des interprétations erronées. Et le remords poursuit au contraire le coupable avec tant de force qu'on a vu des criminels se livrer eux-mêmes à la justice, ne pouvant supporter plus longtemps le poids qui les étouffait.

Réputation bonne ou mauvaise. — La sanction venant de nos semblables emprunte deux formes : celle de l'opinion et celle de la loi. L'opinion publique entoure souvent de considération et d'honneur l'homme qui fait le bien ; elle flétrit d'un blâme énergique celui qui fait le mal. L'approbation ou la désapprobation de nos semblables ne sont pas à dédaigner ; inspirer la confiance à ses concitoyens, laisser à sa famille un nom honorable et sans tache, c'est quelque chose pour un homme de cœur. Devenir l'objet du mépris public, être montré au doigt comme un lâche ou traité comme un homme sans probité, est au contraire une insupportable existence. Mais pour quelques circonstances où la conscience publique juge sainement, combien d'autres où les hommes se trompent dans leurs jugements et font tomber à faux leur estime ou leur blâme ! Nous acceptons donc cette sanction comme bonne, mais elle ne saurait suffire car elle est sujette à l'erreur.

Sanction venant des pouvoirs publics. — Pour les délits qui nuisent à la société, la justice humaine va plus loin. Elle a des lois qui punissent les coupables. Les amendes, la prison, la déportation et la mort sont inscrites dans nos Codes pour protéger la société contre divers attentats. Chaque nation a aussi institué certaines récompenses honorifiques pour encourager les actes de dévouement, le soldat valeureux, l'héroïque sauveteur, l'inventeur persévérant. En accordant des distinctions à quelques actes méritoires, les pouvoirs publics ont surtout pour but d'engager d'autres personnes à faire de même ; s'ils enferment le criminel ou le font mettre à mort, c'est plutôt pour l'empêcher de nuire ou pour ôter à d'autres l'envie de faire comme celui-là ; mais ils ne peuvent vraiment récompenser les efforts que demande la vertu, ni ils ne peuvent sonder assez les consciences pour imposer une expiation véritable. D'ailleurs le plus grand nombre des faits leur échappe, et dans ceux qui parviennent à leur connaissance, ils sont sujets à l'erreur.

La sanction divine est nécessaire. — La vertu n'est pas toujours récompensée en ce monde par une vie heureuse et tranquille ; le vice n'est pas toujours accablé de mépris. Mais Dieu a l'éternité pour rétablir l'équilibre entre nos actes et la mesure de notre félicité. Aussi la sanction divine nous apparaît tout d'abord avec ce premier caractère : elle est *nécessaire* et *certaine* ; elle ne pourrait pas ne pas être. La justice qui ne s'accomplit pas en ce monde doit s'accomplir ailleurs ; tout notre être se révolterait s'il n'en était pas ainsi. Et l'on comprend que ceux qui ne croient pas au ciel veuillent tout bouleverser pour le trouver sur la terre.

La sanction divine est rationnelle et logique. — Celui qui a mis en nous la notion du bien et du mal, du juste et de l'injuste, peut juger mieux que personne de l'observation ou de la violation de la loi.

Elle est éloignée. — Si Dieu avait attaché immédiatement et visiblement le bonheur à la pratique de la vertu, le châtiment à la suite du vice, c'est alors que la bonne conduite aurait été un calcul de pur intérêt ; les motifs d'agir auraient été tellement palpables que notre liberté s'en serait presque trouvée anéantie. Ne pouvant laisser la vertu sans récompense, le vice sans châtiment puisqu'ils sont la conséquence l'un de l'autre, Dieu a placé le bonheur désiré comme les tourments et les peines dans un certain éloignement et entouré d'un certain mystère. De cette façon nous avons de ce bonheur et de ce malheur une certitude assez grande pour diriger notre vie; et cependant l'effort à faire pour y maintenir notre pensée, présente assez de difficultés pour devenir méritoire.

Elle sera universelle, c'est-à-dire que personne ne sera oublié dans la répartition ; et elle tiendra compte pour chacun de tous les éléments de mérite ou de démérite.

Elle sera impartiale et équitable, c'est-à-dire ne se laissant guider que par la justice.

Elle sera infaillible, c'est-à-dire non sujette à l'erreur comme le sont nos jugements humains.

Elle sera complète, c'est-à-dire que le bonheur accordé aux élus satisfera pleinement toutes leurs puissances et dépassera tous les désirs qu'ils auront pu former.

Cette sanction sera définitive. — Ayant pour but de réviser nos jugements humains, elle n'aura plus besoin d'être révisée elle-même ; elle sera irrévocable.

La sanction divine a pour dernier caractère l'éternité. — La récompense qu'elle nous accorde ne nous sera enlevée par personne ; le châtiment non plus n'aura pas de fin. Quelle force cette idée doit nous donner pour bien agir ! Quand Thomas Morus fut condamné à mort par Henri VIII pour n'avoir pas voulu transiger avec son devoir, la femme du vertueux chancelier, accablée par la douleur, pleurait et gémissait. « Mais combien de temps, lui demanda Thomas Morus, combien de temps croyez-vous donc que j'aurais pu vivre encore ? — Peut-être vingt ans, dit l'épouse désolée. — Et vous voudriez que pour vingt ans de vie, je perde mon éternité ! » Tout est là. Que de gens mettraient en balance le mal à faire et les années de peine, s'ils devaient après cela se retrouver libres de jouir et d'être heureux !

DEVOIR DE L'ÉLÈVE

1. — L'idée de bien comporte nécessairement en elle l'idée de bonheur et de récompense ; celle du mal, l'idée de malheur et de châtiment.

2. — Nous devons être traités selon nos œuvres.

3 — Les récompenses et les châtiments attachés à l'accomplissement ou au refus du devoir, forment la sanction de la loi morale.

4 — On distingue trois sortes de sanctions : celle de notre conscience, la sanction humaine et la sanction divine.

5. — Il faut chercher à mériter l'estime de nos semblables, et nous faire une bonne réputation.

6. — Les jugements humains sont sujets à l'erreur ; les hommes ne connaissent ni tout le bien ni tout le mal qui se fait.

7. — La sanction divine ou le jugement de Dieu sur nos œuvres, est nécessaire ; elle sera seule infaillible et définitive.

DEUXIÈME PARTIE
Morale spéciale ou pratique

CHAPITRE PREMIER
NOS DEVOIRS ENVERS DIEU

LEÇON X

DIVISION DE LA MORALE PRATIQUE
PREUVES PHYSIQUES DE L'EXISTENCE DE DIEU

La morale spéciale ou pratique comprend trois divisions : *morale individuelle* ou devoirs de l'homme envers lui-même, *morale sociale* ou devoirs de l'homme envers ses semblables, *morale religieuse* ou devoirs de l'homme envers Dieu. Nous commencerons par celle-ci.

Je crois en Dieu. — Tous, mes chers enfants, vous croyez en Dieu et en la bonté de Celui qui vous a mis au monde. Les esprits droits n'ont pas besoin qu'on leur démontre longuement l'existence de Dieu, car c'est lui-même qui est l'explication suprême et la raison de toutes choses. Cependant je crois utile de vous énumérer les principales preuves qu'on donne de son existence ; cela peut vous permettre de répondre un jour ou l'autre à des objections que vous entendrez autour de vous.

Ces preuves sont de trois sortes : preuves physiques, preuves métaphysiques, preuves morales.

Le spectacle de la nature. — Dieu ne tombe pas sous nos sens, mais ses œuvres nous entourent. Deux voyageurs parcouraient un jour les solitudes de l'Egypte ; l'un d'eux aimait un peu à se vanter. « Nous avons pénétré, dit-il, plus loin qu'aucun homme n'a jamais fait, et le sol que nous foulons était vierge de pas humains. » Tout à coup, au détour d'un petit monticule, ils aperçurent les ruines d'un temple : colonnes et chapiteaux brisés, bas-reliefs encore reconnaissables, statues aux dimensions gigantesques, couchées dans la poussière. Le second voyageur regarde son compagnon : « Je crois, dit-il, que l'homme a passé là ». Il avait raison. Tout effet a une cause. Nul temple, nul palais ne s'est jamais élevé seul ; pas même la plus petite et la plus simple des maisons n'a dû au hasard l'harmonie de ses proportions. Or, nous vivons dans un palais d'une indicible richesse, où l'ordre, l'harmonie règnent de toutes parts. Une voûte étoilée l'enveloppe, dans laquelle, avec une précision admirable, chaque luminaire revient à l'heure marquée prendre sa même place. Le sol de cette demeure reproduit sans cesse autour de nous, dans les trois règnes de la nature tout ce qui nous est utile ou agréable. L'air souffle, l'eau coule et l'animal grandit, la semence devient moisson, la petite graine, devient une fleur ou un arbre ; nous sommes entourés de merveilles sans cesse renaissantes que nous appellerions des miracles si nous étions moins habitués à les voir. Est-ce vous, est-ce moi, mes enfants, qui tenons le soleil suspendu dans l'espace, qui faisons épanouir la corolle des fleurs, qui rendons inépuisable la source de vie et de mouvement qui alimente le monde ? Vous savez bien que non. Qui est-ce, si ce n'est Dieu ? Dieu « Celui qui est » a passé là, et la puissance de son être a semé sous nos pas tous ces germes de vie. Il faut nier tout ce que nous voyons ou proclamer l'existence de Dieu.

Je vous conseille de lire à ce sujet la première partie du Traité de Fénelon sur l'existence de Dieu, cette première partie n'est pas au-dessus de votre compréhension comme serait la seconde, et vous y trouverez, décrites d'une manière qui vous fera réfléchir, les merveilles admirables du monde physique. Cette preuve sensible avait frappé Voltaire lui-même. Il commentait un ouvrage où se trouvaient les vers suivants :

> L'univers m'embarrasse, et je ne puis songer
> Que cette horloge existe et n'ait point d'horloger.

« Si une horloge, dit-il dans ses Notes, prouve un horloger, si un palais suppose un architecte, comment l'univers ne démontrerait-il pas une intelligence suprême ? »

La créature raisonnable. — Prenons en particulier l'existence de l'homme, créature raisonnable et roi de la nature. L'homme n'a pas toujours existé ; or, le néant ne peut se donner l'être ; il faut donc qu'un Etre éternel nous ait fait passer de l'un à l'autre, c'est-à-dire nous ait créés. Nous sommes doués de facultés spirituelles, d'une intelligence qui raisonne, d'une volonté qui se détermine ; or, la matière n'arrive point à produire des opérations intellectuelles ; il faut donc qu'un Esprit fécond ait créé notre âme à son image et l'ait envoyée animer notre corps.

Preuves métaphysiques. Idée de Dieu. Idée de l'infini. — On appelle preuves métaphysiques celles que chacun de nous trouve dans son esprit, c'est-à-dire *au-delà* de la nature sensible. Nous avons l'idée de Dieu, n'est-ce pas ? Eh bien ! cette idée même est une preuve de son existence parce qu'il est impossible à notre intelligence de concevoir d'elle-même une chose qui est au-dessus d'elle, qui est plus vaste qu'elle ; il faut que Dieu ait déposé cette idée en nous : donc Dieu existe. La Bruyère disait : « Je sens qu'il y a un Dieu et je ne sens pas qu'il n'y en ait point ; cela me suffit, tous les raisonnements du monde me deviennent inutiles ; je conclus que Dieu existe, car je n'ai pu inventer Dieu. »

Nous sentons instinctivement que nos facultés sont finies : notre intelligence a des bornes ; notre volonté, des défaillances. J'ignore, je doute, je me trompe, je souffre. Je reconnais que je ne suis pas par moi-même puisque je ne puis éloigner de moi l'erreur, la souffrance, la mort. Autant d'imperfections, n'est-ce pas ? Comment puis-je constater ces limites et souffrir de ces imperfections, sinon parce que j'ai l'idée de facultés sans bornes, d'un Être parfait, nécessaire, existant par Lui-même ? Cette idée est en moi, mais elle vient du dehors. —Moi, fini, je n'aurais pu concevoir l'infini s'il n'existait pas et ne m'entourait pas de toutes parts.

DEVOIR DE L'ÉLÈVE

1. — La morale pratique comprend trois sortes d'obligations : devoirs envers Dieu, envers nous-mêmes et envers nos semblables.
2. — L'existence de Dieu se démontre par des preuves physiques, des preuves métaphysiques, des preuves morales.
3. — Dieu ne tombe pas sous nos sens, mais ses œuvres nous entourent.
4. — Il n'y a pas d'effet sans cause.
5. — La nature avec sa beauté, son ordre, son harmonie, ne s'est pas faite toute seule.
6. — Notre esprit ne saurait concevoir de lui-même l'idée d'une chose qui est au-dessus de lui.
7. — Nous avons l'idée de Dieu ; c'est donc Dieu qui a déposé cette vérité en nous ; donc il existe.

LEÇON XI

PREUVE MORALE DE L'EXISTENCE DE DIEU

Une chose universellement crue. — On appelle preuve morale celle qui est fournie par des êtres raisonnables au lieu d'être fournie par le spectacle de la nature. La preuve morale dont il s'agit ici consiste en ce que tous les peuples de la terre, dans tous les temps, dans tous les lieux, ont cru à l'existence de Dieu. Or, mes enfants, une chose universellement crue peut être regardée comme une vérité car tous les hommes ne sauraient s'entendre sur une même erreur. Le propre de l'erreur est de varier, de changer, de se déguiser suivant les besoins de chacun.

Les faux dieux. — Vous savez qu'on a adoré des faux dieux, des idoles. Depuis le soleil, la lune, les bœufs et les crocodiles, les oignons et les poireaux, les chats et les éléphants, jusqu'aux bizarres statues taillées par l'homme même dans le bois ou dans la pierre, jusqu'aux troncs d'arbres grossièrement équarris, adorés jadis par les peuples du Nord, aux images à trois faces et à dix mains qu'on trouve dans les temples de l'Inde, jusqu'à l'épée plantée en terre, de certains Barbares, aux gigantesques idoles dans les bras desquelles on brûlait des victimes humaines, jusqu'aux fétiches informes des sauvages encore existants, tout a servi d'objet à l'adoration des hommes.

Que veut dire cela ? Cela prouve justement la force de l'idée divine ancrée au cœur humain. Celui qui ne connaît pas le vrai Dieu prend n'importe quoi pour son Dieu, tellement il sent le besoin de croire à un Etre souverain, de le prier, de l'invoquer. L'idolâtrie, qui est un grand mal, est née de la certitude d'une Divinité, en même temps que des aberrations de l'esprit humain abandonné à lui-même.

Témoignage de l'histoire. — L'histoire religieuse des peuples nous affermit donc dans notre foi, car les plus sérieux historiens montrent que la doctrine de l'existence de Dieu et celle de l'immortalité de l'âme précèdent tout ce que nous avons de certain en fait de connaissances historiques. Je ne vous parlerai pas de la Judée où l'on connaissait le vrai Dieu, mais l'Egypte présente, dès la plus haute antiquité, de nombreux temples élevés à la Divinité ; la mythologie populaire des Grecs avec ses familles de dieux est assez connue ; quant aux philosophes de ce pays ils avaient su dégager d'un chaos absurde le principe qui faisait le fond de ces croyances dégénérées : ils avaient l'idée d'un Dieu suprême, le plus ancien de tous les êtres. Rome adoptait tous les dieux des pays conquis et les réunissait à ceux qu'elle avait eus dès le commencement.

Athènes, ne voulant pas rester en deçà de ce beau zèle lorsqu'elle fut devenue province romaine, érigea un temple avec cette inscription : *Au dieu inconnu*, de peur d'en oublier quelqu'un. Saint Paul profita de cette appellation de *Dieu inconnu* pour leur annoncer le vrai Dieu.

Opinion des anciens. — Je vais vous citer les noms de quelques personnages que vous ne connaissez point encore, mais dont vous trouverez bientôt le nom dans vos lectures. *Solon*, le législateur d'Athènes, au VIe siècle avant Jésus-Christ, parle ainsi dans ses enseignements : « Dieu donne un heureux succès à celui qui fait le bien. Roi et dispensateur de toutes choses, nul ne l'égale en puissance ». *Platon*, un philosophe aux idées élevées, dit dans ses écrits : « Mortels, il est un Dieu que les pères de vos pères ont nommé le commencement, le milieu et la fin de tous les êtres. » *Socrate*, surnommé le *plus sage des hommes*, condamné par les impies de son temps parce qu'il enseignait une morale trop pure et avait l'idée d'un Dieu unique, parlait un jour à ses disciples de la sagesse qui gouverne le monde. « Sachez, ajouta-t-il, que ce Dieu qui gouverne tout, c'est lui qui a fait l'homme dès le commencement. » Le grand orateur romain *Cicéron* qui était en même temps philosophe et homme d'État, s'exprime ainsi : « Parmi les hommes, il n'est point de nation si féroce et sauvage soit-elle, qui, si elle ignore quel Dieu il faut servir, ne sache au moins qu'il en faut servir un. *Plutarque*, qui naquit en Grèce et vécut longtemps à Rome, écrivit au deuxième siècle après Jésus-Christ, les biographies des hommes illustres ; voici son opinion : « Vous pouvez trouver, dit-il, des cités privées de murailles, de maisons, de lois, de lettres, de monnaies ; mais un peuple sans Dieu, sans prières, sans sacrifices, ni rites religieux, nul n'en vit jamais. »

Peuples modernes. — Lorsqu'au XVe siècle, les découvertes des grands navigateurs vinrent étendre le champ d'études des savants, on trouva étendu par cela même le champ d'expérience de la vérité qui nous occupe. Quelle que soit la terre du continent américain où Christophe Colomb ou Pizarre ou Cortez aient posé le pied, ils trouvèrent partout la croyance à l'existence de Dieu et à l'immortalité de l'âme comme faisant la base de la religion des sauvages. Et depuis, tous les voyageurs qui ont exploré soit les îles de l'Océanie, soit le centre de l'Afrique n'ont pas vu de tribu nègre ou de groupe malais qui n'adore une divinité et n'attende tout de sa puissance. Quand les missionnaires vont initier les païens à la connaissance du vrai Dieu, c'est sur la manière de le servir en esprit et en vérité qu'ils les instruisent, mais ils n'ont pas besoin de les convaincre de l'existence de Celui que les sauvages appellent le *Grand Esprit*.

Le sentiment instinctif de la divinité a donc toujours fait le fond de notre nature ; on l'a constaté à travers tous les égarements de l'esprit humain, et la première pierre de toute société a toujours été un autel.

DEVOIR DE L'ÉLÈVE

1. — Tous les peuples de la terre, dans tous les temps, dans tous les lieux, ont cru à l'existence de Dieu.
2. — Ceux qui ne connaissaient pas le vrai Dieu ont adoré des idoles parce qu'ils avaient l'idée d'un Etre souverain.
3. — Une chose universellement crue peut être considérée comme une vérité.
4. — Tous les hommes ne sauraient s'entendre sur une même erreur.
5. — Le propre de l'erreur est de varier, de changer selon les besoins de chacun.
6. — Les historiens et les philosophes nous montrent toujours l'idée de Dieu à la base de toutes les histoires et de toutes les sociétés.

LEÇON XII

CE QUE DIEU EST POUR NOUS
ET CE QUE NOUS DEVONS ÊTRE POUR LUI

L'ensemble de nos rapports avec Dieu forme la *religion*. Ce mot vient du latin *religare* qui signifie *unir*. La religion est le lien qui nous unit à Dieu. Elle existe donc, que nous le voulions ou non, par l'essence même des choses. Dans le langage ordinaire, *avoir de la religion*, c'est reconnaître ce lien de bonne foi et l'aimer ; n'*avoir pas de religion*, c'est briser ce lien autant qu'il est en nous, c'est-à-dire le nier, vivre comme s'il n'existait pas, et ne se préoccuper aucunement des devoirs qu'il nous impose vis-à-vis de Dieu. Afin de trouver ces devoirs, c'est-à-dire ce que nous devons être pour Dieu, regardons ce que Dieu est pour nous.

1º **Il est notre Créateur** et celui de tout l'univers visible et invisible, du monde naturel et du monde surnaturel ; il est le premier moteur de notre vie, le type infini de nos facultés finies : intelligence, sensibilité, volonté. Recevant ainsi tout de lui, nous lui devons l'*adoration*.

2º **Il conserve** avec une tendresse infinie ce que sa puissance crée. Sa providence pourvoit sans cesse à la vie de nos corps, car tout retomberait dans le néant s'il cessait un instant de soutenir le monde. Quant à notre âme, déviée du chemin où elle devait d'abord trouver le bonheur, Dieu a accompli pour elle une œuvre plus sublime encore que la création : l'œuvre de la rédemption. Il nous a, par cette rédemption, unis à lui d'une manière plus étroite, nous sommes devenus ses enfants d'adoption, les frères de Celui qui est son Fils par nature. De cet état nous tirons des grâces infinies pour la sanctification de nos âmes. Comme bienfaiteur et conservateur, comme rédempteur, comme père, nous devons à Dieu un *amour souverain*.

3º **Il est notre Maître** ; nous lui appartenons puisqu'il nous a créés et rachetés. Étant la sagesse infinie, il est le *Juge infaillible* et la règle de nos actions. Et, non seulement nous venons de lui, mais nous allons à lui puisqu'il sera notre suprême récompense ; s'il est notre principe, il est aussi notre fin. Comme roi de l'univers et maître de nos âmes, comme régulateur et rémunérateur final de toutes les actions humaines, nous lui devons l'*obéissance*.

Adoration. — Adorer un être, c'est reconnaître notre dépendance et notre néant, en même temps que sa toute-puissance. On ne peut donc adorer que Dieu puisqu'il n'y a pas d'autre être de qui nous tenions tout. Nous pouvons aimer beaucoup de personnes et de choses ; l'adoration est un hommage dû à Dieu seul.

Amour. — Il faut aimer Dieu par dessus toutes choses, c'est-à-dire lui donner la première place dans notre cœur et nos affections. Il nous a aimés le premier, et nous ne l'aimerons jamais autant qu'il nous a aimés. On aime *ce qui est beau :* Dieu est la beauté infinie et suprême, le type et la source de toutes les beautés créées. Tout ce qui peut vous arracher sur la terre un cri d'enthousiasme : lever de soleil éblouissant, immensité des mers, spectacle des nuits sereines et des cieux étoilés, dévouements héroïques des hommes, toutes ces beautés physiques ou morales disparaissent devant la beauté unique dont elles sont une ombre. Le cœur se porte surtout vers *ce qui est bon*. Qui est bon comme Dieu, Lui qui vous a faits et qui a fait pour vous le cœur de votre mère ! Lui qui vous garde chaque jour avec un soin plus que maternel, qui est mort pour racheter vos âmes, qui pardonne au pécheur, console l'affligé ! « Je ne vous appellerai plus mes serviteurs, mais mes amis », a-t-il dit quand il était sur la terre. Et puis : « Laissez venir à moi les petits enfants ». Et encore : « Si vous avez des fardeaux à porter, venez à moi ; je vous aiderai, je vous soulagerai ». Il est la bonté même ; il nous a comblés de bienfaits ; comment ne l'aimerions-nous pas ?

Obéissance. — L'obéissance découle de ces sentiments du cœur. On obéit facilement à ceux qu'on aime. L'adoration est l'hommage de notre intelligence, l'amour, celui du cœur, et nous devons aussi à Dieu l'hommage de notre volonté en la lui soumettant par l'obéissance, de notre activité en consacrant nos forces à son service. Il est le suzerain de tous, car l'univers est son domaine, mais il est un suzerain si doux que l'amour l'emporte sur la crainte, et que le dévouement à son service provient d'un élan volontaire de la liberté qu'il nous donne.

DEVOIR DE L'ÉLÈVE

1. — La religion est le lien qui nous unit à Dieu.
2. — Elle comprend l'ensemble des rapports que nous avons avec lui.
3. — Dieu étant notre Créateur et celui de tout l'univers, nous devons l'adorer.
4. — On ne peut adorer que Dieu seul.
5. — Dieu est infiniment bon ; il nous conserve avec tendresse et nous comble chaque jour de bienfaits ; nous lui devons un amour souverain.
6. — Il est notre Maître et notre Juge, nous lui devons obéissance.

LEÇON XIII

LE SERVICE DE DIEU

Pourquoi nous sommes sur la terre. — Un publiciste de notre temps, qui s'est beaucoup occupé de morale, d'éducation, de questions sociales, et l'a toujours fait avec un jugement droit et un grand désir du bien, Jules Simon, déclare qu'un philosophe qui a étudié sérieusement les rapports de Dieu et de l'homme, ne peut que répéter sur ce point la formule même du catéchisme : « L'homme est créé par Dieu pour le connaître, l'aimer, le servir ». C'est à quoi se réduisent aussi les devoirs que nous avons indiqués. L'*adoration* ou hommage de notre intelligence, entraîne la connaissance de Dieu et de ses perfections ; l'*amour souverain* ou hommage du cœur vient ensuite, et par l'*obéissance*, qui soumet notre volonté à la volonté divine, nous faisons justement la troisième chose qu'indiquent le catéchisme et la philosophie : nous servons Dieu.

Trois manières de servir Dieu. — On sert Dieu d'abord en observant les commandements qu'il a donnés lui-même à tous les hommes en général, et en obéissant à l'Eglise, institution qu'il a laissée sur la terre pour nous expliquer sa parole. La seconde manière, c'est de remplir les vues particulières de Dieu à notre égard, c'est-à-dire de chercher notre vocation et de la suivre en travaillant pour lui. La troisième manière de servir Dieu, c'est de saisir les occasions que nous présente la vie pour maintenir son règne sur la terre et procurer sa gloire. Ne croyez pas que ce soit seulement l'affaire des prêtres et des missionnaires ; c'est notre affaire à tous, dans des mesures différentes, par des moyens différents, selon la position de chacun. Vous, enfant, quand vous serez un homme, vous travaillerez à étendre le règne de Dieu en ce monde en prenant sa cause à cœur dans les grandes questions sociales, comme l'enfant prend à cœur les intérêts et la gloire de son père ; vous, jeune fille, en prenant part dans la mesure du possible aux œuvres de zèle et de charité, et si vous devenez mère de famille, en exerçant sur ceux qui vous entourent cet ascendant doux et irrésistible par lequel, dans nos pays chrétiens, la femme fait les mœurs, trempe les caractères, prépare des cœurs vaillants pour l'accomplissement de tous les genres de devoirs. Tous enfin, si vous rencontrez sur votre route quelque âme de bonne foi qui se trouve dans l'ignorance, donnez-lui une idée de la bonté de Dieu. Que vos vertus, vos paroles, vos actes de charité lui soient une révélation de ce monde surnaturel qui est le règne de Dieu sur les âmes. Toutes les créatures de l'univers doivent procurer sa gloire d'une manière ou d'une autre ; l'oiseau la chante, le ruisseau la murmure, le brin d'herbe l'écrit à la surface du globe, les astres en jettent des traces dans les cieux, l'homme, créature intelligente et libre, doit y travailler en consacrant au service de Dieu les facultés qu'il a reçues.

Nous devons défendre Dieu si nous l'entendons attaquer. — Si vous entendiez attaquer en société l'honneur de votre père, ah ! je le sais, vous relèveriez fièrement la tête et vous diriez au calomniateur : « On n'attaque pas un père devant son fils ; du reste si vous étiez mieux renseigné, vous parleriez autrement ». Souvent, mes enfants, vous entendrez blasphémer Dieu, railler la religion ; je vous en prie, faites que personne ne puisse croire d'après votre attitude, que vous pensez de même. Celui-là serait un lâche qui, par un faux respect humain, rougirait de son amour pour Dieu.

Absurdité du respect humain. — Dites-vous bien d'abord que vous n'avez pas lieu de rougir, mais sujet au contraire d'être fiers et heureux. Comme on est fier d'appartenir à une famille honorable, de pouvoir montrer dans l'histoire de cette famille un passé glorieux et utile, vous devez être heureux que Dieu vous ait fait naître dans ce milieu chrétien où réside le dépôt des saines vérités qui ont régénéré le monde, d'avoir reçu le baptême des enfants de Dieu qui vous donne une noblesse bien au-dessus de toutes les noblesses de la terre. Fiers de votre foi, n'en ayez jamais honte et ne la sacrifiez à rien autre. Vous savez combien de martyrs sont morts plutôt que de l'abandonner. Mourir pour sa foi et mourir pour sa patrie sont de glorieuses destinées. Si vous rencontrez parfois des gens qui se moquent de vous, qui raillent vos croyances et vos principes religieux, ne les méprisez pas : nous ne savons pas toujours ce qui peut les excuser ; dites-vous qu'ils sont à plaindre parce qu'ils ne comprennent pas le sens de cette vie ; mais ne vous inquiétez pas de leurs railleries ; vous êtes plus heureux qu'eux : voilà tout ! Vous avez des espérances éternelles qui leur manquent ne les sacrifiez pas pour leur faire plaisir ; Dieu passe avant les hommes et le respect des choses divines avant le respect humain.

DEVOIR DE L'ÉLÈVE

1. — Nous servons Dieu de trois manières : en observant ses commandements, en suivant notre vocation, en

cherchant à maintenir et à étendre son règne sur la terre.

2. — Les hommes peuvent servir Dieu en soutenant sa cause dans les grandes questions sociales qui agitent le monde.

3. — Les femmes étendent le règne de Dieu en gardant les principes de morale au sein de la famille.

4. — Toutes les créatures doivent travailler à la gloire du Créateur.

5. — Nous devons défendre Dieu devant ceux qui l'attaquent comme un enfant défend la réputation de son père.

6. — Si le respect ou les convenances nous empêchent de parler, gardons une attitude sérieuse qui montre que nous ne participons pas au blasphème.

7. — Le chrétien a lieu d'être fier de sa foi ; il n'en doit rougir devant personne.

LEÇON XIV

LE PARFAIT HONNÊTE HOMME
DROITS DE L'HOMME ET DROITS DE DIEU
LA LIBERTÉ DE CONSCIENCE

Peut-on être honnête homme sans avoir de la religion ? — Il est déjà difficile sans religion, d'être un honnête homme selon le monde, c'est-à-dire d'avoir la probité dans les affaires, le dévouement pour sa famille et le respect de soi-même. Cela est difficile parce que, quand notre âme se tient unie à Dieu par les liens dont nous avons parlé, elle en tire de grands secours qui lui aident à remplir ses devoirs. Vis-à-vis des hommes, celui qui est privé de ce secours surnaturel peut se maintenir quelque temps par l'effet des qualités naturelles que Dieu lui a données, mais s'il arrive des difficultés trop grandes dans l'accomplissement du devoir, ou des tentations trop fortes, d'ambition, de fortune, etc., sa vertu résiste rarement, sa faiblesse le fait succomber. Mais il y a autre chose. S'il est déjà *difficile* sans principes religieux, de rester *toujours* ce que le monde appelle un *honnête homme*, il est impossible d'être un complet, *un parfait honnête homme*.

Qu'est-ce qu'un parfait honnête homme? — C'est celui qui pratique la justice, c'est-à-dire qui rend à chacun ce qui lui est dû. Je suppose que vous soyez très gentils pour vos frères et sœurs, et que vous vous montriez ingrats et insolents pour votre père ; serez-vous réellement un bon enfant ? Ou bien, voilà un individu qui paie exactement son boulanger et son tailleur, mais qui, loin de donner un sou à son propriétaire, l'insulte quand il le rencontre, jette à la porte les messagers qu'envoie celui-ci pour réclamer son dû, et use et abuse cependant du logement qui ne lui appartient pas. Pensez-vous que les quittances données par le tailleur et le boulanger contenteront le propriétaire ? et l'estime que lui montreront ces deux fournisseurs suffira-t-elle pour que cet homme se trouve juste, digne, ait la conscience en paix ? Il est clair que non. Eh bien ! l'homme qui remplirait ses devoirs de famille et de société ; qui serait, comme on dit, bon époux, bon père, bon citoyen, mais qui ne serait pas bon chrétien, serait pire que l'enfant ingrat, méprisant l'auteur de ses jours, pire que le locataire insultant le propriétaire dont il occupe l'immeuble ; il satisferait aux droits de quelques-uns et il oublierait le premier et le plus sacré des droits ; celui dont les autres découlent : le droit de Dieu, père, créateur, bienfaiteur et dispensateur de la récompense éternelle. Notre grand poète Racine écrivait un jour à son fils qui était alors attaché à la maison de l'ambassadeur français en Hollande : « Je suis charmé de ce que j'ai appris touchant votre bonne conduite, votre amour du travail. Je n'ai pas osé demander à M. de Bonac si vous pensiez au bon Dieu, mais *je me flatte que, faisant votre possible pour devenir un parfait honnête homme, vous concevrez qu'on ne peut l'être sans rendre à Dieu ce qu'on lui doit.* »

Celui-là seul paie, pour qui on a travaillé. — Eussiez-vous réussi, sans pratiquer la religion, à vivre en honnête homme selon le monde, vous ne seriez guère avancés à la fin de la vie. Celui-là seul paie, pour qui on a travaillé. Or, un jour viendra où, de tous ceux qui vous entourent, nul ne pourra vous suivre dans le chemin que vous prendrez, et où vous-mêmes serez impuissants à revenir en arrière. Si vous n'avez pas rempli vos devoirs envers Dieu et animé de sa pensée vos devoirs envers les hommes, vous vous trouverez donc ce jour-là en face de Celui pour qui seul vous n'aurez rien fait, et qui seul alors aurait le pouvoir de vous récompenser.

Les droits de Dieu. — Nous ne pouvons pas empêcher que Dieu n'ait des droits sur nous. On appelle *droit*, vous le savez, le titre par lequel quelqu'un peut réclamer de nous l'accomplissement d'un devoir. Quand, sur la fin du xviiie siècle, on remania de fond en comble la constitution de notre société française, l'Assemblée nationale réunit dans un tableau les principaux projets de réforme que les députés du Tiers Ordre avaient mis par écrit avant leur élection aux Etats généraux. Ce résumé s'appelle la *Déclaration des droits de l'homme*. Il comprend tout ce qu'un homme peut réclamer de ses semblables d'après la stricte justice, par exemple, le respect de sa vie, de sa liberté, de ses biens. Nous avons tous en effet certains droits ; c'est ce qui fait que certaines personnes ont des devoirs envers nous ; toujours le devoir des uns suppose le droit des autres ; mais, mes enfants, avant les droits de l'homme et au-dessus d'eux, il y a les droits de Celui qui tient en sa main tous les hommes, il y a les droits de Dieu. Ces droits sont proclamés par l'Eglise, qui représente Dieu sur la terre, et par notre conscience. Comme ce sont les premiers droits qui aient existé, ceux dont les autres tirent leur force, les devoirs corrélatifs à ces droits sont les plus importants parmi tous nos devoirs ; les négliger est un mal, les nier est un crime.

La liberté de conscience est un des premiers droits de l'homme. — Puisque nos devoirs envers Dieu sont la première et la plus importante de nos obligations, il s'ensuit que notre premier droit est de pouvoir y vaquer librement, et que la première chose à inscrire en tête des droits de l'homme, c'est la *liberté de conscience*. Vous direz peut-être : La conscience est toujours libre puisque c'est notre for intérieur. Elle est libre si elle est éclairée : on ne se meut pas dans les ténèbres. Si quelqu'un pose de telles limites à votre instruction, qu'il vous empêche de connaître Dieu et vos devoirs envers lui ; si, par ses écrits, ses paroles, ses railleries, il vous fausse les idées à son endroit, et vous empêche de l'aimer de tout votre cœur ; s'il apporte des entraves aux honneurs que vous devez lui rendre, aux œuvres que vous êtes tenus d'accomplir pour remplir votre vocation ici-bas, celui-là viole votre liberté de conscience. La liberté de conscience consiste dans le respect des croyances religieuses chez les autres, que l'on en ait ou que l'on n'en ait pas soi-même.

Affaiblir les croyances religieuses dans les âmes est un mal très grand, car la foi est une lumière indispensable, l'espérance en une autre vie, est une grande force ; les ravir à quelqu'un, c'est le livrer sans défense au danger et l'exposer au désespoir. Mieux vaudrait emprisonner le corps ; l'âme a des ailes et de partout peut s'élancer vers Dieu ; mais une pression morale lentement exercée la dépouille, sans qu'elle s'en doute, de la faculté de penser librement ; l'ombre vient voiler le soleil ; et, comme Dieu ne perd jamais ses droits, si l'âme oublie ses devoirs, c'est elle qui en souffre et qui perd son éternité.

DEVOIR DE L'ÉLÈVE

1. — Un honnête homme est celui qui pratique la justice et rend à chacun ce qui lui est dû.

2. — On ne saurait être un parfait honnête homme sans rendre à Dieu ce qu'on lui doit.

3. — Dieu a sur nous des droits incontestables.

4. — Les principes religieux sont d'ailleurs d'un grand secours pour remplir nos devoirs envers les hommes.

5. — La liberté de conscience consiste à respecter les croyances religieuses chez les autres, qu'on en ait ou qu'on n'en ait pas soi-même.

6. — Nul n'a le droit de mettre des entraves à l'accomplissement de nos devoirs envers Dieu.

CHAPITRE II

DEVOIRS DE L'HOMME ENVERS LUI-MÊME

LEÇON XV

NATURE DE L'HOMME, LE CORPS ET L'AME

Pourquoi nous avons des devoirs envers nous. — Parce qu'il est certains de nos droits auxquels nous seuls pouvons satisfaire. Notre qualité de créatures raisonnables demande que nous la respections. Nous sommes composés d'un corps et d'une âme. C'est le propre de la nature humaine d'être le point de la création où viennent s'unir le monde spirituel et le monde matériel. Enfants de l'un par notre corps, de l'autre par notre âme, nous avons des devoirs à remplir envers notre corps, des devoirs envers notre âme, devoirs qui s'enchaînent, se modifient, se soutiennent les uns les autres, de même que ces deux éléments de notre nature, intimement liés, ont l'un sur l'autre des réactions constantes et profondes.

Ces deux éléments, l'âme et le corps n'ont pas la même valeur, mais ils ont la même destinée. Notre âme, souffle divin, créée à l'image de Dieu, est infiniment supérieure à l'ensemble de molécules matérielles qui constitue notre corps, bien que l'organisation admirable de ce corps en fasse le chef-d'œuvre de la création matérielle. Notre âme a des facultés spirituelles que ne saurait avoir la matière. Esprit simple et indivisible, elle ne saurait cesser d'exister ; elle est immortelle. Si donc l'un des deux doit céder le pas à l'autre, s'il faut, dans certains cas, sacrifier l'un pour sauver l'autre, c'est évidemment le corps qu'il faut livrer pour garder la noblesse, la dignité de l'âme. Tous deux ont cependant la même destinée, car nos corps ressuscités un jour après le passage dans la nuit du tombeau, jouiront avec l'âme du bonheur éternel, sans cela l'homme au ciel ne serait pas complet : il ne serait plus l'homme.

Où faut-il chercher l'âme? — Vous entendrez peut-être dire, chers enfants, que certains savants, très versés dans la connaissance du corps humain, prétendent avoir cherché l'âme et ne l'ont pas trouvée. Où ces gens-là ont-ils cherché l'âme ? Ils fouillaient avec leur scalpel dans les organes d'un mort, et la vie est le signe de la présence de l'âme. Ils cherchaient l'oiseau dans la cage d'où celui-ci s'était envolé ; l'âme, dans la prison d'où elle était partie. Nous, chers amis, n'allons pas chercher l'âme où elle n'est plus, c'est-à-dire chez un mort, mais où elle est, c'est-à-dire chez un vivant, nous n'allons pas la demander à tel faisceau de muscles, à telle circonvolution de la matière cérébrale, parce qu'elle est partout, elle anime tout, elle vivifie tout, elle est la forme même de notre corps. Nous la demandons à ce qui est sa manifestation propre : à la pensée. Je pense, je réfléchis, je combine, j'aime, je sens, je m'enthousiasme, je me passionne : la matière ne fait pas cela ; voilà le signe de mon âme.

Le cerveau, il est vrai, est le siège de la pensée, mais ce n'est pas lui qui pense. Les différentes parties de notre corps servent d'organes ou de supports aux facultés de l'âme, mais les organes ne sont pas eux-mêmes le principe des phénomènes qui se produisent en eux. Un homme qui vient de mourir a encore son cerveau, et il ne pense pas ; ses yeux sont intacts et il ne voit pas, la membrane du tympan tapisse encore le le fond de son oreille, et cependant tous les bruits de la terre ne sauraient plus faire impression sur lui.

Le corps est un palais dont l'âme est l'habitante. — Or, comme le maître de la maison est plus que la maison même, c'est lui qui, pendant la vie, doit tout régler dans le logis.

L'âme est une intelligence servie par des organes. — Or, comme le serviteur n'est pas plus que le maître, l'âme doit fixer leur tâche à chacun de ses serviteurs.

Elle doit les traiter avec justice, bonté, reconnaissance, avoir d'eux un soin raisonnable, mais ne point se laisser dominer et commander par eux. Nous tenons par notre double nature de l'ange et de la bête; si nous nous laissons aller uniquement à nos penchants sensuels, c'est la bête qui l'emporte en nous.

Le premier de nos devoirs individuels est donc de maintenir l'équilibre entre les deux éléments de notre être ; il faut garder à chacun son rôle, fournir à chacun les moyens de le garder, et non pas vivre comme les créatures d'ordre purement matériel.

DEVOIR DE L'ÉLÈVE

1. — Nous sommes composés d'un corps formé d'éléments matériels, et d'une âme, esprit libre et immortel.
2. — Le premier de nos devoirs individuels, c'est de maintenir l'équilibre entre les deux éléments de notre être, de garder à chacun son rôle.
3. — L'âme est une intelligence servie par des organes : elle doit les dominer et non se laisser gouverner par eux.
4. — Notre corps est le chef-d'œuvre de la création matérielle, mais il est placé sous la dépendance de l'âme.
5. — Ceux qui sont les esclaves de leur corps, vivent comme des animaux sans raison.

LEÇON XV

DEVOIRS RELATIFS AU CORPS
CONSERVATION DE LA SANTÉ

Le corps est un bon outil, un précieux serviteur. — Nous ne devons pas faire un dieu de notre corps et le laisser commander à notre âme, mais nous devons avoir de lui un soin sage et raisonnable. L'ouvrier qui veut un bon instrument a soin de l'entretenir ; il ne le laisse pas se rouiller ou se briser ; le maître qui désire un bon serviteur le nourrit convenablement, le soigne dans ses maladies ; si nous voulons remplir notre tâche en ce monde, si nous voulons trouver dans nos organes corporels de dociles instruments et serviteurs de l'âme, il faut régler les habitudes de notre corps et pourvoir à son développement. *Mens sana in corpore sano*, disaient les anciens. Un esprit sain dans un *corps sain*, voilà ce qu'il faut désirer, parce que l'être faible, débile, vite fatigué, n'a point de courage et de goût au travail

Hygiène. — Deux choses contribuent à nous faire un corps sain : l'hygiène et la propreté. L'hygiène est l'art de conserver sa santé par des précautions naturelles et des exercices modérés.

Sobriété dans les repas. — Il faut manger pour vivre et non pas vivre pour manger, c'est-à-dire qu'il ne faut pas faire d'excès dans la quantité de nourriture, ni attacher trop d'importance à ce qui flatte le goût. Les repas copieux, dont on sort lourd, congestionné, usent l'organe, épaississent le sang, alourdissent le cerveau : la matière étouffe alors l'esprit. Un savant médecin, nommé Hacquet, disait parfois aux cuisiniers des grands seigneurs qui formaient sa clientèle : « Sans vous, mes bons amis, la Faculté irait à l'hôpital. »

Ayez une nourriture simple, des repas réguliers ; à votre âge ils doivent être suffisamment rapprochés ; mais ne grignotez jamais de friandises entre les repas ; cela trouble la digestion et dérange l'estomac.

Vêtements, sommeil, exercice, air pur. — Ne vous exposez pas sans nécessité aux intempéries des saisons ; portez les vêtements qui sont convenables pour vous préserver du froid ou de la trop grande chaleur. Donnez à votre corps par la marche, le jeu, la promenade, la gymnastique, un exercice qui est nécessaire au développement et au bon fonctionnement des organes. Quand on étudie, quand on a des occupations sédentaires, il faut compenser cela par des promenades au grand air. A ne faire aucun exercice le sang s'épaissit, le corps perd sa souplesse.

Prenez huit ou neuf heures de sommeil maintenant, sept heures seulement plus tard ; ce temps est nécessaire pour calmer l'agitation du jour et pour réparer les organes ; ne dépassez guère ce temps parce que celui qui dort trop s'alourdit ; la circulation du sang se ralentit, le cerveau fonctionne moins bien.

Aérez fréquemment votre logement et surtout votre chambre à coucher ; faites-y entrer l'air pur et le soleil; il nous faut environ dix mètres cubes d'air par heure. Si nous respirons un air vicié, c'est-à-dire pas assez riche en oxygène, notre sang ne subit pas dans les poumons le renouvellement nécessaire. Si froid qu'il fasse, ouvrez quand même les fenêtres quelques instants pour renouveler l'air et faire disparaître les mauvaises odeurs ; vous aurez plus chaud ensuite parce que votre sang sera plus riche et plus pur.

Deux extrêmes à éviter dans ce qui touche à la santé. — Nous ne devons pas habituer notre corps à la mollesse, nous soigner avec exagération au point de redouter la moindre peine ; s'écouter, se dorloter, se plaindre toujours du froid, du chaud, être *douillet*, comme on dit, ce n'est pas le fait d'une nature énergique. Mais l'excès contraire est mauvais également puisque tout ce qui compromet volontairement la santé est défendu. Supportez courageusement le mal quand il vient ; ne le cherchez pas. N'allez pas, par fanfaronnade, boire de l'eau fraîche quand vous êtes en transpiration, ne refusez pas par vanité le vêtement qui vous préservera d'un rhume. La santé est un bien que Dieu nous donne pour que nous en fassions bon usage; la perdre par sa faute, c'est manquer à sa destinée.

Les remèdes naturels sont les premiers remèdes. — Si quelque chose se dérange dans votre organisme, souvenez-vous qu'il faut toujours essayer les remèdes naturels avant les préparations pharmaceutiques ; on ne doit recourir à ces dernières que s'il n'y a pas moyen de faire autrement. Si, pendant des années, vous avez fatigué votre estomac par une nourriture qui ne lui convenait pas, vous mettre à un régime qui le réfasse peu à peu lui sera plus favorable que les combinaisons chimiques qui l'irriteraient davantage ; on parle beaucoup aujourd'hui de maladies nerveuses ; si vous avez les nerfs et le cerveau fatigués par le surmenage intellectuel, le repos au grand air, les exercices corporels vous guériront mieux que toutes les pilules. La nature est un grand médecin ; on ne l'écoute pas assez. Un docteur consciencieux disait à ses malades : « De l'exercice, de la gaieté, surtout point d'excès et moquez-vous de moi. » Un autre, le savant Boerhaave, disait au moment de mourir : « Je laisse après moi trois grands médecins qui préviendront plus de maladies que je n'en ai guéri : l'exercice, l'eau et la diète. »

Enfin, chers enfants, dans vos malaises, soyez vaillants et courageux. Celui qui se laisse aller aggrave son mal : l'homme énergique qui résiste, espère et réagit, accomplit la moitié du travail de la guérison.

DEVOIR DE L'ÉLÈVE

1. — Notre corps est un bon serviteur dont il faut prendre soin.
2. — L'hygiène est l'art de conserver sa santé par des moyens naturels et des exercices modérés.
3. — On ne doit jamais compromettre volontairement sa santé.
4. — Il faut, pour se faire un corps sain, de l'air pur, une nourriture saine et suffisante, de l'exercice, des promenades, et sept ou huit heures de sommeil.
5. — Soyons sobres ; ne mangeons pas au-delà de notre besoin ; cela alourdit l'esprit.
6. — Il faut manger pour vivre et non pas vivre pour manger.
7. — Les remèdes naturels : air pur, régime convenable, exercice modéré, doivent être préférés dans beaucoup de cas aux préparations pharmaceutiques.

LEÇON XVII

ALCOOLISME

Crime contre soi-même, la famille et la patrie. — Voici un vice qui demande une mention spéciale, car il est un fléau pour la société. L'homme qui prend l'habitude de boire outre mesure, l'alcoolique, commet plusieurs crimes en un. Il ruine sa santé et laisse volontairement s'éteindre son intelligence ; il est cause que sa femme et ses enfants manquent de pain et sont dans la misère; il perd sa dignité d'être raisonnable ; ses enfants s'il en a, naissent idiots, tuberculeux, rachitiques ou épileptiques et seront forcément malheureux. Il commet donc un crime contre la patrie puisqu'il lui prépare une génération d'êtres dégradés ou mauvais.

L'alcoolisme ruine la santé. — Les médecins, les aliénistes appellent l'attention de tous sur les périls de ce fatal entraînement qui porte l'homme à boire jusqu'à annihiler, momentanément d'abord, puis pour toujours, la force de ses nerfs et la vigueur de son cerveau. L'alcoolisme s'attaque à tous les organes du corps humain et les ruine. Il enflamme les voies respiratoires, annihile l'action des sucs de l'estomac, épuise le foie, ulcère l'intestin, détermine des productions membraneuses à l'intérieur des vaisseaux sanguins, provoque des lésions de l'appareil nerveux. L'apéritif, entre autres, pris avant le repas, le petit verre à jeun, corrodent l'estomac vide. La moindre atteinte d'une affection qui serait bénigne ailleurs, devient grave chez un buveur. Les hôpitaux comptent près de cinquante pour cent de leurs pensionnaires s'étant adonnés à la boisson alcoolique de façon habituelle.

L'alcoolisme conduit à l'aliénation mentale. — Epilepsie, delirium tremens, paralysie générale, sont les premiers degrés par lesquels on y arrive, puis c'est la vraie folie, se manifestant presque toujours par des actes de fureur chez les gens qui s'adonnent à la boisson. Ils forment en moyenne 40 à 60 pour cent des pensionnaires d'asile. Et souvent les actes brutaux arrivent au crime.

Ayez l'horreur de ce vice. — Pourquoi parlons-nous de ces horribles choses, à vous qui êtes jeunes et qui ne pensez guère à ce vice ? Parce qu'il ne sera jamais trop tôt pour vous prémunir contre lui. Les Spartiates montraient à leurs enfants des esclaves ivres afin de dégoûter ces enfants du vice de l'ivrognerie. Souvent, j'en suis sûre, vous avez vu de ces malheureux qui ont laissé leur raison au fond d'un verre, qui se couchent comme des chiens dans le ruisseau, ou qui, rentrés au logis, battent femme et enfants. Que ce spectacle vous inspire l'horreur d'un tel vice ! L'alcoolique n'apporte pas son gain à la maison ; il le dépense presque entier les jours de paie ; bientôt peut-être il ne travaillera plus et il dépensera toujours. Un vice coûte plus à nourrir qu'une famille entière.

Résolutions pratiques : 1º Ne buvez jamais de l'*eau de vie*, qui serait mieux appelée *eau de mort ;* ne buvez jamais d'alcools sous quelque nom qu'ils se présentent : apéritifs, vermouth, etc., et surtout jamais d'absinthe, c'est de la *folie en bouteilles*. 2º Ne prenez pas l'habitude d'aller au café ou au cabaret. On y boit simplement pour boire, par entraînement et par imitation ; peu à peu on passe la mesure et on roule sur la pente fatale. 3º Faits-vous une volonté ferme de résister, et aux sollicitations des camarades et à vos propres désirs. De trop gros intérêts sont en jeu pour que vous cédiez sur ce point. C'est en mettant en nous-mêmes une force dominatrice que nous résistons au mal.

Ce que les femmes peuvent pour enrayer ce mal. — Femmes, jeunes filles, rendez votre intérieur aussi attrayant que possible, afin que le mari, le père, le frère, ne prennent pas l'habitude d'aller au cabaret. Faites-leur une bonne soupe le matin pour qu'ils n'aient pas envie de prendre en route ces petits verres meurtriers où sombrent le gain et la raison. Les dimanches, organisez quelques distractions : une promenade au grand air pendant le jour ; une réunion d'amis le soir, avec quelque jeu amusant, avec une bouteille de vin blanc, un gâteau ou des marrons. Que la ménagère tienne aussi à l'ordinaire une bonne nourriture, afin que le travailleur ne puisse pas donner pour prétexte qu'il va se *remonter*. Les femmes peuvent beaucoup, si elles s'y prennent avec adresse et patience, elles peuvent beaucoup dans la campagne contre l'alcoolisme. Et certes ! elles ont assez à souffrir si elles sont unies à des malheureux ayant cette tendance, pour qu'elles ne regardent pas à leurs peines si elles peuvent l'enrayer.

DEVOIR DE L'ÉLÈVE

1. — L'alcoolique devient semblable à la brute ; il détruit sa santé, ruine sa famille, a des enfants idiots, tuberculeux, rachitiques ou épileptiques.
2. — L'alcoolisme est un danger national, une cause de dépérissement pour la race.
3. — Buvons du vin avec modération ; ne buvons jamais ni alcool, ni absinthe.
4. — Un vice coûte plus à nourrir qu'une famille entière.
5. — Femmes ou jeunes filles, rendons agréable le foyer domestique, pour que nos pères ou nos maris n'aillent pas au cabaret.

LEÇON XVIII

SUICIDE, IMPRUDENCES COUPABLES

La vie ne nous appartient pas. — Si nous devons faire notre possible, pour nous conserver la santé, à plus forte raison devons-nous conserver notre existence. La vie ne nous appartient pas ; c'est un dépôt confié par Dieu pour que nous en fassions quelque chose. Le suicide est donc d'abord un acte de révolte et de désobéissance envers Dieu. Par ce crime nous nous manquons également à nous-mêmes parce que nous tranchons des jours qui pouvaient se remplir de mérites, nous abandonnons la tâche qui nous incombait en ce monde. Enfin nous sommes coupables envers la société parce que la tâche que nous devions remplir était certainement utile à d'autres.

Le vrai courage. — Quelles que soient les difficultés au milieu desquelles nous nous débattions, le vrai courage consiste à supporter son malheur avec résignation, à travailler pour se sortir d'embarras, et non point à se débarrasser de tout souci pour chercher un néant que l'on ne trouve d'ailleurs pas. Et si celui qui se tue a une famille, s'il la laisse dans le besoin, il ajoute au dénuement dont elle souffre déjà, le chagrin de sa perte, et la honte qui s'attache toujours au nom du suicidé. Le vrai soldat ne déserte pas son poste avant qu'on l'ait relevé ; s'il s'enfuyait on l'appellerait traître et lâche ; l'homme d'honneur n'abandonne pas non plus le poste où Dieu l'a mis.

Le suicide est un mal irréparable. — Songez aux châtiments éternels et voyez combien c'est un mal irréparable de se jeter dans la mort en état de révolte contre l'ordre établi de Dieu. Des autres crimes on peut se repentir, celui-là ne vous en laisse pas le temps.

Ceux qui exposent facilement leur vie. — Si c'est par dévouement pour une noble cause, rien de plus beau, rien de meilleur. Le soldat, sur le champ de bataille, sait parfois qu'il marche à la mort; l'homme qui se jette dans l'eau ou le feu pour sauver ses semblables, ignore si ses forces ne le trahiront pas et si les éléments n'auront pas raison de lui, la sœur de charité qui s'enferme avec des lépreux ou des pestiférés, peut préjuger du sort qui l'attend un jour ou l'autre ; c'est alors en remplissant leur tâche que la mort leur arrive : ce n'est pas en l'abandonnant. Ils ont fait au devoir le sacrifice de leur vie, ce sacrifice est méritoire. Il est des dévouements à la science qui ont aussi leur beauté. Plus d'un savant est mort dans des expériences qui devaient servir au bien de l'humanité. Mais il n'est pas permis d'exposer sa vie pour des futilités, par vaine gloire, pour de stupides paris ; il n'est pas permis de braver le danger quand on n'a pas une raison sérieuse de le faire ; la vie est une grande chose : on ne doit pas la jouer pour une bagatelle. C'est là un des côtés de la culpabilité du duel. Vous pouvez tuer votre adversaire, mais vous exposez aussi votre vie et souvent pour un motif futile. Le duel est défendu par la loi divine ; il devrait l'être aussi par les lois humaines, car il trouble les sociétés et leur ravit de précieux membres.

DEVOIR DE L'ÉLÈVE

1. — Nous ne nous sommes pas donné la vie ; nous ne devons pas nous l'ôter.
2. — Le suicide est un crime contre Dieu, contre soi-même, contre sa famille, et souvent contre la société.
3. — Il y a plus de courage à supporter le malheur qu'à abandonner son poste.
4. — Exposer sa vie par dévouement pour ses semblables, est un acte glorieux ; l'exposer sans nécessité pour une vaine gloire est un acte coupable.

LEÇON XIX

DIGNITÉ PERSONNELLE, MODESTIE, PROPRETÉ

En quoi consiste la dignité personnelle. — Elle consiste à tenir compte dans nos actes de la valeur que nous reconnaissons à nos corps. Consacrés à Dieu par le baptême, restés depuis les sanctuaires de sa grâce, ils sont les temples de l'Esprit-Saint et aussi dignes de respect que le plus auguste des temples. De plus ils sont l'aide et le compagnon d'une âme immortelle dont la gloire un jour doit rejaillir sur eux. Pourquoi avons-nous tant de respect pour la dépouille de nos morts ? Lors même que cette dépouille est réduite en poussière, tout n'est pas dit pour elle ; de plus grandes destinées l'attendent, et nous le sentons instinctivement. Eh bien, le respect que nous accordons aux morts ne saurait se refuser aux corps vivants ; ils ont une dignité que nous devons leur conserver.

Gardez la modestie extérieure ou décence. — Il faut être modestes, réservés et ne pas traiter vos corps comme une vile matière. Rien ne doit devenir en eux un objet d'amusement ou de curiosité. Quand vous mettez ou quittez vos vêtements, prenez les précautions nécessaires pour garder la décence ; que ces vêtements eux-mêmes vous couvrent toujours convenablement.

Ayez des habitudes d'ordre et de propreté. — Un enfant aux mains sales, aux cheveux ébouriffés, aux vêtements déchirés ou tachés inspire le dégoût ; on se détourne de lui, on l'évite ; où donc là-dedans se trouve la dignité ? On dirait un petit animal qui s'est roulé dans la boue du chemin. Et encore, parmi les animaux en est-il qui ont soin d'eux-mêmes ! L'oiseau lisse ses plumes avec son bec quand elles sont hérissées ; l'hermine se laisse tuer au bord d'un ruisseau fangeux plutôt que de ternir sa fourrure en le traversant. Certainement il ne faut pas parer votre corps comme une idole ; il y a une grande différence entre la vanité et la propreté. Mais il faut, si vous avez le souci de votre dignité, garder un extérieur engageant, agréable, prendre soin de votre personne.

La propreté est une mesure d'hygiène, car la malpropreté engendre beaucoup de maladies. Bien que notre respiration s'effectue surtout par les poumons, la peau n'y est pas étrangère. C'est un tissu très poreux ; par ces pores ou ouvertures, l'air pénètre dans nos organes, et diverses sécrétions ou humeurs doivent au contraire en sortir. Sous l'influence de la chaleur ou d'un violent exercice, ces transsudations ruissellent en gouttelettes apparentes que nous nommons de la sueur, mais elles se dégagent en tout temps, quoique d'une manière moins sensible. Si quelqu'un s'avisait de se couvrir la peau d'un enduit ou vernis, il éprouverait des maladies ; eh bien ! celui qui ne se lave pas tous les jours, laisse amasser sur sa peau un enduit formé de la poussière ou autres malpropretés extérieures, de la sueur, de certains fluides gras que sécrète la peau ; cet enduit (la crasse, puisqu'il faut l'appeler par son nom), bouche les pores ; l'air n'y pénètre plus ; on a des éruptions, des dartres. Les poumons qui restent seuls chargés de la respiration, sont alors surmenés ; on a des maladies de poitrine ; les reins, demeurant seuls chargés des éliminations pour lesquelles la peau prête ordinairement son concours, sont surmenés également ; on a des rhumatismes ou d'autres maladies. Lavez-vous chaque jour à l'eau froide, le visage, le cou, les oreilles, les bras ; usez du savon souvent et ne craignez pas de frotter fort ; c'est un massage très favorable. Quant aux mains, il faut les laver et les savonner toutes les fois que dans la journée vous avez touché quelque chose de malpropre : l'encre, la terre, etc.

On a appelé la propreté une *demi-vertu*, parce qu'elle indique de bonnes dispositions de l'âme ; ce qu'est la pureté pour l'âme, la propreté l'est pour le corps ; on peut dire qu'elle est aussi *la moitié de la santé*.

DEVOIR DE L'ÉLÈVE

1. — Nous avons une dignité personnelle à garder, parce que nos corps sont unis à une âme immortelle.
2. — Il faut éviter tout ce qui est bas et dégradant.
3. — Gardons la modestie dans notre tenue et dans nos vêtements.
4. — La propreté est à la fois un indice de notre dignité personnelle et une condition de santé.
5. — La malpropreté engendre beaucoup de maladies.

LEÇON XX

L'ORDRE, SES AVANTAGES, SES APPLICATIONS

Une place pour chaque chose et chaque chose à sa place. — Bien que ce soit une qualité morale, l'ordre s'applique si souvent aux choses matérielles que nous allons en parler ici. C'est une qualité qui consiste à donner à chaque chose la place qui lui convient, à ne pas laisser traîner d'ici de là, au hasard, tout ce qui est à votre usage.

L'ordre soulage la mémoire. — Si vous ne remettez pas chaque fois un objet à la place où il doit être, vous ne vous rappellerez pas toujours l'endroit où vous l'aurez posé. Vous perdrez alors du temps à le chercher sous les monceaux d'objets entassés depuis ce jour-là.

Il économise le temps. — Les quelques secondes de plus qu'on passe à bien ranger les choses au lieu de les jeter au hasard se retrouvent largement le jour où on en a besoin de nouveau. Or le temps est une chose précieuse ; c'est l'étoffe dont la vie est faite ; celui qu'on perd fait toujours tort à quelque occupation utile.

Il économise l'argent, car il conserve les choses. Un objet qui n'est pas à sa place est sujet à se détériorer, à tomber, se perdre, se briser ou se déchirer. En réparant le linge aussitôt qu'il commence à s'user, on évite une usure plus rapide, on retarde l'achat de linge neuf.

L'ordre repose les yeux et adoucit la vie. — Vous comprendrez plus tard l'importance d'un tel avantage. Beaucoup de femmes éloignent leur mari du foyer domestique parce que leur ménage n'est pas tenu avec ordre. Si rien n'est à sa place dans la maison, si les repas ne sont pas prêts à l'heure, le père de famille éprouve d'abord un sentiment de malaise, puis de l'impatience, du dégoût, et bientôt hélas ! il va chercher au café ou ailleurs le plaisir qu'il ne trouve pas chez lui. Qu'il voie au contraire, en entrant, un intérieur agréable, arrangé avec goût, un plancher net et bien lavé, des chaises faites pour s'asseoir et non encombrées de vêtements ; sur la table, une nappe bien blanche, une carafe bien claire, des assiettes brillantes, il éprouve un sentiment de paix et de quiétude qui délasse, qui porte à la joie et à l'intimité. On a dit de la femme qu'elle fait ou défait les maisons selon qu'elle a de l'ordre ou qu'elle n'en a pas, qu'elle est économe ou manque d'économie. La prospérité ou la ruine viennent souvent d'elle, en effet : une femme d'ordre est un véritable trésor.

Résolutions pratiques. — Veillez au bon ordre de la chambre que vous occupez ; ne laissez pas traîner d'ici de là les objets à votre usage. Enfants, remettez en place vos jouets quand la récréation est finie. Écoliers, disposez d'une manière intelligente vos instruments de travail : livres, plumes, cahiers. Cherchez pour chacun d'eux l'endroit le plus convenable, et remettez chaque objet à sa place quand vous aurez fini de vous en servir. Jeunes filles, faites de même pour votre corbeille et votre table à ouvrage ; que les pelotes de fil ne soient pas un fouillis où tout se tient par les cheveux.

Il faut faire chaque chose en son temps. — Mettre chaque chose à sa place, c'est l'ordre dans les choses matérielles ; faire chaque chose en son temps, c'est l'ordre dans nos actions. Il faut avoir un règlement. Dans le cours de la journée l'emploi d'aucune heure ne doit être laissé au caprice, au hasard. On fait entrer beaucoup plus de choses dans une journée bien ordonnée que dans celle qui ne l'est point.

L'ordre est la forme du bien. — Prenez donc dès aujourd'hui l'habitude de l'ordre dans les petites circonstances qui sont à votre portée ; vous vous apercevrez plus tard que c'est une grande vertu, que c'est un principe sur lequel reposent de grandes choses. *Dieu lui-même a créé l'univers avec un ordre admirable ;* rien n'y est laissé au hasard. Les saisons reviennent en leur temps, les astres à leur place. Les sociétés ne subsistent que par l'ordre et tirent de lui leur force et leur beauté. Celui qui trouble cet ordre en refusant d'occuper la place qui lui est désignée dans le plan divin, d'accomplir la tâche par laquelle il doit coopérer à l'œuvre générale, celui-là est coupable et met l'édifice en danger. Ne vous étonnez pas de ces grands aperçus, de ces importants résultats : l'ordre est la forme du bien.

DEVOIR DE L'ÉLÈVE

1. — Désignons une place pour chaque chose et mettons chaque chose à sa place.
2. — L'ordre soulage la mémoire et économise le temps.
3. — L'ordre économise l'argent parce qu'il conserve les choses.
4. — Il repose les yeux et adoucit la vie.
5. — Une femme fait la prospérité ou la ruine d'une maison, selon qu'elle a de l'ordre ou qu'elle n'en a pas.

6. — Je ne laisserai rien traîner ni dans ma chambre ni dans mon pupitre.
7. — Je suivrai le règlement fixé pour la journée, tâchant de faire chaque chose en son temps.
8. — Dieu a créé l'univers avec ordre et mesure.
9. — Celui qui trouble l'ordre dans la société est coupable.
10. — L'ordre est la forme du bien.

LEÇON XXI

GRANDEUR ET BEAUTÉ DE NOTRE AME

Nous avons une âme, c'est-à-dire une substance spituelle que nous ne pouvons voir anime notre corps. Comment savons-nous que nous avons une âme ? Nous pensons ; la matière seule est incapable de concevoir des idées ; ce qui pense en nous, c'est l'âme. Elle est une émanation de la Divinité, un souffle divin répandu sur nous. Dieu l'a créée à son image et à sa ressemblance, il lui a donné des facultés qui, tout en étant bornées, ont du rapport avec ses attributs infinis et sans bornes.

Notre âme est immortelle. — Dieu seul est éternel, n'est-ce pas ? seul il n'a ni commencement ni fin ; notre âme n'est pas éternelle puisqu'elle a été créée par lui ; il y a un certain temps, elle n'existait pas, mais une fois créée, elle est immortelle, elle ne mourra jamais. Ce privilège est la conséquence de sa spiritualité. Quand un être meurt, c'est que les parties dont il est formé se désagrègent ; les esprits, n'étant pas formés de parties, ne sauraient se décomposer. Quand nous mourons, nous ne mourons donc pas tout entiers.

Notre âme a trois facultés. — Elle est intelligente, libre, sensible ou aimante. Par l'intelligence elle peut connaître Dieu et toutes les œuvres de Dieu. Par la sensibilité elle aime Dieu, les hommes, et tout ce qu'il y a de bon et de beau sur la terre. Par sa libre volonté, elle se décide à agir d'une manière ou d'une autre. L'âme est donc le foyer de la raison, de la conscience, des affections, de l'énergie morale.

Que faut-il conclure de cela? — Pourvue de ces facultés qui la rendent capable de connaître, d'aimer, de servir Dieu, notre âme est quelque chose de très noble et de très précieux. Nous devons donc un grand respect à notre âme et à l'âme des autres. Quand nous avons un trésor nous le gardons soigneusement ; pensons souvent que nous portons en nous un esprit immortel, un trésor de toute beauté ; notre âme vaut plus à elle seule que la création matérielle tout entière. Ne la renions jamais en désirant vivre et mourir comme les animaux sans raison.

Pourquoi nous sommes insatiables. — L'animal se trouve satisfait de sa vie ; il n'aspire à rien autre que ce qu'il a, parce qu'il est un être matériel créé pour l'homme : c'est là sa fin. Mais nous, avez-vous remarqué, mes enfants, que nous désirons toujours quelque chose ? Pour le moment vous désirez grandir, quand vous serez grands vous souhaiterez de devenir riches ou célèbres, ou d'être aimés de ceux qui vous entourent. Dès que vous aurez acquis un bien vous aurez envie d'un autre bien plus grand. Eh bien ! c'est notre âme qui conçoit ces désirs de bonheur ; on dit qu'elle est *insatiable*, et elle l'est parce que sa fin, sa destination n'est pas la terre. Sa fin, c'est Dieu ; elle a été créée pour lui et ne sera heureuse que lorsqu'elle l'aura trouvé. Voilà un second devoir vis-à-vis de notre âme ; il faut lui donner les moyens d'atteindre sa fin, c'est-à-dire de faire son salut et d'arriver au ciel.

DEVOIR DE L'ÉLÈVE

1. — Notre âme est un esprit immortel, créé à l'image de Dieu.
2. — Elle est douée d'intelligence, de sensibilité, de liberté ou volonté.

3. — Nous devons apprécier la valeur de l'esprit immortel, que nous portons en nous.
4. — Nous devons un grand respect à notre âme et à l'âme des autres,
5. — Nous devons procurer à notre âme le moyen d'atteindre sa fin, c'est-à-dire de faire son salut et d'arriver au ciel.

LEÇON XXII

NOUS DEVONS CULTIVER NOTRE INTELLIGENCE
LES IGNORANTS ET LES SAVANTS

Développer l'une de nos facultés morales augmente notre valeur. — Ce n'est pas seulement pour obéir à vos parents et préparer votre avenir, que vous devez étudier ; c'est pour augmenter votre valeur morale, pour développer votre intelligence et contribuer par là au perfectionnement général de votre âme. L'ignorance étant un vide, une lacune, il est de notre devoir de combler ce vide, de nous instruire dans la mesure du possible et selon notre condition.

L'étude est un bon exercice pour nos facultés intellectuelles ; elle les développe, donne de la justesse au raisonnement, de la précision au jugement, de l'étendue à la mémoire, de la vivacité à l'imagination, toutes choses qui nous ennoblissent, et dont on peut avoir besoin dans le cours de la vie.

Elle nous fait connaître la création plus à fond, elle nous initie à quelques secrets de la nature physique et du monde moral, et c'est une perfection pour l'âme de pénétrer plus avant dans les œuvres de Dieu.

Elle nous permet de jouer un rôle utile dans la société. — Chacun doit contribuer au progrès des sciences et au bien de l'humanité en y apportant sa part de travail et d'expérience. C'est par cette coopération incessante de chacun et de tous, que la marche d'un pays vers la lumière ne se ralentit pas, et que les sciences se forment de toutes pièces.

Celui qui reste ignorant par sa faute est coupable. — Celui qui n'a pas trouvé le moyen de s'instruire ou qui a dû remplir des devoirs plus pressants n'a pas de reproches à se faire ; mais celui qui reste ignorant par insouciance ou paresse, pèche contre lui-même et contre la société. Dieu lui a confié un talent qu'il laisse infructueux. Il possède un beau diamant et ne se donne pas la peine de le tailler. Au point de vue pratique, que de lacunes dans sa vie ! Il ne sait rien de ce qu'il faut savoir. Il ignore pourquoi il faut se tenir propre et ouvrir les fenêtres ; il ne connaît rien de l'hygiène. Il boit de l'eau contaminée et prend la fièvre typhoïde ; il transvase de l'essence près du feu et incendie sa maison.

Tout le monde aujourd'hui peut facilement s'instruire ; il n'en a pas toujours été ainsi. A certaines époques, c'était le petit nombre qui recevait de l'instruction, mais toujours il y en a eu qui ont travaillé à enrichir leur esprit et à faire faire un pas de plus à la science. Elle ne serait pas ce qu'elle est aujourd'hui si de tout temps des hommes intelligents n'en avaient gardé le dépôt. Avant l'invention de l'imprimerie, par exemple, l'instruction était moins répandue, moins accessible à tous. Quand on n'avait pour se guider que des manuscrits qui coûtaient cher, qui étaient longs à reproduire, qu'il fallait parfois aller chercher bien loin, il n'était certes pas facile de s'instruire, mais les hommes qui le faisaient avaient déjà des connaissances approfondies en beaucoup de sciences. Pour certaines d'entre elles, pour les sciences physiques et naturelles par exemple, plus le monde vit, plus il fait de nouvelles découvertes parce que justement les travaux de ceux qui nous ont précédés servent aux savants qui viennent plus tard et facilitent les leurs ; mais je vous étonnerais si je vous faisais l'énumération des connaissances acquises par certains esprits dans des siècles que vous croyiez peut-être voués à l'ignorance.

Les peuples de l'antiquité, s'ils n'avaient pas reçu encore la lumière de l'Evangile, avaient ce flambeau de la raison donné également par Dieu et qui éclaire sur bien des choses. Et certes ! ils ne le laissaient pas sans emploi ; leur civilisation fut même très avancée. Quand on voit chez les Grecs des poètes comme Homère ou Pindare, des philosophes comme Socrate, Aristote, Pythagore ou Platon ; chez les Latins, des naturalistes comme Pline, des poètes comme Virgile, des orateurs comme Cicéron, des historiens comme Tacite, on sent bien que ces peuples ne négligeaient pas la culture intellectuelle. Leurs œuvres sont reconnues si belles qu'elles forment encore la base des études classiques dans l'enseignement secondaire.

Entre les civilisations anciennes et les civilisations modernes, il survint de grands événements. Pendant la période des invasions barbares, les peuples avaient assez à faire de se défendre contre les Germains ou les Goths, les Sarrasins ou les Normands. Vous pensez bien qu'on n'a guère le loisir d'étudier quand il faut combattre sans cesse, quand on voit brûler son logis, ses récoltes. De plus, ces tribus barbares qui envahirent l'empire romain, détruisirent un grand nombre de manuscrits anciens, ce qui rendit les études plus difficiles. Des chefs-d'œuvre précieux disparurent ainsi. Le mal eût été plus grand encore si, dans les nombreux monastères fondés depuis l'établissement du christianisme, on n'eût recueilli beaucoup de ces manuscrits. Pendant plusieurs siècles, des moines, et spécialement les disciples de saint Benoît, s'occupèrent à transcrire ces manuscrits pour les répandre davantage, à les étudier, et à faire eux-mêmes d'autres ouvrages. Ce sont eux qui ont conservé au monde le dépôt de la science.

Il y avait déjà du reste en ces temps-là, des écoles attachées aux évêchés et aux abbayes. Quand des temps plus paisibles arrivèrent, on augmenta le nombre de ces écoles, il y en eut au presbytère de chaque paroisse. Charlemagne en fonda plusieurs et en établit une dans son propre palais. Vous savez comment il admonesta un jour les fils des seigneurs, qui ne mettaient pas assez d'ardeur à l'étude, et félicita les enfants du peuple qui travaillaient mieux. Il est à remarquer du reste que, pendant la période de la féodalité, les seigneurs étaient ignorants ; beaucoup ne savaient pas lire ; ils ne faisaient que guerroyer, et pour signer leur nom ils imprimaient sur les parchemins le sceau qui était à la poignée de leur épée. Ceux qui furent alors des savants étaient généralement des enfants du peuple, instruits par les moines et les évêques. Tout le long du Moyen Age les écoles ecclésiastiques et les universités créées plus tard produisirent des hommes remarquables. Vous verrez dans vos histoires le moine Gerbert, très instruit, devenu pape sous le nom de Sylvestre II, le dominicain Albert le Grand, qui eut déjà l'intuition de bien des secrets dans les sciences physiques et naturelles; le franciscain Roger Bacon; Jean Gerson, pauvre enfant d'une famille nombreuse, devenu chancelier de l'Université de Paris ; Jacques Amyot, fils d'un petit mercier, qui se fit domestique des élèves d'un collège, afin de pouvoir entendre les leçons des maîtres, et qui, instruit à force de persévérance, devint grand aumônier de France, évêque d'Auxerre, et auteur d'ouvrages remarquables; Adrien Florent, fils d'un tisserand d'Utrecht, qui, entré à l'université de Louvain et trop pauvre pour acheter de la chandelle, s'en allait chaque soir, après la fermeture des cours, étudier sous le porche d'une église, à la faible clarté de la lampe qui s'y trouvait. De si humble condition qu'ils fussent, la science les élevait au niveau des plus grands. Adrien Florent fut précepteur de Charles-Quint, ministre d'Espagne, et pape sous le nom d'Adrien VI.

Vous voyez que de tout temps il y eut des esprits passionnés pour la science et comprenant que l'homme se grandit en l'acquérant. Si nous arrivons aux temps modernes, après une marche plus longue dans la voie de la civilisation, avec les livres imprimés ce sera mieux encore puisque la faculté de s'instruire est devenue plus grande. Et toujours il y en a qui profitent et qui travaillent. Pensez-vous que Vauban eût pu si bien fortifier les villes; que Descartes eût pu établir son système de philosophie ; Pascal fixer certaines lois de la physique et des mathématiques ; Corneille et Racine, écrire leurs immortelles tragédies ; Bossuet, laisser des œuvres sublimes ; si tous ces hommes n'avaient beaucoup étudié et beaucoup travaillé? Et si je vous disais même de quoi se composait au XVIIe siècle, l'éducation des femmes de la haute société, si je vous disais comme quoi Mme de Sévigné, Mme de Lafayette apprenaient le latin et bien d'autres choses encore, je vous étonnerais certainement.

De nos jours, si l'histoire a pu compter Augustin Thierry, Michelet, de Barante ; les sciences naturelles, Cuvier, Geoffroy Saint-Hilaire, Lacépède, de Candolle ; la physique, Biot, Gay-Lussac, Ampère ; la chimie, Berthollet, Thénard, Guyton de Morveau ; les mathématiques et l'astronomie, Laplace, Arago, Leverrier ; la physiologie et la médecine, Récamier, Dupuytren, Claude Bernard, Pasteur, c'est que ces hommes ont connu les luttes du travail, ils ont compris que l'être intelligent doit arracher à la nature faite pour lui tous les secrets qu'il peut lui arracher.

DEVOIR DE L'ÉLÈVE

1. — C'est un devoir pour l'être intelligent de développer son intelligence.
2. — La facilité de s'instruire est très grande aujourd'hui ; nous serions sans excuse si nous n'en profitions pas.
3. — L'ignorance est un vide, une lacune, nous comblerons ce vide pour augmenter notre valeur morale.
4. — L'étude donne de la justesse au raisonnement, de l'étendue à la mémoire.
5. — Elle nous fait connaître la création plus à fond.
6. — Elle nous permet de jouer un rôle utile dans la société.
7. — De tout temps il y a eu des hommes passionnés pour l'étude et faisant avancer la société de quelques pas dans la voie du progrès.

LEÇON XXIII

IL FAUT AFFERMIR SA VOLONTÉ ET DIRIGER SA SENSIBILITÉ

Le cœur et les qualités du cœur. — Quand, par l'intelligence, nous connaissons les objets, la sensibilité nous fait éprouver pour ces objets une impression de plaisir ou de peine, et par la volonté nous décidons de nous y porter ou de nous en éloigner. La sensibilité est une belle faculté ; c'est par elle qu'on souffre, mais c'est par elle que l'on aime ; les grandes pensées viennent du cœur, les grands dévouements aussi. Le cœur, c'est l'âme considérée dans sa faculté de sentir et d'aimer, et on appelle qualités du cœur toutes les dispositions qui dérivent de nos sentiments d'affection : bonté, douceur, dévouement, abnégation, amour du sacrifice. C'est par les qualités du cœur que l'on se fait aimer ; nous admirons l'esprit des autres en notre esprit ; nous ne donnons notre confiance, notre tendresse, notre cœur, que quand nous sommes sûrs de leur cœur. Avec un enfant qui a du cœur il y a toujours de la ressource, quels que soient ses défauts ; pour celui dont le cœur est endurci par l'égoïsme ou dévoyé par quelque mauvais instinct, pour celui dont on dit d'habitude : Il n'a pas de cœur, on ne sait par quel bout le prendre. Il faut donc cultiver en nous la sensibilité pour nous rendre bons et compatissants.

On peut toujours diriger et dominer ses sentiments. — Avec notre nature sujette à l'erreur, nos sentiments peuvent être bons ou mauvais, raisonnables ou déraisonnables, modérés ou déréglés ; nous pouvons donner notre amour à des objets qui ne le méritent pas, nourrir en nous de la haine, ce qui n'est pas permis ; nous pouvons nous laisser aller à un sentiment qui serait contraire au devoir. Eh bien ! je veux vous dire qu'il est possible de diriger et de dominer ses sentiments. Quand les journaux ou les romans vous présenteront comme excusables des crimes que la passion a fait commettre, n'en croyez rien ; on n'est jamais excusable de se laisser emporter au mal par la passion, parce que la raison est toujours là pour nous éclairer sur la portée de nos actes, et la force de la volonté peut et doit régler jusqu'aux battements de notre cœur. Veillons donc aux écarts de notre sensibilité ; si elle se porte sur des objets mauvais, détournons notre pensée de ces objets, occupons notre pensée d'autre chose et répétons-nous souvent : Je veux accomplir mon devoir. La volonté peut triompher de tout.

Éducation de la volonté. — La volonté est la grande force de la vie : il faut en faire l'éducation avec soin.

1° **Il faut lui conserver sa liberté d'action**, c'est-à-dire ne point la rendre esclave de nos propres faiblesses ou de celles d'autrui. Pour n'être point esclaves de nos propres faiblesses : colère, sensualité, etc., il faut écouter la voix de la raison et suivre le chemin qu'elle nous montre. Pour n'être point esclave des passions d'autrui il faut affermir sa volonté, il faut apprendre à vouloir. C'est ce qu'on appelle *avoir du caractère*.

2° **Il faut tourner sa volonté vers le bien.** — Cela comporte deux choses dont nous avons parlé dans d'autres leçons : la formation de la conscience et les bonnes habitudes à prendre.

3° **Il faut exercer la volonté**, et l'exercer sous ses diverses formes selon les circonstances, c'est-à-dire pratiquer à l'occasion le courage, la résignation, l'activité ou la persévérance.

Deux défauts à éviter. — Pour que notre volonté se décide selon la raison il faut éviter la précipitation et la prévention. La précipitation est le défaut de ceux qui ne réfléchissent pas assez, qui s'emballent pour une idée sans l'avoir mûrie ; ils trouvent au moment d'agir des difficultés qu'ils n'avaient pas prévues et qui les empêchent de réussir. Il est bon de se décider promptement, il ne faut cependant pas le faire trop vite. En mille circonstances il faut savoir attendre le moment favorable. La disposition qui consiste à savoir attendre c'est la *patience*. On nous accuse de n'en pas avoir. « Le Français, dit Franklin, est comme ces enfants qui sèment un grain de blé et qui le lendemain grattent la terre pour voir si ce grain pousse. » La *prévention* est le défaut de ceux qui acceptent toutes faites les opinions qu'ils ont entendu émettre, sans s'inquiéter de leur justesse ; ils ont ainsi des idées préconçues pour ou contre les choses, avant de les avoir étudiées ou expérimentées. Parfois même, c'est notre seule imagination qui se monte sur des apparences. On a des préventions contre un métier qui est meilleur qu'on ne croit, contre une personne dont le caractère n'est pas tel qu'on se le figure.

Qualités de la volonté. — La volonté doit être *ferme*, c'est-à-dire une fois que, éclairé par la raison, on a pris une résolution, il ne faut se laisser ébranler par aucune influence. Elle doit aussi être *persévérante*, c'est-à-dire durable. La persévérance consiste à avoir de la suite dans ce qu'on veut, à ne pas se décourager aux premières difficultés qu'on rencontre, à mener jusqu'au bout, quoi qu'il en coûte, l'exécution d'une idée si on la croit bonne. Les édifices se construisent pierre à pierre, les ruisseaux se forment goutte à goutte; c'est par des efforts de volonté sans cesse renouvelés que vous vous corrigerez de vos défauts, c'est par des efforts de volonté sans cesse renouvelés que les hommes qui ont rendu des services à l'humanité ont atteint le but qu'ils poursuivaient. Beaucoup de personnes sont capables d'un effort énergique pourvu qu'il ne dure pas longtemps, mais l'effort qui n'est pas soutenu par la persévérance, n'est pas du caractère, n'est pas de la volonté.

Presque tous les hommes de génie, disons-nous, n'ont arraché que pièce à pièce leurs découvertes à la nature, ils ont déployé autant de force et de constance qu'ils avaient de talent. Buffon dit que le génie est fait de patience. Voyez Christophe Colomb. Repoussé par Gênes, sa patrie, par le Portugal, par Venise, plusieurs fois par l'Espagne, il ne se décourage point et continue à frapper aux portes des nations pour leur offrir un monde. Au retour de chacun de ses voyages il est le jouet de l'envie et de la calomnie ; on lui confisque ses biens, la reine dont il fait la fortune, lui retire son appui ; il est dépouillé de ce titre de vice-roi des Indes si vaillamment acquis.

Et ce bras qui montrait la moitié de la terre
Se vit chargé de fers comme un bras criminel.

N'importe ! il continue aussitôt qu'il est libre la mission que Dieu lui a donnée ; il repart et montre toujours une admirable soumission aux décrets de la Providence. Le chagrin l'emporte à cinquante-huit ans. Et dans ces dernières années il écrit à son fils ces mots qui étaient autant de vérités: « Après vingt-huit ans de services et de fatigues, je ne possède pas en Espagne un toit pour abriter ma tête. Si je veux manger et dormir, il me faut aller à l'auberge, et le plus souvent je n'ai pas de quoi payer mon écot. » Pensez que cet homme avait donné un continent au nôtre, et demandez-vous si pour continuer son œuvre sans murmures et sans défaillance, il devait avoir l'âme fortement trempée.

Lisez l'histoire de Bernard Palissy cherchant pendant seize années le secret de la composition de l'émail, secret connu seulement alors de quelques artistes italiens, recommençant épreuve sur épreuve, sacrifiant une à une toutes ses ressources pour acheter de la matière première, et, dans ses derniers jours d'essais, arrivant à jeter au feu les meubles et les planchers de sa chambre, pour alimenter le four où cuisait sa poterie.

DEVOIR DE L'ÉLÈVE

1. — Le cœur, c'est l'âme considérée dans sa faculté de sentir et d'aimer.
2. — Les grandes pensées viennent du cœur ; le dévouement en vient aussi, mais nos affections peuvent se tromper de route et se porter sur des objets mauvais.
3. — Nous pouvons toujours dominer nos sentiments s'ils ne s'accordent pas avec le devoir ; la sensibilité doit être guidée par la raison.
4. — Il faut garder notre volonté libre en l'affranchissant de la tyrannie des passions et des influences extérieures.
5. — On apprend à vouloir en fixant fortement son attention sur l'idée qui nous paraît raisonnable.
6. — Evitons dans nos décisions la précipitation et la prévention.
7. — La volonté doit être ferme et persévérante.
8. — L'homme sans caractère ressemble à la girouette qui tourne à tous les vents.
9. — Rien de grand et de fructueux ne s'obtient sans persévérance.

LEÇON XXIV

LA CORRECTION DES DÉFAUTS

Arrachons les mauvaises herbes. — Si belle et si grande que notre âme soit par nature, nous savons qu'elle n'a pas tout le développement dont elle est susceptible : nous devons la perfectionner, l'embellir. C'est comme une plante d'une merveilleuse beauté que Dieu nous donnerait toute petite encore, nous chargeant de la cultiver afin qu'elle s'épanouisse, qu'elle donne des fleurs parfumées et des fruits délicieux. Que faisons-nous quand nous avons à soigner une plante précieuse ? Nous arrachons les mauvaises herbes qui croissent tout autour, nous la débarrassons des insectes nuisibles qui s'attachent à elle, nous la redressons par un tuteur quand elle prend une mauvaise direction ; nous fournissons au terrain dans lequel elle pousse, l'eau, l'air, les sucs dont elle doit se pénétrer pour se nourrir. Pour cultiver notre âme, il y a aussi beaucoup de soins à prendre, le premier, c'est de faire disparaître les défauts qui la déparent et que nous pouvons comparer aux mauvaises herbes ou aux insectes nuisibles.

Chaque jour doit contribuer à nous rendre meilleurs. — Se corriger de ses défauts n'est pas toujours facile, mais c'est toujours possible. On a vu des enfants naturellement violents et emportés devenir doux et aimables ; d'autres, enclins à la paresse, acquérir l'activité et faire des hommes remarquables. Quand vous seriez portés à la gourmandise, à l'envie, au mensonge, à quelque autre défaut que ce soit, tous ces penchants peuvent être réprimés. Mais plusieurs conditions sont nécessaires pour cela.

Il faut s'y prendre de bonne heure. — Un sage de l'Orient interrogé par ses disciples sur la manière de combattre les passions, les conduisit dans un lieu planté d'arbres. Il commanda à l'un des jeunes gens d'arracher un petit bouleau qui venait seulement de paraître à la surface du sol ; le jeune homme tira facilement la frêle tige d'une seule main. Le vieillard en indiqua une seconde un peu plus grosse ; il fallut y mettre les deux mains et faire de grands efforts. Pour un troisième arbre plus âgé, le disciple fut obligé de se faire aider par ses camarades, et tous ensemble ne parvinrent à arracher la plante qu'avec beaucoup de peine. Pour un quatrième enfin, qui avait poussé dans le sol de profondes racines, tous les efforts furent vains, il fallut le laisser en place. — « Mes chers enfants, dit le sage, il en est ainsi des défauts que nous avons en nous, il est facile de les extirper de notre cœur quand ils commencent à se montrer, mais si vous les laissez passer à l'état d'habitudes, devenir des passions et des vices, vous n'en viendrez jamais à bout.

Il faut procéder avec ordre et mesure. — Si vous dites en général : Je veux être sage, sans vous attacher à aucune résolution particulière, j'ai bien peur que votre examen de chaque soir ne vous montre guère de progrès. Prenez au contraire un défaut en particulier et mettez-vous à le combattre en résistant à toutes les occasions qui se présentent d'y succomber ; vous vous serez bientôt défait de celui-là et alors vous en attaquerez un autre.

Un homme avait envoyé son fils à la campagne pour défricher un champ couvert de ronces. Découragé à la vue du travail à faire, le jeune homme se coucha sous un arbre sans seulement l'entreprendre. Au bout de quelques jours le père vint voir où en étaient les choses et ne trouva rien de fait. « Ecoute, dit-il à son fils, défriche-mo seulement ce petit coin du champ pendant la journée d'aujourd'hui. » La tâche fut remplie. Le lendemain le père désigna une autre portion du champ, laquelle fut également débarrassée de ses broussailles, et, au bout de dix jours le terrain entier était prêt à recevoir la bonne semence. Faisons de même, attaquons un seul défaut à la fois, et commençons par notre défaut dominant.

Il faut agir avec persévérance. — Plus d'une fois il nous arrivera de retomber dans le défaut combattu ; ne nous décourageons pas et continuons à veiller sur nous-mêmes. Paris ne s'est pas bâti en un jour, et les bonnes habitudes ne s'acquièrent que par un travail continu.

DEVOIR DE L'ÉLÈVE

1. — Nous devons développer les germes de bien contenus dans notre âme.
2. — Chacun de nous peut se corriger de ses défauts et tendre à la perfection.
3. — Pour se corriger de ses défauts il faut s'y prendre de bonne heure.
4. — Il faut procéder avec ordre, attaquer un seul défaut à la fois et commencer par son défaut dominant.
5. — Il faut agir avec persévérance, ne pas se décourager quand on retombe, et ne pas abandonner la partie qu'elle ne soit gagnée.

LEÇON XXV

ORGUEIL ET FIERTÉ

Il y a une fierté légitime. — Les sentiments qui tiennent à l'orgueil forment une famille nombreuse dont les membres sont, pour la plupart, extrêmement mauvais. Quelques-uns cependant sont bons à cause de leur alliance avec une intention droite ; ainsi il y a une bonne fierté qui est de la dignité, et une fierté coupable qui est de l'orgueil. La bonne fierté consiste à apprécier la valeur des trésors qui nous sont confiés, comme par exemple, notre âme, la bonne réputation laissée par nos parents, et à ne faire aucune bassesse, aucune lâcheté qui puisse les compromettre. Un homme dans le besoin refuse autant qu'il le peut, les secours de l'aumône et cherche du travail : c'est une fierté légitime, c'est le soin de sa dignité d'homme : un individu bien portant ne doit pas être à charge aux autres. On vous propose une action honteuse, vous vous révoltez de toute la force de votre âme à l'idée qu'on ait pu vous croire capable de vous avilir ainsi. « Pour qui me prend-on ? » dites-vous. C'est le sentiment légitime de votre dignité de chrétien et d'honnête enfant.

En quoi consiste l'orgueil. — L'orgueil consiste à nous attribuer à nous-mêmes le bien qui ne vient pas de nous, et à croire que nous sommes plus que les autres : c'est un sentiment exagéré de notre valeur. L'orgueil est le vice qui déplaît le plus à Dieu parce que plus qu'un autre il porte atteinte à sa gloire. Il nous fait détester des hommes parce que l'orgueil de l'un froisse toujours l'orgueil de l'autre. L'orgueilleux voudrait tous les égards pour lui et ne se gêne pour personne. L'orgueil est la source de beaucoup d'autres vices, ainsi il nous rend durs pour le prochain, dédaigneux pour les pauvres et nous fait souvent manquer à la charité. Il engendre la présomption, la témérité, l'entêtement. L'orgueilleux est injuste : il ne reconnaît pas le mérite et la vertu d'autrui.

L'orgueil est un vice stupide. — Pourquoi vous estimez-vous plus que les autres ? A cause de votre fortune ? Ce sont vos parents qui l'ont acquise. A cause de votre mémoire, de vos talents, de votre intelligence ? C'est Dieu qui vous les a donnés. A cause de votre parure, de la richesse de vos habits ? Ce serait plus risible encore parce que des morceaux d'étoffe achetés chez un marchand n'ajoutent rien à votre valeur personnelle. Pour tout ce que vous avez reçu de Dieu ou de vos parents, vous devez avoir de la reconnaissance, vous ne devez pas vous en enorgueillir.

Moyen de connaître si on est porté à l'orgueil. — Voyez si vous éprouvez du plaisir ou de la peine en entendant louer les autres. Dans le premier cas vous pouvez être tranquilles, car vous avez bon cœur ; or l'orgueil n'a d'accès que chez les égoïstes, jamais dans les cœurs généreux.

DEVOIR DE L'ÉLÈVE

1. — Nous pouvons être fiers d'avoir une âme immortelle, d'appartenir à une famille honnête et honorable.
2. — C'est une légitime fierté de vouloir se suffire par son travail et de refuser les secours de l'aumône.
3. — Si je me révolte fièrement contre l'idée d'une bassesse, c'est que j'ai le souci de ma dignité d'honnête homme.
4. — L'orgueil est un sentiment exagéré de notre valeur personnelle.
5. — Il consiste à nous attribuer à nous-mêmes ce qui ne vient pas de nous, et à croire que nous sommes plus que les autres.
6. — L'orgueil est la source de beaucoup d'autres vices.
7. — Il déplaît à Dieu et nous fait détester les hommes.

LEÇON XXVI

LA FAMILLE DE L'ORGUEIL

L'amour-propre bien compris est une ressource dans l'éducation. — Voici des membres de cette famille de l'orgueil dont je vous ai parlé. A le prendre dans son vrai sens, le mot amour-propre signifie l'amour de nous-mêmes. Or il est permis de s'aimer parce que Dieu nous commande d'aimer notre prochain *comme nous-mêmes* et de lui souhaiter le bien que nous désirons pour nous. Seulement il faut s'aimer de la bonne manière et dans de justes limites. *De la bonne manière,* c'est-à-dire en vue de notre perfectionnement ; *dans de justes limites,* c'est-à-dire qu'il ne faut pas être égoïstes et ne penser qu'à nous. On donne surtout le nom d'amour-propre à une disposition spéciale qui nous porte à faire ce que nous faisons, mieux que ne font les autres. Cela n'est pas mal, direz-vous ! Non ! maintenue dans une juste limite, cette disposition est nécessaire, soit pour vous stimuler dans vos études, soit plus tard pour que vous vous tiriez avec honneur de vos affaires. L'élève qui met de l'amour-propre à faire ses devoirs, s'attache à les bien faire ; l'insouciant qui accomplit sa tâche sans goût, pour dire qu'elle soit faite, n'arrive pas à grand'chose. Mais il y a là un écueil à éviter. Si l'amour-propre cesse d'être associé aux considérations de devoir accompli, de perfectionnement moral, s'il a pour seul but de s'attirer des louanges et d'écraser les autres, il devient coupable et tombe dans la vanité.

La vanité est la petite monnaie de l'orgueil. — Elle consiste dans un besoin immodéré de louanges à tout prix. Elle n'a pas l'arrogance et l'enflure de l'orgueil, mais elle dénote un esprit plus étroit et prête plus à rire par ses prétentions. Tout lui est bon pour faire parler d'elle, même les choses les plus mesquines, les plus étrangères à notre mérite comme la parure ; et puis, de quelque part que vienne la louange, fût-ce de gens peu cultivés, elle la trouve bonne. La vanité rend malheureux, car la personne vaniteuse ne trouve pas toujours autour d'elle des gens qui puissent ou veuillent l'admirer. Souvent au contraire on se moque d'elle et des remarques désagréables remplacent la louange cherchée. Une petite fille parlait sans cesse de ses succès à l'école : « Je suis la plus forte en histoire... C'est moi qui mets le mieux l'orthographe..., etc. » Quelqu'un lui dit enfin : « Et la plus modeste, quelle est-elle ? »

La vanité rend esclave. — Le vaniteux vit dans une constante dépendance des autres ; il n'ose rien faire sans savoir ce qu'on pensera ou ce qu'on dira de lui, c'est bête et gênant. Parlez-moi de garder l'esprit libre et dégagé, d'agir parce qu'on a de bonnes raisons de le faire, et non pas *pour la galerie*, comme on dit dans le monde. Faut-il vous dire un secret ? Agir ainsi est encore le meilleur moyen d'inspirer de l'estime aux autres. « Si vous voulez qu'on dise du bien de vous, écrivait un moraliste ancien, n'en dites pas vous-mêmes. »

L'affectation est le contraire de la simplicité. — Il y a un travers qu'on appelle l'affectation ; il consiste à poser, à faire toutes sortes de manières pour attirer les regards, c'est de la petite et bête vanité avec laquelle on ne se fait pas aimer. Nous nous sentons instinctivement repoussés par un enfant qui n'a rien de naturel dans les allures. La simplicité, la naïveté sont si gracieuses à votre âge.

Moyen pour étouffer la vanité. — A ceux que la vanité porterait à se vanter outre mesure, je dirai : « Quand vous pensez à ce que vous savez, songez aussi à tout ce qui vous reste à apprendre, et vous aurez moins de prétention ; si vous vous êtes corrigés d'un défaut, comptez tous ceux qui vous restent à combattre, et vous n'oserez pas mettre votre vertu en évidence. Il est bon certainement que nous nous rendions compte des progrès faits par nous dans le bien ; c'est légitime et nécessaire ; mais regardons aussi le chemin qui nous reste à parcourir, et nous serons plus sévères pour nous, plus indulgents pour les autres.

DEVOIR DE L'ÉLÈVE

1. — Nous devons nous aimer nous-mêmes en vue de notre perfectionnement.
2. — Ce qu'on nomme habituellement amour-propre consiste à vouloir tout faire mieux que les autres.

3. — L'amour-propre contenu dans une juste mesure, est nécessaire pour qu'on mène à bien les tâches entreprises.

4. — La vanité est la petite monnaie de l'orgueil ; elle consiste dans un besoin immodéré de louanges à tout prix.

5. — La vanité dénote ordinairement de l'étroitesse d'esprit.

6. — On appelle affectation l'habitude d'être maniéré dans tout ce qu'on fait, afin d'attirer l'attention.

7. — Le naturel et la simplicité sont mille fois préférables.

LEÇON XXVII

LES GENS MODESTES

Les épis vides lèvent la tête. — Un père se promenait avec son fils sur la lisière d'un champ de blé. « D'où vient, dit l'enfant, que certains épis lèvent ainsi la tête et que d'autres sont courbés ? — Regarde toi-même, dit le père. » L'enfant prit un épi de chaque sorte ; l'un était vide ; l'autre, rempli de grains dorés. « Il en est ainsi pour les hommes, ajouta le père : on a remarqué que les esprits vides sont ceux qui s'en croient le plus ; les hommes de mérite sont toujours modestes.

C'est la plus mauvaise roue du carrosse qui fait le plus de bruit. — Un chariot passe dans la rue avec un bruit qui attire l'attention de tout le monde ; l'une des roues, en bon état, remplit silencieusement son office ; l'autre ne vaut pas grand'chose ; les jantes branlent dans le moyeu, et le cercle de fer qui l'entoure ne tient plus solidement ; c'est elle qui grince et se fait remarquer.

Qu'est-ce que la modestie ? La modestie est une réserve délicate dans la manière de parler et de penser de soi.

Pourquoi les hommes de mérite sont-ils généralement modestes ? — 1° La plupart sont pieux ; ils savent que Dieu résiste aux superbes et donne sa grâce aux humbles.

2° Plus ils sont instruits, plus ils voient qu'un vaste champ de connaissances leur reste encore inconnu ; ils comprennent que ce que l'homme peut savoir sur la terre est vraiment peu de chose.

3° Ils ont l'esprit tellement rempli par des choses bonnes, utiles, importantes, qu'il n'y reste plus de place pour les petites préoccupations de vanité et d'amour-propre. Saint François de Sales disait : « Qui peut avoir des perles ne se charge guère de coquilles. »

Deux savants de notre siècle, Ampère et Augustin Cauchy, ont été des exemples vivants de cette vérité. Le premier éprouvait un réel embarras lorsqu'on louait ses travaux devant lui, et il voulait qu'on en rapportât le mérite au Dieu de toute science. Le second, simple et modeste aussi, avait sans doute conscience, dit son biographe, de l'importance de ses découvertes, mais s'il en parlait, c'était plutôt avec naïveté qu'avec orgueil. Ambroise Paré, surnommé le père de la chirurgie française, disait en parlant des blessés qu'il avait guéris au siège de Metz : « Je les pansay, Dieu les guarit ». Turenne, notre grand capitaine, venait de remporter une victoire éclatante, voici le billet qu'il écrivit le soir à sa femme pour lui annoncer cette nouvelle: « Les ennemis sont venus à nous ; ils ont été battus, Dieu en soit loué. J'ai un peu fatigué toute la journée, aussi je vous donne le bonsoir et je vais me coucher. » Et pas un mot de son habileté, de son courage, de ses manœuvres héroïques ! Quelle modestie dans un tel homme; quand d'autres font ce qu'on appelle des *embarras* pour peu de chose !

Dans la conversation. — Dans la conversation, on peut certainement dire ce que l'on sait quand l'occasion s'en présente ; parlez si l'on s'adresse à vous, mais ne faites pas étalage de votre science sans qu'on vous interroge. Et surtout, n'affirmez que ce dont vous êtes sûrs, ne parlez pas à tort et à travers de ce que vous ignorez.

La modestie chez les femmes. — Les jeunes filles surtout, dont la destinée est de vivre plus cachées, sont tenues à plus de modestie et de réserve, et cette réserve est un charme de plus.

Mme Dacier, morte en 1720, fut une femme très instruite et se rendit célèbre par ses ouvrages. Un savant allemand qui en faisait grand cas, vint lui rendre visite à Paris, et la pria d'écrire quelque chose sur un album qu'il avait ainsi présenté aux plus grands écrivains de l'Europe. Mme Dacier ne voulait point mettre son nom parmi ces signatures illustres. Son interlocuteur insistant, elle céda pour ne pas le peiner, et écrivit son nom accompagné de cette sentence d'un auteur grec : *Le silence est l'ornement des femmes.* Un autre auteur a exprimé cette pensée d'une manière différente : « Une femme doit être comme une montre à répétition, ne donnant l'heure que lorsqu'on la lui demande. »

DEVOIR DE L'ÉLÈVE

1. — La modestie est une réserve délicate dans la manière de parler et de penser de soi.
2. — Les vrais savants et les hommes de génie sont généralement modestes.
3. — Les esprits bas et oisifs font de l'embarras de peu de chose et recherchent les satisfactions de la vanité.
4. — Ne faites pas étalage de votre science sans qu'on vous interroge.
5. — Ne parlez pas à tort et à travers sur les choses que vous ne savez pas.
6. — La modestie sied surtout aux femmes et aux jeunes filles ; elle est leur plus grand charme.

LEÇON XXVIII

HONNEUR ET LOYAUTÉ

La loyauté consiste à tenir ses engagements, à respecter la parole donnée. Un homme déloyal n'est pas estimé, on ne le compte plus pour un honnête homme. L'honneur est un sentiment très délicat de tout ce qui est honnête et loyal ; il consiste à être fidèle à son devoir, à ses engagements, à ses convictions. Il dénote de l'élévation dans le caractère et une grande dignité d'âme. Saint Louis mourant disait à son fils Philippe le Hardi : « Mon fils, aime ton honneur. »

Vous vous souvenez de Jean le Bon. Il s'était engagé à laisser ses fils comme otages en Angleterre jusqu'à ce qu'il eût payé une certaine somme. Les jeunes gens prennent la fuite, lui, retourne librement se constituer prisonnier en disant : « Si la loyauté et la bonne foi étaient bannies du reste de la terre, elles devraient se retrouver dans le cœur des rois. »

Dans le temps où les armées de Louis XIV bombardaient Alger, le dey envoya un de ses captifs à la cour de France, porter au roi des propositions de paix. C'était un officier malouin, Pierre Porçon de la Barbinay, et le dey lui fit jurer sur l'honneur, de revenir s'il échouait dans son entreprise. Le messager, reconnaissant lui-même que les propositions n'étaient pas acceptables, ne les conseilla point ; il savait cependant le sort qui l'attendait. Sa mission remplie, il alla à Saint-Malo mettre ordre à ses affaires, et revint loyalement à Alger. Le dey eut la cruauté de faire trancher la tête à cet homme d'honneur.

A l'époque des guerres puniques, un Romain fameux, Régulus, avait accompli le même acte héroïque quand il était prisonnier des Carthaginois.

Ne vous engagez pas sans réflexion. — Puisqu'on est tenu de remplir ses engagements alors même que certains torts peuvent en résulter, il ne faut donc pas en prendre à la légère ; il faut être prudents. N'en prenez aucun tant que vous êtes jeunes, sans la permission de vos parents ; plus tard, sans avoir bien réfléchi sur les conséquences que peut avoir votre parole. N'entrez pas dans des affaires louches et véreuses dont le but caché vous mettrait dans l'embarras, car ce but va contre la probité.

La promesse d'une chose mauvaise ne nous oblige pas. — Une seule considération peut nous dispenser de tenir nos promesses : c'est le cas où nous nous serions engagés à faire une chose mauvaise ou défendue. Parce que nous avons commis une première faute en promettant légèrement, ce n'est pas une raison d'en commettre une seconde en faisant le mal.

La parole d'un honnête homme vaut sa signature. — Vous entendrez souvent répéter cette phrase : « On doit faire honneur à sa signature ». En effet, si nous prenons un engagement par écrit, si nous faisons à quelqu'un un billet pour reconnaître que nous devons une certaine somme, si nous stipulons des conventions pour un travail, un contrat de société, etc., nous sommes tenus de remplir nos engagements, sans quoi on pourrait nous appeler en justice, et nous serions passibles de certaines peines. Eh bien ! l'homme d'honneur attache autant d'importance à sa parole qu'à l'écrit le plus formel, et il se considérerait même comme plus coupable de manquer à la première qu'au second, parce que celui qui a reçu sa simple parole lui a montré plus de confiance et ne peut recourir à la loi contre lui.

Soyez droits dans tout ce que vous faites. — Un petit garçon, une petite fille ont déjà au foyer domestique ou à l'école mille occasions de prendre l'habitude de la loyauté et de l'honneur. Ne parlez pas à l'insu des gens comme vous ne parleriez pas devant eux ; cela est faux et traître. N'usez pas de subterfuge pour lire vos leçons au lieu de les réciter. Ne copiez pas votre devoir sur le cahier d'un autre élève pour faire croire à un mérite que vous n'avez pas. Conduisez-vous en l'absence de vos parents ou de vos maîtres comme vous vous conduiriez en leur présence.

DEVOIR DE L'ÉLÈVE

1. — La loyauté consiste à tenir ses engagements, à respecter la parole donnée.
2. — L'honneur est un sentiment très délicat de tout ce qui est honnête et loyal.
3. — Ne prenons pas des engagements à la légère, réfléchissons auparavant, mais remplissons-les quand nous les avons pris, même si cela nous coûtait beaucoup.
4. — La promesse de faire une chose mauvaise ne nous oblige pas.
5. — On doit faire honneur à sa signature.
6. — Pour l'homme d'honneur les engagements sur parole valent autant que les écrits.
7. — Tout ce qui manque de droiture est déloyal.

LEÇON XXIX

COURAGE, LACHETÉ, POLTRONNERIE

Le courage est un effort de l'âme qui nous fait affronter le danger et supporter le mal sans faiblir. — Il ne consiste pas à n'être point ému en présence du danger, mais à surmonter son émotion. Il y a plusieurs sortes de courages, parce qu'une infinité de cas se présentent, où nous pouvons nous montrer énergiques.

Il y a le courage militaire, qu'on nomme aussi *bravoure, vaillance* ou *intrépidité*. Les balles pleuvent autour du soldat sur le champ de bataille ; il avance malgré le danger parce que c'est son devoir ; parfois s'il a le bras droit emporté, il combat encore du bras gauche pour ne pas compromettre la victoire que la Patrie attend. Le soldat qui fuirait devant l'ennemi serait un *lâche ;* mais la France qui a tant de héros, n'enfante pas de lâches, et le courage militaire est écrit à chaque page de notre histoire.

Nos cuirassiers de Reischoffen en ont renouvelé la légende le 6 août 1870. Lorsque après cette horrible boucherie où nous étions 40.000 contre 150.000 ennemis, le maréchal Mac-Mahon, qui avait été héroïque de sang-froid et de bravoure, vit qu'il fallait abandonner le champ de bataille, il chargea le 8e et le 9e cuirassiers de couvrir la retraite. Ces cuirassiers épiques, décimés, foudroyés par les batteries ennemies, descendent dans le vallon comme une trombe humaine, chargent, se reforment, s'élancent encore, et tandis que l'armée s'éloigne, ils donnent, en se faisant tuer, le temps aux vaincus d'éviter la mort.

Il y a le courage moral de celui qui résiste à ses passions et de celui qui supporte les autres épreuves de la vie : revers de fortune, injustices, peines de famille, etc.; celui-là c'est de la *résignation*. Beaucoup, devant le malheur immérité ou non, se laissent aller à un accablement qui paralyse leurs forces. Honneur à ceux qui ne se laissent point abattre, qui font tout ce qu'ils peuvent pour remédier au mal, et supportent chrétiennement celui qu'ils ne peuvent empêcher. Les femmes ont surtout ce courage moral et elles relèvent souvent celui de toute une famille.

Il y a le courage physique de celui qui supporte une longue maladie ou une cruelle opération. Soit qu'il offre ses souffrances à Dieu et n'en veuille pas perdre le prix, soit qu'il évite de contrister sa famille en lui cachant les douleurs qu'il endure, il étouffe ses plaintes rassure ceux qui tremblent ; ce courage-là est de la *patience*.

Il y a le courage de celui qui se dévoue pour l'humanité, du passant qui se jette à l'eau pour sauver son semblable, du pompier qui expose sa vie pour arracher un enfant à la mort, de la Sœur de charité qui, entourée hier encore des douceurs de la vie, panse aujourd'hui sans faiblir de dégoûtants ulcères, des plaies d'où ruisselle le sang, ou s'enferme avec des fous, des varioleux, des cholériques, des pestiférés, armée souvent pour tout préservatif, d'un grand signe de croix.

Il y a le courage du chrétien qui, seul peut-être de son opinion dans le milieu où il se trouve, garde et affirme sa foi malgré les railleries. Peut-être risque-t-il sa fortune ou sa position, n'importe ! il ne craint rien et va droit son chemin. Ce courage souvent arrive à l'héroïsme.

La France est la terre classique du courage. — Si vous ne voulez pas déchoir, mes enfants, il faut faire dès votre jeune âge des efforts sur vous-mêmes. Un pli doit se prendre de bonne heure si on veut qu'il persiste. Le héros de vingt ou de trente ans s'est appliqué souvent à ne pas être un enfant poltron et pusillanime. Vous devez combattre deux défauts : n'être ni *poltrons*, ni *douillets*, et de plus vous devez *lutter contre votre sensibilité si elle est excessive*, afin qu'elle ne vous empêche pas d'agir quand besoin en sera.

1° **Il faut vaincre les peurs irraisonnées causées par l'imagination.** — Les poltrons n'osent pas aller le soir dans une pièce sans lumière ; ils s'effrayent d'une ombre, d'un rien. Le remède à ces terreurs puériles, c'est de vous rendre compte de l'objet de vos frayeurs ; vous y trouverez toujours une cause naturelle.

2° **Il faut se vaincre pour supporter la souffrance physique.** — Ce qu'on appelle se montrer *douillets*, c'est être un peu *mou*, se plaindre pour le moindre malaise, crier et pleurer pour une légère douleur. Pleurer et crier ne guérit rien ; on a reconnu au contraire que l'énergie de certains malades, la gaieté qu'ils s'efforçaient de montrer à leur entourage, avaient une heureuse influence sur leur santé. Il est peu digne d'être lâche devant la douleur physique ; il est noble au contraire de se faire violence pour la supporter ; cela montre que l'âme sait commander au corps.

3° **Il faut savoir commander à notre sensibilité**, pour avoir le courage du dévouement. Si vous criez, vous accaparez l'attention, vous enlevez aux personnes qui sont avec vous la présence d'esprit dont elles auraient besoin pour conjurer le péril. La force d'âme qui nous fait rester calmes dans ces occasions-là, s'appelle le sang-froid. Si, dans un lieu public, le feu se déclare, tout le monde veut sortir à la fois et on s'écrase. Si les vêtements d'une fillette ont pris feu, elle se met à courir et active les flammes ; elle eût sans doute été sauvée si elle s'était roulée par terre ou si quelqu'un l'avait enveloppée de couvertures. Si un cheval s'emporte, on est affolé et on saute par terre au risque de se tuer ; il ne fallait ni sauter ni rester debout, mais se coucher dans la voiture.

La vue du sang ne doit pas nous faire fuir. Apportons du secours dans les cas d'accident, au lieu d'être un embarras de plus comme sont quelques personnes. Toute femme doit être capable de panser au besoin une plaie. Une voiture verse, il y a des blessés. Si les passants se sauvent tous parce que la vue du sang leur fait mal, pensez-vous que les blessés seront bien secourus ? Non ! il faut imposer silence à ses nerfs et s'approcher courageusement pour voir si on peut être utile. L'un va chercher de l'eau fraîche, un autre déchire son mouchoir afin de faire des bandages pour arrêter le sang avant qu'on ne transporte les malades, car la perte du sang pourrait les faire mourir en route. La vue d'une plaie n'a certainement rien d'agréable, mais le bonheur de soulager ceux qui souffrent, vaut bien que l'on surmonte une impression pénible. Il ne faut pas penser qu'à soi. Le désir d'être utile à ses semblables, de les sauver d'un danger, donne parfois aux êtres les plus faibles, de la force et du courage.

Une jeune fille s'amusait dans un champ avec d'autres enfants. Tout à coup des cris retentissent : « Un chien enragé..., sauvez-vous ! » Toutes se mettent à courir. Denise en fait autant, tenant par la main la plus jeune de ses compagnes, mais l'enfant met si malheureusement le pied dans un sillon qu'elle tombe, se fait une entorse et ne peut se relever. Cependant le chien s'approche. Loin d'abandonner l'enfant, Denise se place devant elle, saisit un bâton et cherche à effrayer l'animal qui la mord à la jambe. Un paysan arrive enfin et tue le chien. Soignée immédiatement, Denise fut guérie, mais elle avait bravé le danger avec une rare énergie.

DEVOIR DE L'ÉLÈVE

1. — Le courage est un effort de l'âme qui nous fait affronter le danger et supporter le mal sans faiblir.
2. — La France est la terre classique du courage.
3. — A cœur vaillant, rien d'impossible.
4. — On appelle lâcheté la défaillance de celui qui abandonne son poste au moment du danger.
5. — Pour se préparer aux différentes sortes de courage il faut combattre la poltronnerie, la mollesse.
6. — Surmontons la sensibilité excessive qui nous empêcherait d'agir au moment du danger.
7. — Toute femme doit être en état de panser une plaie, s'il en est besoin.

LEÇON XXX

DOUCEUR ET COLÈRE

Plus fait douceur que violence. — Peut-être avez-vous expérimenté cela. Tous en effet, nous aimons à être traités avec douceur. Un enfant ne travaille pas sous une discipline trop rude, et on le croit stupide ; prenez-le par la douceur et l'affection ; son intelligence s'épanouit Vous avez un ami dont le caractère laisse beaucoup à désirer. Si vous opposez vos colères à ses colères, vous le butez, vous l'excitez davantage, il ne se connaît plus, vous vous brouillez bientôt. Mais laissez passer ses accès de mauvaise humeur ; quand il est revenu au calme, représentez-lui doucement pourquoi il n'avait pas raison de s'emporter ainsi, vous l'amenez à reconnaître ses torts, et vous conservez votre ami. En mille occasions la douceur obtient ce que n'obtient pas la violence. Celle-ci brise, effraye, celle-là touche, convainc, ramène. Notre-Seigneur a dit : « Heureux ceux qui sont doux parce qu'ils possèderont la terre », et tous les auteurs ont abondé dans ce sens : « On prend plus de mouches avec du miel qu'avec du vinaigre ». Ou bien : « Patience et longueur de temps font plus que force et que rage ». On peut définir la douceur, l'empire que nous avons sur nous-mêmes et qui nous fait parler et agir avec modération en toutes circonstances.

La colère est un accès de folie. — C'est le défaut de celui qui ne se possède pas, dont l'indignation se traduit au dehors par des gestes désordonnés, des paroles grossières, quelquefois même par des coups. La personne en colère est effrayante à voir, elle a la figure rouge et contractée, des yeux qui sortent de leurs orbites, elle brise tout ce qui se trouve autour d'elle. Elle a perdu toute dignité en perdant toute retenue ; pensez quelle opinion prennent d'elle ceux qui la regardent de sang-froid.

De grands maux peuvent en résulter. — La colère aveugle ; sous son empire on ne voit plus juste ; on dit des choses qui dépassent la pensée et qu'on est ensuite fâché d'avoir dites. On peut causer aussi de déplorables accidents.

Chers enfants, réprimez donc dès maintenant vos mouvements d'impatience et de vivacité, peu de vices se développent aussi facilement que celui-là si on le laisse croître. La colère est déjà en germe chez le petit être qui ne vit que de la vie des sens ; il crie et trépigne si on ne lui donne pas ce qu'il veut ; il lance à la tête de son frère ou de sa sœur ce qu'il tient à la main. Si on ne corrige pas ces enfants dès le bas-âge, ce qu'on appelle des vivacités devient bientôt une colère coupable. Beaucoup de criminels punis ensuite par la justice humaine, regrettent qu'on n'ait pas enrayé, quand ils étaient jeunes, leurs accès de colère, regrettent de n'avoir pas fait eux-mêmes des efforts pour vaincre leurs mauvais penchants.

1re **Résolution : évitez les querelles.** — Elles dégénèrent, plus vite qu'on ne pense, en rixes dangereuses. Si vous voyez une occasion qui va en faire naître, laissez tomber la chose, tâchez de faire diversion. Ne frappez jamais vos camarades, ni vos frères et sœurs. Quelques tapes, un soufflet, un coup de pied, cela est indigne d'un être raisonnable, et vous ne pouvez pas savoir où cela vous conduirait.

2e : **Ne prenez jamais de décisions quand vous êtes hors de vous-mêmes.** — La colère est mauvaise conseillère. Attendez d'être plus calmes ; attendez aussi que celui qui s'est laissé emporter par la violence de son tempérament soit revenu lui-même au calme et ne l'excitez pas davantage au moment où il ne se possède pas. On ne doit pas jeter de l'huile sur le feu. On ne met pas à la voile pendant une tempête.

3e : **Développez autant que possible votre énergie morale.** — Je vais peut-être vous étonner, mais ce sont justement les caractères faibles qui se livrent le plus à la colère parce qu'ils ne savent pas se dominer. Aujourd'hui ils se laissent conduire par le premier venu ; demain, si quelque chose les froisse, ils s'abandonneront à leurs impressions et seront comme des furieux. L'homme ferme dans sa conviction pratique mieux la douceur parce qu'il a de l'empire sur lui-même.

4e : **Ayez de la persévérance.** — Il en faut pour acquérir la douceur si on n'y est pas naturellement porté, mais la chose est possible. Saint François de Sales était né avec un tempérament violent ; il arriva, par la force de sa volonté et un travail de vingt années sur lui-même à supporter les pires injures sans montrer d'émotion, alors même que son âme était agitée et qu'il sentait la colère bouillonner dans son cerveau « comme l'eau sur le feu », disait-il.

DEVOIR DE L'ÉLÈVE

1. — La colère est le défaut de celui qui ne se possède pas, dont l'indignation intérieure se produit au dehors par des gestes désordonnés, des paroles grossières.
2. — On appelle douceur l'empire que nous avons sur nous-mêmes, et qui nous fait parler et agir avec modération en toutes circonstances.
3. — La douceur gagne les cœurs, calme les esprits irrités.
4. — Plus fait douceur que violence.
5. — La colère aveugle et rend injustes; ne décidons rien dans la colère.
6. — On acquiert la douceur en veillant sur soi-même avec persévérance.

LEÇON XXXI

AMOUR DU TRAVAIL ET PARESSE

La paresse est un vice contre nature. — Dieu ne nous a pas donné un corps si bien organisé, des membres si agiles, une intelligence si vive pour que nous n'en fassions rien. Les organes de notre corps et les facultés de notre âme doivent être employés à quelque chose, et justement les membres n'acquerraient pas cette agilité ni l'intelligence, cette vivacité, si nous restions plongés dans la mollesse.

Le travail est un commandement divin. — Adam et Eve travaillaient dans le paradis terrestre et ils y trouvaient du plaisir. Quand Dieu dit à Adam après son péché : Tu mangeras ton pain à la sueur de ton front », ce n'était pas du travail lui-même qu'il faisait une expiation, mais de la peine qui désormais y était attachée.

Depuis, en effet, il est devenu moins facile ; il faut, pour s'y livrer, un effort de la volonté, mais cet effort une fois fait, le travail a des charmes et de grands avantages, on arrive à l'aimer. Jésus-Christ a renouvelé ce précepte du travail, il maudit le figuier stérile et condamne le serviteur inutile qui rapporte son talent sans l'avoir fait fructifier.

Le travail est une loi de la vie, car la vie elle-même est un travail, et l'inertie, c'est la mort. Regardez autour de vous, rien n'est oisif dans la nature ; l'oiseau bâtit son nid, la fourmi ramasse des provisions pour l'hiver, la sève court et monte dans l'arbre pour en nourrir les branches ; le vent se dépêche de purifier l'atmosphère, et les nuages, de porter la pluie où il en est besoin.

Il est en particulier la loi de l'humanité. — Le travail développe nos forces physiques et nos facultés intellectuelles. Il n'y a personne qui ait si mauvaise santé que ceux qui ne font rien ; le corps du paresseux s'atrophie, ses facultés s'éteignent, il finit par devenir idiot. C'est que nous sommes créés pour agir.

Le travail est une condition de notre dignité. — Il n'y a d'êtres dignes sur la terre que ceux qui s'y rendent utiles et qui gagnent leur pain d'une manière ou d'une autre. Les oisifs sont des parasites qui vivent aux dépens d'autrui. Voyez comme tout travaille pour vous et autour de vous. Votre père exerce un métier quelconque pour gagner de l'argent ; votre mère tient son ménage avec ordre et raccommode vos habits. Ceux qui nous ont précédés dans la vie nous ont laissé le fruit de leurs peines ; s'ils avaient été paresseux, nous ne jouirions pas de ces commodités que nous ont amenées leurs découvertes. Si le laboureur ne semait pas son grain, si le boulanger ne pétrissait pas la farine, si le tisserand ne fabriquait pas des étoffes, comment est-ce que vous vivriez ? Comment est-ce que vous vous vêtiriez ? Celui qui, au milieu de ce mouvement général, profiterait du travail des autres sans y apporter rien du sien, serait un être méprisable parce que ce serait un être inutile. On cultive dans les jardins des plantes potagères, mais il y a aussi des herbes qui ne servent à rien. Bien qu'elles n'aient pas de propriétés délétères, le jardinier les appelle de mauvaises herbes, et il les arrache parce qu'elles nuisent au développement des autres. Ne soyons pas de mauvaises herbes dans le jardin du père de famille.

Au point de vue moral, le travail est une sauvegarde. — Comme nous sommes des êtres essentiellement actifs, si nous n'exerçons pas cette activité pour le bien, nous l'exerçons pour des choses mauvaises. *L'oisiveté est la mère de tous les vices*. Le mal au contraire ne trouve pas d'accès dans une vie bien remplie. Le travail est le gardien de la vertu et des bonnes mœurs.

Le travail est une nécessité et l'artisan de toute fortune honnête. — Le paresseux tombe dans la misère. Dans le grand nombre des malheureux que l'on voit, les trois quarts sont arrivés là par leur faute. Un proverbe dit au contraire : *La faim regarde la porte de l'homme laborieux, mais elle n'ose pas y entrer.* C'est par le travail qu'on améliore sa position, qu'on nourrit sa famille ; *le travail est la base de la propriété*, il nous permet de garder notre indépendance. Toute fortune, toute célébrité vient de lui. « Le temps est de l'argent, dit un proverbe anglais : *Time is money* ». Mais n'eût-on pas besoin de gagner son pain quotidien, on ne doit pas rester oisif ; travail manuel ou travail intellectuel on doit toujours employer son temps à quelque chose d'utile, se consacrer par exemple aux affaires de ses concitoyens si on n'est pas dans la nécessité de pourvoir sa famille.

Le travail est une saine distraction. — L'homme désœuvré s'ennuie. Les plaisirs sont bons quelques instants, à certains intervalles, mais de tous on se lasse, et la satiété vient vite. Ayez une occupation en rapport avec vos aptitudes, vous vous y attacherez, vous poursuivrez avec ardeur tel ou tel résultat : il y aura un intérêt dans votre vie. Demandez au mathématicien qui vient de trouver la solution longtemps cherchée, s'il connaît un plaisir qui soit comparable au sien.

Vous avez entendu parler de Livingstone, le fameux voyageur anglais qui a exploré à plusieurs reprises l'intérieur de l'Afrique centrale. Savez-vous comment il arriva à faire ses études? Placé à dix ans dans une fabrique en qualité de rattacheur, il y restait de six heures du matin à huit heures du soir sans autre interruption que le temps nécessaire pour le déjeuner et le dîner. Sur le gain de sa première semaine, il acheta quelques livr En sortant de la manufacture il se rendait à une école du soir, puis, rentré chez lui, il travaillait jusqu'à minuit. Pendant les heures passées à la filature, il continuait d'étudier, plaçant le livre sur son métier de manière à suivre les phrases les unes après les autres, tout en marchant pour faire sa besogne. Quand il eut dix-neuf ans, on lui donna un métier à conduire; c'était une profession pénible, mais il gagnait de bonnes journées, et il put économiser assez pour aller passer quelque temps à Glascow, y étudia la médecine, le grec, ainsi que d'autres sciences. C'est par l'effet d'un travail obstiné, acharné qu'il devint l'homme que vous savez ; on n'obtient rien sans peine.

Résolutions pratiques. — Vous êtes, chers enfants, à l'âge où l'on acquiert cet amour du travail qui fait que plus tard rien ne coûte. Et cet amour existe ; il y a des personnes qui souffriraient véritablement de rester sans rien faire. Pour cela, prenez dès maintenant l'habitude de n'être jamais oisifs. Levez-vous le matin dès que vous êtes réveillés, afin de ne rien donner à la mollesse ; habillez-vous promptement, sans vous asseoir d'ici de là, comme font les enfants indolents. Vous avez vos études. Que vos devoirs soient toujours faits et vos leçons apprises à l'heure désignée pour cela. Ne remettez jamais au lendemain ce que vous pouvez faire la veille, et n'accomplissez pas ces tâches avec nonchalance comme pour vous en débarrasser ; cette habitude est faite pour vous dégoûter du travail ; plus vous ferez rondement et avec entrain ce que vous avez à faire, plus vous y prendrez goût. A la maison, vous pouvez rendre quantité de petits services, les petites filles peuvent aider au ménage, éplucher les légumes, raccommoder ; les petits garçons, porter de l'eau, faire des commissions ; sachez vous rendre utiles autour de vous. Enfin il y a les récréations ; ah ! certes, je sais bien qu'il faut des récréations, des jours de congé et des divertissements, cela fait du bien au corps et à l'esprit. Mais, dans ces congés et ces récréations organisez des jeux, des courses, des promenades, des lectures s'il fait mauvais temps ; découpez des images et collez-les sur un album, fabriquez un cerf-volant ou des constructions en papier, faites un trousseau à votre poupée, mais ne restez pas sans rien faire, à vous traîner d'une chaise à l'autre, les bras branlants, comme des petits vieux, cela a très mauvaise façon ; cela est malsain pour le corps et pour l'âme. A ce jeu-là on devient un paresseux ou un imbécile. Amusez-vous de tout votre cœur quand c'est l'heure de vous amuser ; travaillez de tout votre cœur le reste du temps, soit à vos études, soit en aidant votre mère dans les soins du ménage, et vous prendrez si bien goût au travail qu'il deviendra pour vous un plaisir.

DEVOIR DE L'ÉLÈVE

1. — Dieu nous a fait un commandement du travail, et il nous a organisés pour cela.
2. — Le travail est une loi de la vie ; tout travaille dans la nature.
3. — La paresse atrophie le corps et engourdit l'esprit.
4. — Le travail est pour nous une condition de dignité et d'indépendance. Celui qui ne travaille pas n'est pas digne de vivre.
5. — Le travail est la sauvegarde de la vertu ; l'oisiveté est la mère de tous les vices.
6. — Le travail est l'artisan de toutes les fortunes ; la paresse mène à la misère, et l'amour du travail à l'aisance.
7. — Jouons ou travaillons, mais ne restons jamais sans rien faire.

LEÇON XXXII

ÉCONOMIE ET PRODIGALITÉ

Si vous voulez devenir riches, n'apprenez pas seulement comment on gagne : sachez aussi comme on dépense. — Cette parole est du moraliste Franklin.

L'économie consiste à régler ses dépenses selon ses ressources et sa position, à n'en pas faire d'inutiles et à mettre de côté quelque chose pour l'avenir. Remarquez bien que l'économie n'est pas de l'avarice, la première est une qualité, la seconde est un vice ; la première établit l'ordre dans les dépenses ; la seconde se refuse même le nécessaire et entasse pour le plaisir d'entasser.

L'économie est la sœur de la prévoyance, elle dénote un esprit sage et pondéré qui voit plus loin que le moment présent, elle dénote un esprit énergique, car il faut souvent faire effort sur soi-même pour modérer ses désirs et résister aux tentations. La prodigalité est le défaut de celui qui dépense sans compter, bêtement parfois, avec insouciance, qui se passe toutes ses fantaisies, qui achète aujourd'hui un objet de luxe, et n'aura peut-être pas demain de quoi payer le nécessaire.

Tout est relatif. — La manière d'économiser ne saurait être la même pour tous ; chacun doit vivre selon sa position. La personne à qui sa fortune permet de porter une robe de soie fait bien de la porter, parce qu'elle contribue à la prospérité du commerce et de l'industrie ; celle qui n'a qu'une médiocre aisance aurait tort de se vêtir ainsi : *une dépense inutile et frivole est un vol que l'on fait à soi-même et aux autres.*

Pourquoi l'ouvrier doit économiser. — L'ouvrier doit économiser afin de se suffire quand arriveront la vieillesse et les maladies. Il doit mettre sa dignité à ne pas être à charge aux autres, et pour cela, penser à l'avenir, ménager pendant qu'il est jeune et fort, pour s'assurer une vieillesse *tranquille, indépendante, exempte de dettes et honorable.* La charité vient en aide aux infirmités accidentelles, aux malheurs imprévus, mais si, par votre prodigalité, vous êtes tombé dans la misère, vous obligez injustement quelqu'un à travailler pour vous outre mesure. L'ouvrier doit économiser aussi pour préparer l'établissement de ses enfants, pour permettre à l'un ou à l'autre qui peut avoir une vocation déterminée et coûteuse, de s'instruire suffisamment pour suivre cette vocation.

Comment économisera-t-il? — C'est en dépensant toujours quelques sous de moins qu'il ne gagne. Cette faible somme, si elle est portée à la *Caisse d'épargne*, grossira sans qu'on s'en aperçoive parce qu'elle portera intérêt ; cet intérêt joint aux autres versements qu'on fera, produira d'autres intérêts ; le petit pécule fera la boule de neige. Il y a aussi des *Caisses de retraites* et des *Sociétés de secours mutuels* dans lesquelles on fait certains versements, et où l'on trouve des ressources plus tard. Chacun doit chercher de quelle petite superfluité il pourrait se priver. Il n'y a pas de petites économies, c'est-à-dire que les moindres économies en s'additionnant, finissent par former de véritables ressources. *Les petits ruisseaux font les grandes rivières.*

Fuyez le jeu. — J'entends par ce mot les jeux de hasard où l'on risque de l'argent. Le jeu n'est point une distraction ; c'est une passion presque aussi mauvaise que l'alcoolisme. Elle dégoûte du travail, entretient des espoirs insensés et aboutit à la misère. Une excitation fiévreuse s'empare du joueur ; une fois qu'il a commencé à glisser sur la pente fatale, il est esclave de son vice et ne peut plus s'arrêter, il engloutirait des fortunes et irait jusqu'au déshonneur.

Evitez les dettes. — N'achetez pas à crédit, vous payez plus cher et vous avez moins bon. N'empruntez jamais sans une nécessité absolue et si vous n'avez pas la *certitude* de pouvoir rendre. Une dette est un souci permanent qui entre dans votre vie, une menace suspendue sur votre tête. Par les dettes vous perdez votre indépendance, vous n'osez plus lever la tête devant tout le monde. On dit habituellement : « Qui paye ses dettes s'enrichit », parce qu'on remet ainsi la tranquillité dans sa vie.

Dans un ménage, le mari doit représenter le travail, la femme, l'économie. — Les femmes ont bien des manières d'économiser, et les jeunes filles doivent étudier de bonne heure cette science précieuse de l'économie domestique. D'abord il faut qu'elles sachent acheter. Il est bon pour certaines denrées, de faire des provisions au moment où le prix en est avantageux ; pour d'autres, qui se gâteraient, on n'achète qu'à mesure. Chez elle, la bonne ménagère ne laisse rien perdre ; elle a le talent de profiter de tout ; ici la prodigalité s'appellerait du *gaspillage*. Ce reste de viande peut s'accommoder d'une façon convenable. Ce morceau d'étoffe mis de côté peut servir un jour à réparer quelque vêtement. Elle reprise le linge dès la première usure sans attendre que les trous s'agrandissent et demandent du neuf. *L'habit rapiécé dit-on, fait honneur à la femme de celui qui le porte.* Elle-même se contente de toilettes simples et ne met pas des sommes folles à des colifichets. On ne saurait croire combien cette question est grave par ses conséquences. Une petite fille coquette et vaniteuse demande un ruban, une garniture quelconque ; cela paraît peu de chose aujourd'hui, mais si on l'habitue à se passer ses fantaisies, elle aura envie plus tard d'ajustements plus chers. Le goût de la toilette chez la femme, a amené non seulement la ruine, mais le déshonneur dans bien des familles, parce que le mari, ne sachant plus comment satisfaire à des goûts dispendieux, employait des moyens déshonnêtes pour se procurer de l'argent. Quelle honte pour une femme d'être la cause d'un tel malheur quand elle devrait être au contraire l'ange du foyer domestique.

La mère de famille doit surtout se rappeler qu'il *vaut mieux économiser sur la toilette que sur la table*. Les mets ne doivent pas être recherchés, mais il faut qu'ils soient assez abondants et d'assez bonne qualité pour que les santés se maintiennent. Ce serait un pitoyable système de faire comme dit le proverbe, *habit de velours, ventre de son*.

Il faut aussi pour économiser, se méfier de ce qu'on appelle les *bonnes occasions*. Une voisine vous dit : J'ai vu tel article à tel prix dans tel magasin ; c'est pour rien ; jamais occasion semblable ne se représentera. On veut en profiter, on achète l'article sans en avoir un besoin immédiat, peut-être n'en aura-t-on jamais besoin, ou bien alors il aura passé de mode. Souvenons-nous que *ce qui est inutile est toujours trop cher*.

Les riches doivent-ils économiser? — Oui, certainement, car, sans une juste mesure dans les dépenses, il n'est pas de fortune qui puisse résister. Mais ils doivent économiser aussi pour venir en aide aux malheureux, pour faire que les différences de position, inévitables dans la société, ne soient cependant pas trop choquantes.

L'important, c'est donc de savoir dépenser à propos, de voir si une chose est utile à notre santé, à notre instruction, si elle fait plaisir aux autres ou leur rend service, et surtout si elle n'est pas au-dessus de nos moyens.

DEVOIR DE L'ÉLÈVE

1. — Si vous voulez être riche, n'apprenez pas seulement comment on gagne, sachez aussi comment on dépense.
2. — L'économie consiste à régler ses dépenses sur ses ressources, à n'en pas faire d'inutiles, et à mettre de côté quelque chose pour l'avenir.
3. — L'économie indique de la prévoyance et un caractère énergique.
4. — La prodigalité est le défaut de celui qui dépense sans compter, avec insouciance.
5. — L'ouvrier doit économiser pour s'assurer une vieillesse indépendante et préparer l'avenir de ses enfants.
6. — On parvient à cela en dépensant tous les jours quelques sous de moins qu'on ne gagne.
7. — La science de l'économie domestique est indispensable à toutes les femmes.

LEÇON XXXIII

MENSONGE, SINCÉRITÉ, FRANCHISE

Celui qui donne des mensonges pour des vérités est aussi coupable que celui qui donne de la fausse monnaie pour de la bonne. — Nous avons tous besoin de vérité, notre intelligence la réclame ; rien n'est possible sans elle dans la société. Le mensonge est donc une espèce de vol moral que l'on fait au prochain.

Conditions pour qu'il y ait mensonge. — Il faut: 1º que vous ayez l'intention de tromper quelqu'un ; 2º que vous parliez contre votre pensée. Vous faites par exemple, un conte à votre camarade ; vous savez qu'il en rira et n'y ajoutera pas foi ; c'est un amusement, ce n'est pas un mensonge. Vous dites : Telle personne est riche parce que vous la croyez vraiment riche ; cependant elle ne l'est pas ; les apparences vous ont trompé ; vous êtes dans l'erreur, voilà tout.

Différentes manières de tromper. — Vous mentez quand vous trompez les autres sciemment. Or, il y a plusieurs manières de tromper. Il y a le *mensonge de paroles* qui consiste à nier un fait que l'on sait vrai, ou à affirmer une chose que l'on sait fausse. Il y a la *dissimulation*, qui est une tendance habituelle à cacher ses pensées, ses sentiments, ses desseins. Il y a l'*hypocrisie ou mensonge en action*, qui consiste à feindre une vertu, des sentiments qu'on n'a pas.

Voyons quelles raisons doivent nous inspirer de l'horreur pour le mensonge.

1º **Le mensonge est opposé à Dieu qui est la vérité même**, et il détourne de sa destination un des plus beaux dons que Dieu ait faits à l'homme. La parole nous a été donnée pour exprimer notre pensée et non pour la voiler.

2º **Il rend les relations sociales difficiles**, et il les rendrait impossibles s'il se généralisait. Pour vivre, on a besoin de croire à la parole les uns des autres. Si l'enfant ne peut ajouter foi à la parole de celui qui l'instruit, si l'acheteur ne peut tenir pour certain ce que lui affirme le vendeur, si le patron ne peut s'en rapporter à l'ouvrier, ni l'ouvrier à son patron, qu'est-ce qui est possible ? Montaigne disait : « C'est un maudit vice que le mensonge ; nous ne sommes hommes, nous ne tenons les uns aux autres que par la parole. »

3º **Celui qui ment se déshonore ; il devient vil et méprisable.** — Un proverbe dit qu'on devrait fuir les menteurs plus encore que les voleurs ; c'est qu'en effet vous vous défiez naturellement d'une personne qui a la réputation de prendre le bien d'autrui. Pour celle qui ment, vous ne savez jamais si c'est vous qu'elle trompe ou un autre.

4° **On ne croit plus celui qui a menti, même quand il dit la vérité.** — Un petit pâtre avait crié plusieurs fois : Au loup ! pour le plaisir de voir accourir ses camarades. Un jour le loup vint réellement, mais l'enfant eut beau appeler au secours, personne ne se dérangea, et ses plus belles brebis furent mangées.

5° **Celui qui ment est malheureux**, parce qu'il tremble toujours qu'on ne découvre toutes les faussetés qu'il a dites, il se voit obligé d'inventer sans cesse de nouvelles histoires pour cacher la première ; les mensonges s'enchaînent ; il vit au milieu d'un fouillis inextricable où il a peine à se reconnaître.

6° **Celui qui ment fait, même à son point de vue personnel, une mauvaise combinaison.** — Avez-vous menti pour cacher une faute ? Tout se découvre un jour ou l'autre, et vos parents seront beaucoup plus attristés d'un mensonge que d'une étourderie ; ils se montreront plus sévères parce que votre avenir est en jeu, et vous en éprouverez plus de honte. On pardonne au contraire beaucoup à la sincérité.

Il faut donc être francs et sincères. — C'est notre devoir, et c'est souvent notre intérêt. La *sincérité* est la qualité de celui qui ne parle jamais contre sa pensée ; la *franchise* est l'ouverture de cœur de celui qui n'a rien à cacher, qui avoue très facilement ses fautes. On se sent attiré vers l'enfant dont la figure ouverte, le regard limpide montrent l'intérieur de son âme, et qui ne se permettrait pas d'altérer en quoi que ce soit, la vérité.

Toute vérité n'est pas bonne à dire. — Il en est que la charité, la discrétion, la politesse, nous ordonnent de taire. Il ne faut pas, sous prétexte de franchise, dire aux gens des vérités désagréables si on n'est pas obligé de le faire; ce serait de la grossièreté. *Ne dites pas tout*

ce que vous pensez, mais pensez tout ce que vous dites :
voilà la règle à suivre.

La flatterie est dangereuse. — La faute contraire à l'excès de franchise s'appelle *flatterie*. Elle consiste à mettre de l'exagération dans les louanges que nous adressons aux personnes de notre connaissance. Si nous le faisons par intérêt, c'est une bassesse. Si c'est dans l'intention de prouver notre amitié à ceux que nous aimons, c'est un mauvais calcul, car la flatterie corrompt les cœurs.

Quand Charles VII, au commencement de son règne, se livrait au plaisir, bien qu'il ne lui restât du beau pays de France qu'une ou deux villes seulement, il était entouré de flatteurs qui trouvaient bien tout ce qu'il faisait. Un jour Charles donnait une fête et on exécutait devant lui une danse qu'il avait composée. Le brave Xaintrailles entre alors dans la salle. « Chevalier, lui dit le roi, que pensez-vous de cette fête? n'est-elle pas bien organisée? — Sire, répond le chevalier, je pense qu'on ne saurait perdre plus gaîment son royaume. » Cette réponse franche fit réfléchir le roi ; il commença dès lors à s'occuper un peu plus de ses devoirs et un peu moins de ses plaisirs. Mais il fallait être bien courageux pour parler ainsi au milieu des courtisans.

DEVOIR DE L'ÉLÈVE

1. — Le mensonge est un vol moral que nous faisons au prochain parce que notre intelligence a droit à la vérité.
2. — Il y a mensonge quand on parle contre sa pensée, avec l'intention de tromper quelqu'un.
3. — La dissimulation et l'hypocrise sont des mensonges en action.
4. — Le mensonge n'est jamais permis parce qu'il est opposé à Dieu qui est la vérité même.
5. — Il rend les relations sociales difficiles.
6. — Celui qui ment se déshonore ; il est vil et méprisable.
7. — On ne croit plus celui qui a menti une fois.
8. — La sincérité est la qualité de celui qui ne parle jamais contre sa pensée.
9. — La franchise est l'ouverture de cœur de celui qui n'a rien à cacher.

10. — Faute avouée est à moitié pardonnée.

11. — Il faut penser tout ce qu'on dit, mais non pas dire tout ce qu'on pense.

12. — La flatterie dénote des instincts vils et elle corrompt les cœurs.

LEÇON XXXIV

NOS DEVOIRS ENVERS LES ANIMAUX

Les animaux sont créés pour notre utilité et notre agrément, non pour notre caprice. — Les animaux sont des créatures de Dieu d'un ordre inférieur à nous ; ils n'ont pas comme nous une âme immortelle ; cependant ce ne sont pas des machines ; ils ont une sensibilité plus ou moins développée, un instinct qui les rapproche plus ou moins de l'intelligence ; il sentent le mal qu'on leur fait, et maltraiter inutilement un animal, est une *cruauté*.

Il est des animaux nuisibles dont il faut se défaire afin de préserver notre vie, d'autres qui se multiplient au point de détruire nos récoltes ; d'autres qui servent pour notre alimentation, nos vêtements, pour différents usages, tous ceux-là nous avons le droit de les tuer, puisque Dieu nous a faits les rois de la nature, mais il faut les tuer de la manière la plus prompte possible et ne pas prolonger leurs souffrances. Dans les circonstances ordinaires de la vie, quand on n'a pas besoin de tuer, il faut être bon pour les animaux

Soyons bons pour les bêtes. — On dit que certaines personnes sont meilleures pour les bêtes que pour les gens. Cela serait blâmable. Une dame qui ferait faire des vêtements pour son chien et ne s'inquiéterait pas des enfants manquant de pain, serait très coupable mais cela est rare, et on voit souvent au contraire des enfants étourdis ou mauvais, poursuivre à coups de pied ou à coups de pierres quelque chien ou chat égaré ; on voit des cochers accabler de coups de fouet, de malheureux chevaux qui ne peuvent plus aller: cela serre le cœur. Si nous faisons souffrir des bêtes inoffensives, c'est une *lâcheté*, la raison doit nous élever au-dessus d'elles ; c'est avilir notre raison que de les tyranniser. S'agit-il d'animaux domestiques, c'est de plus une *ingratitude*. Nous devons de la reconnaissance aux bœufs qui labourent nos champs, au chien qui garde la ferme, à la brebis qui nous livre sa toison. Cette reconnaissace doit monter à Dieu d'abord qui nous a pourvus de ces bons serviteurs, mais elle doit se manifester aussi par le fait que nous donnerons le nécessaire comme abri et comme nourriture à ces précieux auxiliaires. Ne les laissons pas souffrir de la faim et de la soif, ne les laissons pas exposés inutilement aux intempéries des saisons ; ne les chargeons pas au-dessus de leurs forces ; ne les frappons pas rudement. Celui qui ne veut pas remplir ses devoirs envers les animaux domestiques est libre de n'en point avoir, mais si vous en avez chez vous, ce serait faire preuve d'un mauvais cœur que de les laisser dépérir ou de les maltraiter.

Loi Grammont. — Il existe depuis le 2 juillet 1850, une loi dite « loi Grammont » punissant d'une amende ou même de la prison, ceux qui maltraitent publiquement des animaux domestiques. En voici le texte :

Seront punis d'une amende de 5 à 15 francs, et pourront l'être de un à cinq jours de prison, ceux qui auront exercé publiquement et abusivement des mauvais traitements envers les animaux domestiques. La peine de la prison sera toujours applicable en cas de récidive.

Une Société protectrice des animaux s'est formée pour assurer l'exécution de cette loi ; elle décerne des récompenses à ceux qui l'aident dans son œuvre.

Celui qui est sans pitié pour les bêtes devient méchant pour les hommes. — Ne pas traiter les animaux avec bonté, c'est d'abord mépriser l'œuvre de Dieu, qui les a créés avec une perfection relativement grande ; c'est ensuite une lâcheté de notre part d'agir par la force brutale, nous qui avons l'intelligence, mais la cruauté envers les animaux a encore une autre conséquence : elle endurcit le cœur. Domitien, enfant, prenait plaisir à tuer des mouches ; devenu homme, il tuait les hommes sans plus de scrupule que les mouches. Quand vous verrez dans la rue quelque gamin poursuivre un chien errant, le frapper, lui attacher à la queue quelque chose qui l'exaspère, quand vous en verrez arracher les ailes aux mouches, les pattes aux hannetons, vous pouvez tout craindre de ces êtres-là ; ils ne tarderont pas à maltraiter leurs camarades. Si vous voyez, au contraire, un enfant caresser le chien de la maison, tendre une poignée d'herbe à la brebis qui vient la manger dans sa main, suivre d'un regard de pitié le cheval épuisé qu'on mène à l'abreuvoir, si vous le voyez se détourner pour ne point écraser l'insecte qui cherche paisiblement sa vie sur le gazon, si vous voyez une petite fille ramasser les miettes de la table et les répandre sur la fenêtre pour les petits oiseaux qui ne trouvent rien dans les champs couverts de neige, vous pouvez dire : Ces enfants ont bon cœur, ils seront bons pour leurs semblables.

Ne dénichez pas les oiseaux. — Beaucoup d'écoliers ont la mauvaise habitude de dénicher les oiseaux ; ils font mal pour plusieurs raisons. Ils séparent volontairement de leur père et de leur mère de pauvres petits êtres qui ont encore besoin de leurs parents ; ils dépeuplent les bois que les oiseaux auraient égayés de leur ramage ; enfin ils portent préjudice à l'agriculture, car les oiseaux détruisent beaucoup de chenilles et d'insectes nuisibles. Apprenez, si vous ne la savez pas, la jolie fable de Berquin, intitulée: « Le nid de fauvettes », elle vous fera du bien.

Jeux inhumains. — Je vous ferai encore, petits amis, une recommandation. Quand même vous ne maltraiteriez pas personnellement les animaux, fuyez les spectacles où on les excite à des combats sanglants, où on les voit se déchirer entre eux : combats de coqs, courses de taureaux, etc. Voir couler le sang sans nécessité, est un spectacle immoral, barbare, indigne d'hommes civilisés.

DEVOIR DE L'ÉLÈVE

1. — Les animaux sont créés pour notre utilité et notre agrément, non pour notre caprice.
2. — Les animaux sentant la douleur, c'est une cruauté de les maltraiter.
3. — Il est permis de tuer les animaux nuisibles et ceux qui servent à notre vie, mais on ne doit pas les faire souffrir inutilement.
4. — Soyons bons pour les animaux domestiques; nourrissons-les convenablement; ne les maltraitons pas.
5. — Celui qui est mauvais pour les bêtes devient méchant pour les hommes.
6. — Ne dénichons pas les petits oiseaux; c'est un passe-temps cruel et nuisible à l'agriculture.

CHAPITRE III

DEVOIRS DE L'HOMME ENVERS SES SEMBLABLES

Devoirs dans la famille.

LEÇON XXXV

LA FAMILLE

Un nid bien abrité. — Vous avez tous vu, caché sous le feuillage, quelque joli nid de fauvettes avec quatre ou cinq petits se serrant pour se tenir chaud sous l'aile de la mère. Votre famille, mes enfants, c'est votre nid à vous, un nid tiède et douillet, un nid béni de Dieu, où vous êtes à l'abri du danger, où vos parents vous fournissent tout ce qui vous est nécessaire, où la plus tendre sollicitude veille sur votre existence.

La famille est d'institution divine. — Dieu l'a créée à l'origine du monde. Après avoir pourvu la terre de tout ce qui était nécessaire à la subsistance de l'homme, il a formé Adam et Eve pour être les chefs de la première famille. Lorsqu'il dit en les bénissant : « Croissez et multipliez », il créait pour ainsi dire d'avance les descendants qu'il voulait leur donner, et déterminait les trois termes qui constituent la famille : père, mère, enfants. Le père représente l'autorité ; il apporte le force et le travail ; la mère apporte la tendresse et la douceur ; tous deux le dévouement au devoir accompli ; les enfants sont l'avenir, la perpétuité de la race.

Chez les Hébreux, peuple qui conserva la connaissance du vrai Dieu, la famille resta honorée. L'autorité du père surtout y était respectée. Les *patriarches* ou pères de famille furent longtemps considérés comme des gouverneurs de tribus. Mais chez les païens, la notion de la famille, telle que Dieu l'avait mise au cœur des premiers hommes, s'altéra. Il y eut des désordres de tous genres. La mère perdit sa dignité ; on la considérait comme une esclave au foyer domestique, il en est même encore ainsi dans les pays musulmans. Le père, oubliant qu'il tenait son autorité de Dieu, devint cruel et tyrannique ; il se croyait le maître absolu de ses enfants, et au lieu de protéger leur faiblesse, ne faisant nul cas de leur âme immortelle, il tuait ceux de ses enfants qui ne lui plaisaient pas, dont il n'espérait pas faire des hommes forts et des soldats. Pauvre victime de l'égoïsme et des passions humaines, l'enfant pouvait-il avoir pour ses parents le respect et l'amour que commande la loi de Dieu ? Cela était assez difficile, bien qu'il y ait eu de belles exceptions. En général, la famille était désorganisée et déchue.

La famille chrétienne. — Notre-Seigneur Jésus-Christ l'a relevée, lui qui est venu nous apprendre à pratiquer la loi et la perfectionner. En mettant un sacrement à la base de la famille il a sanctifié celle-ci, et, en rendant par ce sacrement, le mariage un et indissoluble, il a assuré la sécurité de la famille. La femme a retrouvé alors sa dignité. Au moyen âge, au temps de la chevalerie, elle était entourée de respect. « Honneur à Dieu et aux dames ! » disaient les chevaliers.

Mais avant même l'institution du sacrement de mariage, Jésus-Christ avait présenté au monde le spectacle d'une famille qui était la première famille chrétienne et devait être le modèle de toutes. C'était la Sainte Famille de Nazareth, avec Dieu au milieu d'elle, mais nul ne pouvait s'en douter, car Dieu s'était fait petit enfant pour nous donner l'exemple de toutes les vertus. Sur trente-trois années qu'il passa sur la terre, il en a consacré trente à nous apprendre uniquement les humbles devoirs de la famille, les petites obligations du foyer domestique : travail, amour, respect, obéissance. Réfléchissez à cela. La rédemption était une grande chose ; il s'agissait de sauver tous les hommes ; eh bien ! voilà la place qu'ont tenue ces devoirs dans le plan de la rédemption. Et les familles chrétiennes étudient maintenant cet intérieur de Nazareth, elles y apprennent à vivre, à prier, à travailler sous l'œil de Dieu, à se contenter de leur lot dans la vie, si obscur soit-il, et à ne pas envier celui des autres ; elles y apprennent le principe de l'autorité. Là, l'époux est vraiment le chef de la famille ; il a pour lui la sagesse et la dignité ; il commande et on exécute ses ordres ; on ne les discute pas. La mère est douce et dévouée, toute à son époux et toute à ses enfants, sans rechercher aucun plaisir au-delà de son intérieur ; l'enfant est soumis et obéissant ; tous travaillent et concourent au bien-être commun.

Conclusions pratiques. — 1º Prenez modèle sur cette famille de Nazareth, et tâchez de rendre votre foyer semblable à celui-là. 2º Remerciez Dieu de vous avoir donné une famille, et une famille chrétienne. Pensez quelquefois aux orphelins et aux abandonnés qui ne connaissent pas les baisers maternels, que parfois on maltraite, et que nul ne défend. 3º Ne quittez votre famille que le plus tard possible. Vous verrez le long de la vie, quand vous aurez éprouvé des déceptions et des peines, si ce n'est pas là seulement qu'on retrouve un peu de joie et de consolation. Les cœurs délicats ont le mal du foyer comme d'autres ont le mal du pays.

Frédéric Ozanam, envoyé à Paris pour achever ses études écrivait un jour : « Séparé de ceux que j'aime, je sens en moi je ne sais quoi d'enfantin qui a besoin de vivre au foyer domestique, à l'ombre du père et de la mère, quelque chose d'une indicible tendresse, qui se flétrit à l'air de la capitale.

DEVOIR DE L'ÉLÈVE

1. — Le foyer domestique est un abri où nous sommes préservés du danger.
2. — La famille est d'institution divine: Dieu l'a créée à l'origine du monde.
3. — La famille est une école de dévouement ; chacun de ses membres doit pouvoir compter sur les autres
4. — Pensons quelquefois à la Sainte Famille de Nazareth ; nous y trouvons l'autorité du père, la tendresse de la mère, la soumission de l'enfant, et tous travaillent sous le regard de Dieu.
5. — Je quitterai ma famille le plus tard possible, et j'y reviendrai souvent ; là se trouve la vraie consolation.

LEÇON XXXVI

ROLE DE LA FEMME AU FOYER DOMESTIQUE

Tant vaut la femme, tant vaut la famille. — Epouse, mère, ménagère, la femme est sans contredit l'âme et le cœur de la famille. Le père est le chef, la tête, celui qui prend les décisions, le pilote qui guide la barque. La femme a pour elle le royaume de l'intérieur, l'éducation des enfants, l'influence douce et cachée qui, sans qu'ils s'en doutent, incline les cœurs au bien ; c'est elle qui travaille à garder l'union entre les différents membres de la famille ; elle tempère la sévérité de l'un, calme la révolte de l'autre, elle adoucit les heurts inévitables. On a dit avec raison : « les hommes font les lois, les femmes font les mœurs ». A de rares exceptions près, si elle remplit bien sa tâche, si elle comprend bien ses devoirs, l'épouse ramènera même un mari qui tendrait à oublier les siens.

Il faut qu'elle aime son intérieur, qu'elle trouve son plaisir dans le devoir et n'aille pas le chercher au dehors. Les commérages dans la classe ouvrière, les visites et les courses dans les magasins pour la classe aisée, tout cela prend le meilleur du temps et de la vie, tout cela dégoûte du chez soi, et le devoir en souffre. Fuyons donc d'abord la dissipation des mondaines ; ne perdons pas trop de temps à la toilette ; le plus bel ornement d'une mère, ce sont ses enfants. « Voilà ma parure et mes bijoux », répondait Cornélie, mère des Gracques, en montrant ses fils à une dame romaine qui étalait devant elle ses colliers et ses bracelets.

Si la mère de famille est obligée d'apporter un appoint au gain de son mari, si elle ne peut vraiment se contenter de soigner son ménage, qu'elle choisisse un ouvrage à pouvoir exécuter chez elle, qu'elle n'aille pas faire des journées dans une usine, ou chercher une place dans les maisons de commerce ; cette habitude est la ruine de l'esprit de famille, la dispersion des membres, la destruction du foyer. Comment voulez-vous qu'une femme employée dehors du matin au soir tienne un ménage en ordre, une nourriture convenable ? Que deviendront les enfants avec ce système ? on les enverra aussi au dehors ; on ne les connaîtra pas ; on ne jouira pas de leurs caresses. Nul charme ne sera là pour retenir le mari. Non ! quand même le gain serait moindre, que l'ouvrière reste chez elle ; la bourse, par les économies qu'elle fera, y trouvera encore son compte.

La femme doit cultiver son intelligence. — La femme n'est plus comme autrefois l'esclave de l'homme ou son jouet ; dans nos sociétés modernes et chrétiennes, elle est l'égale de l'homme, elle est vraiment la compagne et l'amie de son mari. Il faut donc que son instruction et son éducation soient en rapport avec celles de ce dernier. Il faut qu'un mari puisse causer avec sa femme des choses qui l'intéressent, soit dans ses affaires, soit dans celles du pays : il faut qu'il se sente compris. C'est pourquoi les femmes doivent développer leur intelligence, se faire sur tout des idées justes, et se tenir, selon leur position, au courant des grandes questions littéraires ou scientifiques, politiques ou religieuses. Et cela, elles le peuvent. « La femme, a dit Mme Necker de Saussure, a plus de pénétration que l'homme, elle voit vite et souvent juste ; il lui manque seulement plus de réflexion et de calme avant de parler ou d'agir. »

Ne renversons pas les rôles. — Si la femme doit se tenir à la hauteur de son mari pour lui être complètement unie par l'*esprit* et par le *cœur*, qu'elle se garde de vouloir outrepasser son rôle, de vouloir faire l'*homme* Elle y perdrait son charme sa personnalité, elle ne serait ni l'un ni l'autre. Sa tâche de compagne aimée de l'homme, gardienne de l'honneur du foyer, éducatrice des enfants, économe soigneuse de la caisse commune, cette tâche est assez belle sans qu'elle en cherche une autre ; elle est taillée pour celle-là et pour celle-là seulement. La femme qui affecte les virilités de l'homme qui fait fi des sentiments simples, qui voudrait se lancer dans la grande mêlée de la vie pour faire parler d'elle, qui revendique des droits politiques pour réformer le monde au lieu de commencer par réformer son ménage, cette femme se rend ridicule. Nous sommes la faiblesse et non pas la force ; nous sommes la tendresse et la bonté, non pas la voix qui s'impose ; nous sommes la puissance du cœur : ne l'échangeons pas contre une autorité problématique. L'arbre se voit, la racine est cachée dans la terre ; inspiratrices parfois de grandes choses, ne faisons parade ni de notre savoir, ni de notre influence ; gardons-nous pour le foyer ; c'est là qu'est notre place.

DEVOIR DE L'ÉLÈVE

1. — La femme est l'âme et le cœur de la famille.
2. — Reine de l'intérieur, éducatrice des enfants, son influence est grande quoiqu'elle reste cachée.
3. — Les hommes font les lois, les femmes font les mœurs.
4. — La femme doit trouver son plaisir dans son intérieur et ne pas le chercher au dehors.

5. — Elle doit développer son intelligence pour être vraiment la compagne et l'amie de son mari.

6. — Les femmes qui veulent imiter les hommes, et revendiquer les mêmes droits qu'eux se rendent ridicules.

LEÇON XXXVII

L'AMOUR FILIAL

Vos premiers souvenirs. — Rappelez vos souvenirs, chers petits, aussi loin que vous le pourrez. Qu'avez-vous entrevu tout d'abord, alors que vous connaissiez si peu de chose de la vie ? Vous avez vu une mère tendre et dévouée vous prenant sur ses genoux, vous couvrant de caresses, pourvoyant à tous vos besoins avec une ingénieuse sollicitude, éloignant de vous toutes les occasions de danger, vous soignant au moindre malaise avec une crainte angoissée, passant les nuits à votre chevet, de peur de n'être pas là à la minute nécessaire. Elle a soutenu vos premiers pas, elle vous a appris à bégayer vos premières paroles. Vous avez vu un père rentrant fatigué du travail, vous recevoir joyeux entre ses bras et oublier dans vos caresses le pénible labeur qu'il avait enduré pour gagner le pain de sa femme et de ses enfants. Croyez-vous qu'un pareil dévouement ne crée pas des obligations ? D'ailleurs, au soin de votre enfance, d'autres ont succédé ; il a fallu songer à votre éducation, peiner toujours pour tenir le ménage ; la pauvre mère a souvent encore veillé de longues heures pour raccommoder les vêtements que vous usiez trop vite. Tout cela appelle la reconnaissance et l'amour. L'ensemble de nos devoirs envers nos parents a reçu le nom de *piété filiale* parce que ces devoirs sont les premiers après ceux qui regardent Dieu et ceux qui ressemblent le plus à nos devoirs envers Dieu. La piété filiale comprend l'amour, le respect, l'obéissance, l'honneur et l'assistance qui sont dus aux parents.

Trois motifs nous portent à aimer nos parents.

1º C'est un sentiment instinctif, et ce sentiment parle en vos cœurs, chers enfants, avec plus de force et d'éloquence que je n'en pourrais déployer à le peindre. Dieu, qui s'est servi de nos parents pour nous communiquer la vie, a établi un lien naturel entre leur cœur et le nôtre.

2º Dieu nous fait un commandement d'aimer nos parents, et il a mis ce commandement en tête de ceux qui regardent le prochain, afin que cette place nous en dise l'importance. « Tes père et mère honoreras afin de vivre longuement. » Et Dieu tient essentiellement à l'observation de ce commandement. Bien qu'il attende en général l'autre vie pour nous traiter selon nos œuvres, il lui arrive souvent de récompenser en ce monde l'enfant qui remplit le devoir filial et de punir celui qui ne le remplit pas.

En étudiant l'histoire de France vous avez dû faire de tristes réflexions sur la jeunesse de Louis XI. Pressé de jouir de l'héritage paternel, d'être roi à son tour, ce fils dénaturé se révolta contre son père, s'enfuit de la cour, excita quelques vassaux à la révolte et prit les armes avec eux. Et le pauvre Charles VII, terrifié de tant d'audace et craignant d'être empoisonné par un fils qui n'écoutait absolument que la voix de l'ambition, se laissa, dit-on, mourir de faim. Parricide, meurtrier de son père ! C'est donc ainsi que Louis XI débuta dans la vie ; quel crime pour commencer ! Et comment s'étonner après cela que toute vie humaine fût si peu de chose pour lui, que tant de cadavres se balançassent aux arbres de Plessis-lès-Tours ! Eh bien ! Dieu ne donna pas à Louis XI pour le punir, comme cela arrive souvent, un enfant rebelle et insoumis, mais Louis XI, poursuivi par le souvenir de ce qu'il avait fait à son père, s'attendait par une implacable logique, à souffrir les mêmes méfaits de la part de son fils. Il agissait en conséquence de ses soupçons et de ses craintes, et il mourut sans croire à la tendresse de l'enfant. Il le tenait enfermé au fond du château d'Amboise, sans le laisser communiquer avec personne que sa mère et son gouverneur. Au lieu de le faire élever selon son rang, il le laissa sans instruction, comme pour le rendre incapable de tout, et on dit qu'à quatorze ans, le prince ne savait pas lire. Un poète de nos jours, Casimir Delavigne, a résumé dans ces deux vers le sentiment fatal et vengeur qui poursuivait Louis XI :

.....*Fils rebelle jadis,*
Je me vois dans mon père et me crains dans mon fils.

3º **La reconnaissance exige que nous aimions nos parents.** — Nous venons de dire tout à l'heure ce qu'ils font pour nous. Jamais notre affection ne sera trop grande pour payer tant de dévouement. Le jeune agneau s'attache aux pas de la brebis; les petits poussins se pressent autour de leur mère et la suivent partout ; un petit oiseau enlevé à son nid refuse parfois la nourriture, dépérit et meurt loin de l'aile maternelle, mais les animaux n'aiment leur mère que tant qu'ils ont besoin d'elle. L'instinct maternel et l'attachement des petits à la mère semble n'avoir été donné aux êtres sans raison que pour la conservation de l'espèce ; le lien se rompt quand les petits ont grandi et les membres de ces familles si étroitement unies, ne se connaissent plus. L'homme pense plus loin que cela. Nous, créatures raisonnables, gardons en notre cœur le souvenir du bien que nous avons reçu ; alors même que nos parents ne peuvent plus rien pour nous, alors même que nous pouvons nous passer d'eux, nous leur restons attachés par le lien de la reconnaissance.

Par quels moyens prouverez-vous votre amour à vos parents ? — Vous le manifesterez par des paroles de tendresse, un bonjour affectueux le matin, de bons baisers le soir, des fleurs cueillies pour leur fête, etc. Mais les paroles de tendresse et les caresses échangées, c'est la petite monnaie de l'amour filial, la monnaie d'or, ce sont les actes. Il faut avoir pour eux des attentions et des prévenances ; il faut craindre de leur déplaire et chercher ce qui leur fait plaisir ; il faut prendre soin de vos vêtements pour éviter à votre mère la peine de tant laver et de tant raccommoder ; il faut tâcher de rendre quelques services dans l'intérieur de la maison. Si vous voyez sur le front de vos parents quelque nuage de tristesse, il faut vous montrer plus affectueux encore pour faire oublier les ennuis du dehors, enfin il faut profiter de l'éducation qu'ils vous font donner, en travaillant consciencieusement pour leur faire honneur plus tard.

Un jour le pauvre petit Louis XVII, qui devait avoir un si lamentable sort, bêchait la terre avec précaution autour d'un beau jasmin d'Espagne, sur le point de fleurir. Il mettait tant d'ardeur à son travail que des gouttes de sueur découlaient de son front. « Monseigneur, lui dit le duc de Maillé, pourquoi vous donner tant de mal et vous fatiguer ainsi? Le jardinier fera cette besogne en un tour de main. — Oh ! non, répondit l'enfant, je veux faire croître moi-même ces fleurs, afin qu'elles soient plus agréables à ma mère, qui les aime beaucoup. »

Les hasards de la vie peuvent vous éloigner un jour de votre famille, faites au moins en sorte, chers enfants, de ne causer ni peines ni chagrins à vos parents tant que vous êtes près d'eux. C'est une terrible chose que de les faire pleurer, et lorsqu'on est loin ou qu'on les a perdus, ce souvenir devient un ineffaçable remords.

Le souvenir du foyer domestique.— Ce souvenir a gardé beaucoup d'hommes au milieu des dangers de la vie. L'amour des fils pour leur mère a survécu parfois dans le cœur de certains criminels, seule fleur parfumée au milieu de tristes décombres. Souvent le prêtre en face d'un coupable qui ne veut pas revenir à Dieu, ne sait plus quelle fibre il peut faire vibrer. Tout à coup une inspiration lui vient : « Aimiez-vous bien votre mère, dit-il, y a-t-il longtemps que vous l'avez perdue ?» Presque toujours la glace est rompue, le cœur est attendri, le malheureux se met à pleurer ; il se souvient que sa mère était bonne chrétienne et veut finir comme elle. Un soldat qui s'était laissé aller à bien des vices, avait gardé intacte dans son cœur la tendresse filiale. « Ah ! si ma mère le savait ! » se disait-il parfois quand il avait fait le mal » Cette pensée était devenue comme une autre conscience qui le tourmentait sans cesse. En général, les enfants élevés par une mère chrétienne, reviennent tôt ou tard à leurs premiers principes, s'ils les ont un moment oubliés.

DEVOIR DE L'ÉLÈVE

1. — L'ensemble de nos devoirs envers nos parents s'appelle piété filiale, parce que ces devoirs découlent de nos devoirs envers Dieu.
2. — La piété filiale comprend l'amour, le respect, l'obéissance, l'honneur et l'assistance que nous devons à nos parents.
3. — Un instinct naturel, un commandement de Dieu et la reconnaissance nous portent à aimer nos parents.
4. — Je témoignerai mon amour à mes parents en les saluant le matin et le soir par d'affectueuses paroles.
5. — Je leur prouverai cet amour par mes actes en cherchant à leur faire plaisir et en profitant de l'éducation qu'ils me font donner.
6. — Ne causons ni peines, ni chagrins à nos parents ; c'est une terrible chose de faire pleurer sa mère.

LEÇON XXXVIII

LE RESPECT DU AUX PARENTS

Le titre de père est un titre de noblesse. — C'est une grande chose, mes enfants, que la paternité, et le titre de père est un titre de noblesse. Remarquez par quels mots Dieu nous fait commencer la plus divine des prières : « Notre Père qui êtes aux cieux ». Dieu est, en effet, notre premier père, parce qu'il est la source de toute vie ; c'est lui qui choisit nos parents comme intermédiaires pour nous transmettre l'existence qu'il veut nous donner. Ceux qu'il s'adjoint ainsi dans l'œuvre de la création et à qui il confie cette mission sacrée, exercent un véritable sacerdoce ; ils perpétuent le règne de Dieu dans le monde. Aussi l'amour que nous portons à nos parents doit être accompagné de beaucoup de respect. On appelle *respect* le sentiment que nous avons de la supériorité de quelqu'un. Or, nos parents ont sur nous diverses supériorités ; ils ont l'âge, l'expérience, la dignité de leur mission. Dieu en les choisissant comme coopérateurs dans l'œuvre de votre création, projette sur leurs fronts un rayon de sa majesté ; en leur confiant le soin de votre jeune âme, il remet pour ainsi dire son sceptre entre leurs mains. Nul titre, dans l'ordre naturel, n'est aussi sacré que celui qui les honore, nulle dignité n'est comparable à celle dont ils sont revêtus.

Que ferez-vous pour leur témoigner ce respect ? — Il faut leur parler avec un air et un ton de voix qui marquent de la déférence ; non pas avec le sans-gêne dont on use pour les camarades ; écouter leurs avis avec attention, ne pas lever les épaules quand ils parlent, ou donner d'autres signes de désapprobation ; cela dénoterait un enfant mal élevé ou même un enfant sans cœur. Saluez-les, non seulement le matin et le soir, mais quand vous sortez de la maison ou quand vous y rentrez. Les visiter de temps en temps si on n'habite pas avec eux, s'intéresser à ce qui les touche, les consulter avec déférence, même alors que, plus avancé dans la vie, on se trouve soustrait à leur autorité, voilà encore des marques de respect qu'on leur doit en tous temps, et lors même que dans la société on occuperait un rang plus élevé que le leur.

Mœurs d'autrefois. — Le respect pour les parents était plus grand dans les siècles passés qu'aujourd'hui. Jadis les enfants disaient *vous* à leur père et à leur mère, ils ne leur parlaient que la tête découverte ; un fils ne se serait pas permis d'interroger son père ; il se bornait à l'écouter et à répondre quand celui-ci l'interrogeait. Les mœurs de notre siècle tendent à réduire la distance qui sépare les enfants des parents ; elles ne sauraient en réalité confondre les rangs de la hiérarchie naturelle... N'oubliez pas que si le respect se perd dans la société, c'est un grand mal qui peut la mener à sa ruine. Si vos parents vous ont habitués à les tutoyer, n'abusez pas de leur condescendance ; que cette formule n'enlève rien à la vénération que vous leur devez. Il y a un heureux mélange à faire, de l'amour qui inspire la confiance et du respect qui, tout seul, pourrait nous conduire à la crainte.

Serions-nous dispensés du respect si nous avions des parents injustes ou méchants ? — Non ! certainement Dans ce cas on peut faire doucement les représentations que l'on juge raisonnables ; mais si par malheur les parents ne remplissaient pas leurs devoirs, les enfants ne seraient pas pour cela autorisés à manquer aux leurs. Il est des cas, nous le verrons, où on est dispensé du devoir de l'obéissance ; on ne l'est jamais de celui du respect.

DEVOIR DE L'ÉLÈVE

1. — On appelle respect le sentiment que nous avons de la supériorité de quelqu'un.
2. — Nos parents ont sur nous la supériorité de l'âge, de l'expérience, et celle de leur mission puisqu'ils sont auprès de nous les représentants du Créateur.
3. — On témoigne du respect à ses parents en leur parlant avec déférence, en évitant les familiarités qu'on se permet pour les camarades.
4. — Il faut écouter leurs avis avec attention et ne pas s'en moquer.
5. — C'est un grand mal, que le respect se perde dans la société.

LEÇON XXXIX

NOUS DEVONS HONORER NOS PARENTS

On ne doit jamais sans les défendre, voir attaquer ceux que l'on aime. — En principe, l'honneur et le respect viennent d'une même source, mais dans l'application, on entend plutôt par respect la manifestation personnelle de nos sentiments, et par l'honneur rendu aux parents, le soin que l'on prend de leur réputation devant d'autres personnes. Si quelqu'un disait du mal de votre père ou de votre mère, vous devriez, ou prier les gens de se taire et démontrer la fausseté de leurs attaques, ou bien vous retirer. Et vous-mêmes ne devez jamais prêter à la critique en vous plaignant de vos parents.

L'honneur de votre père est votre propre honneur. — Quand on a des parents vertueux, on n'a qu'à se laisser aller à la pente des choses pour les entourer d'honneur et de respect. Malheureusement il n'en est pas ainsi dans toutes les familles. On en voit où le père et la mère ont des défauts très sensibles, parfois même des vices. Vous n'êtes pas sans avoir rencontré de pauvres enfants négligés parce que le père s'enivre ou que la mère perd son temps à voisiner et bavarder au lieu de travailler. Que doivent faire ces enfants-là ? Certainement, ils ne peuvent pas trouver bien ce qui est mal, mais ils doivent autant que possible faire semblant de ne pas s'apercevoir de ces vices, et surtout les cacher aux étrangers. En agissant autrement, ils risqueraient de faire perdre à leurs parents la considération, le crédit, le travail, de causer peut-être leur ruine. L'honneur de votre père est votre propre honneur. Des enfants qui font connaître au dehors les points vulnérables de la famille ressemblent à un homme qui démolirait sa propre maison ou à un soldat mettant le feu à la ville qu'il est chargé de défendre. Eût-on même un père criminel, on doit prier pour lui, on doit empêcher le mal si on le peut, mais ce n'est jamais le rôle d'un fils de dévoiler les fautes des auteurs de ses jours. A plus forte raison quand il s'agit de défauts qui ne font tort à aucun étranger, et qui peuvent rester secrets dans l'intérieur de la famille, faut-il se garder d'en parler. Supportez vous-mêmes ces défauts et excusez-les près des autres. Nul n'est parfait en ce monde. Il se peut que certains parents, très méritants d'ailleurs, aient l'humeur un peu bizarre, le caractère difficile ; puisque nous devons déjà supporter cela de tous ceux avec qui nous vivons, à plus forte raison devons-nous le faire pour notre père et notre mère. Si même, affaiblis par l'âge, aigris par les ennuis ou les infirmités, ils deviennent pénibles, injustes, il ne faut les tourner en ridicule devant personne ; il faut prendre patience en songeant au temps où ils nous prodiguaient leurs veilles et leur soins, où ils supportaient nos caprices et nos petites méchancetés.

Ne rougissons jamais de nos parents. — Quelques enfants dénaturés parvenus souvent par les sacrifices de leurs parents autant que par le travail à une position de fortune plus relevée, rougissent de la simplicité des auteurs de leurs jours, de leurs pauvres habits, de leur langage inculte.

Un propriétaire aisé, mais vêtu de la blouse des campagnards, va voir son fils qu'il avait mis dans un bon pensionnat. Après son départ, les camarades du jeune homme lui demandent : « Est-ce ton père qui est venu? — Non, répond l'enfant, c'est notre domestique. »

C'est un crime contre nature de désavouer le sang dont on descend, c'est une ingratitude pour les soins que nos parents nous ont prodigués ; c'est un péché que Dieu punit toujours sévèrement ; mais c'est aussi une sottise que le monde ne pardonne pas : il se moque de cet orgueil mal placé qui dénote un petit caractère.

Saint Vincent de Paul, appelé au Conseil de la reine, admis dans l'intimité du prince de Condé, parlait quelquefois aux seigneurs qui l'entouraient, de son père qui était un simple villageois, et il racontait que lui-même avait gardé les brebis dans les champs. Condé lui répondait alors, ce qui est la vérité, que c'est la vertu qui fait la vraie noblesse.

Ne méprisons donc jamais nos parents, si pauvres qu'ils soient, dans quelque condition qu'ils se trouvent: ce n'est pas l'habit qui honore l'homme, c'est l'homme qui honore l'habit.

DEVOIR DE L'ÉLÈVE

1. — Nous devons défendre nos parents si on les attaque devant nous
2. — L'honneur de notre père est notre propre honneur.
3. — Ne prêtons pas nous-mêmes à la critique en nous plaignant de nos parents.

4. — Nous devons supporter avec patience ce qu'il pourrait y avoir de défectueux dans le caractère ou la conduite de nos parents, et le cacher aux autres

5. — C'est un orgueil mal placé de rougir de nos parents, s'ils ont une position plus modeste que la nôtre.

6. — Le monde méprise les ingrats et se moque d'eux.

7. — La vertu seule fait le mérite ; ce n'est pas l'habit qui honore l'homme ; c'est l'homme qui honore l'habit.

LEÇON XL

L'OBÉISSANCE

L'obéissance est obligatoire. — Nous devons obéir à nos parents parce que c'est la volonté de Dieu, parce que Dieu leur ayant remis son autorité, c'est à lui qu'on obéit en accomplissant les ordres de son père et de sa mère. Nous sommes tenus aussi d'obéir de par la loi humaine qui place l'enfant mineur sous l'autorité de ses parents (Code civil, art. 372). En effet, sans l'obéissance des enfants aux parents, il ne saurait y avoir ni famille, ni société.

Elle est nécessaire. — Les enfants ne connaissent rien de la vie ; ils ne savent pas se conduire ; ils ignorent le danger physique et le danger moral. Que deviendraient-ils s'ils ne suivaient pas les avis de ceux qui ont acquis l'expérience ? Dans le jeune âge, on en verrait un bon nombre mourir par accident : noyés, brûlés ou assommés ou bien leurs imprudences leur laisseraient des maladies pour le reste de leurs jours. Plus tard, si on ne leur indiquait pas les moyens de réprimer leurs défauts et s'ils n'étaient pas dociles aux conseils qu'on leur donne, ils deviendraient vicieux et perdraient l'innocence qui rend leur âme si belle. Être indocile quand on est petit, amène, ne vous y trompez pas, de grands maux plus tard. Si on n'a pas pris dès le jeune âge l'habitude du bien, le bien paraît ensuite trop difficile; or ce n'est qu'en obéissant que nous contractons de bonnes habitudes.

Elle est avantageuse, car elle forme le caractère. N'avez-vous pas remarqué combien les enfants capricieux, à qui on passe toutes leurs fantaisies, deviennent insupportables. On les appelle *des enfants gâtés*, c'est-à-dire des enfants dont le cœur et le caractère se corrompent. Il faut que tout le monde cède à ces êtres-là quand eux ne cèdent à personne; ils changent d'avis à chaque instant, ne souffrent pas qu'on les contredise et deviennent de véritables tyrans. Chacun les fuit, et eux-mêmes sont malheureux, car, habitués à faire en tout leur volonté, ils finissent par se blaser sur tout, ne savent plus ce qu'ils désirent et se couvrent de ridicule.

Elle est fructueuse, car elle nous prépare aux luttes de la vie. Rien de grand ne s'obtient en ce monde, sans qu'elle soit entrée dans la base de ces grandes choses.

C'est à elle que nous devons nos grandes victoires sur les champs de bataille : Marignan, Fontenoy, Marengo, Austerlitz et tant d'autres. Les généraux auraient en vain conçu des plans ingénieux et déployé une savante tactique s'ils n'avaient eu dans leurs mains la volonté de tous ces braves soldats qui obéissaient comme un seul homme et ne se mouvaient que d'après les ordres donnés. Vous connaissez le dialogue de Chevert au siège de Prague : « Tu vois cette sentinelle? — Oui, mon colonel. — Elle va te dire : Qui va là? Ne réponds rien, mais avance. — Oui, mon colonel. — Elle tirera sur toi et te manquera. — Oui, mon colonel. — Va l'égorger; je suis là pour te défendre. » Le grenadier ne fait aucune objection; après avoir dit oui, il avance, est manqué par la sentinelle, la tue; Chevert le suit avec son régiment, et la ville est prise. C'est là l'obéissance passive. Bien des batailles ont été perdues au contraire par l'indiscipline des soldats. Rappelez-vous Crécy et Poitiers. Une des raisons pour lesquelles les Français furent battus, c'est qu'il y avait dans l'armée plus de chefs pour commander que d'hommes voulant obéir. De là un conflit, un choc de volontés contraires.

Eh bien! croyez-vous qu'avec des enfants volontaires, entêtés, qui auraient été habitués dans leur famille à écouter tous leurs caprices, on puisse former subitement des soldats dévoués ? Non, certainement. Vous me direz peut-être qu'au régiment on est forcé d'obéir sous peine de punitions sévères, et la discipline militaire ne plie devant personne. Mais si vous n'avez pas eu dès l'enfance l'habitude de soumettre votre volonté à celle des autres quand celle-ci est raisonnable, vous ne supporterez pas longtemps cette contrainte sans manifester au dehors l'esprit de révolte qui bouillonnera en vous ; des actes graves d'insubordination vous échapperont peut-être ; plus d'un soldat a été condamné à mort, qui avait commencé par être un enfant indocile et rebelle. Et, ce que je dis de la discipline militaire, on peut le dire de toutes les autres carrières. Rien de beau, rien de grand ne s'accomplit en ce monde sans obéissance. C'est par l'abnégation des volontés entre les mains d'un supérieur que les Ordres religieux sont si forts et si puissants pour le bien. On n'acquiert aucune connaissance dans les sciences ou dans les arts sans écouter docilement les conseils d'un maître. Les femmes, qui ont une si grande influence sur les mœurs d'une société, n'arrivent point à remplir dignement les tâches qui leur incombent si elles n'ont appris à plier en certains cas leur volonté. La mère de famille est souvent obligée de sacrifier sa manière de voir à celle de son mari, et elle ne saura véritablement commander à ses enfants, que si elle a su elle-même obéir. La jeune fille qui aborderait ces missions délicates avec un caractère entier, capricieux ou dominateur, se préparerait de grands malheurs, et la discorde serait toujours à son foyer.

Objection que l'on fait contre l'obéissance. — Les esprits superficiels prétendent qu'obéir nous rabaisse et qu'il est bon d'avoir de la volonté. Certes ! oui, il faut avoir de la volonté pour le bien et ne pas tourner au gré de chacun comme une girouette tourne au souffle du vent. Mais comment, dites-moi, connaîtrez-vous le bien et vous trouverez-vous un jour marchant dans le droit chemin si, alors que vous êtes faibles et sans expérience, vous ne laissez pas ceux qui le connaissent y habituer votre cœur ? Oui, obéir par faiblesse, par lâcheté, à quelqu'un qui n'a nul droit de vous commander, comme on le fait parfois pour de faux amis qui vous perdent, cela est humiliant. Mais soumettre librement votre volonté à des parents, à des maîtres, c'est-à-dire à des êtres plus raisonnables, plus expérimentés, meilleurs que vous, lesquels sont chargés de vous diriger et répondent de vous, ce n'est ni s'abaisser, ni manquer de dignité, c'est faire le plus bel usage que vous puissiez faire de votre volonté en attendant qu'elle soit assez forte pour pratiquer seule le bien et résister au mal.

DEVOIR DE L'ÉLÈVE

1. — L'obéissance filiale est obligatoire parce que Dieu nous ordonne d'obéir à nos parents, et la loi civile l'exige également.
2. — L'obéissance est nécessaire parce que les enfants ignorent le danger physique et le danger moral.
3. — L'obéissance est avantageuse car elle forme le caractère.
4. — Elle est fructueuse car elle nous prépare aux luttes de la vie.
5. — Rien de grand, rien de beau ne s'accomplit sans l'obéissance.
6. — Obéir par faiblesse à ceux qui n'ont pas le droit de nous commander, est lâche et humiliant.
7. — L'obéissance est noble quand elle est volontaire et raisonnable au lieu d'être une servitude passive.

LEÇON XLI

QUALITÉS ET LIMITES DE L'OBÉISSANCE

L'obéissance doit être prompte. — Certains enfants obéissent si mal, que c'est un peu comme s'ils n'obéissaient pas. Vous allez comprendre cela. L'obéissance est surtout dans l'intention, dans la soumission de votre volonté à la volonté de ceux qui vous commandent, car si ayant résolu de faire ce qui vous est prescrit, vous en êtes absolument empêché, vous aurez le même mérite. Eh bien ! cette vérité établie que l'obéissance est surtout dans la soumission de la volonté, je suppose un enfant à qui sa mère donne un ordre. Il répond : « Oui, j'y vais, et il ne bouge pas. — Allons, mon enfant, as-tu entendu ? — Oui, oui, je te dis que j'y vais. » Et il continue ce qu'il fait. La mère impatientée, s'avance pour le corriger ; il se décide à obéir, mais il cède à la force ; il avait mis dans sa tête d'achever ce qu'il avait entrepris et ne fait pas assez de cas des ordres de sa mère. Ce n'est point un enfant soumis, car l'obéissance doit être *prompte* et *empressée*.

L'obéissance doit être joyeuse. — Voici maintenant une petite fille qui raisonne sur tout ce qu'on lui dit : « Marie, va finir tes devoirs maintenant. — Mais j'ai bien le temps de les finir ce soir. — Cela ne fait rien, je te dis de les terminer à présent. — Mais je pourrais aussi me lever de bonne heure et les finir demain matin... Et puis, c'est ennuyeux, ces devoirs ! la maîtresse en donne trop, etc. » Et quand on lui a enfin ordonné de se taire, c'est en murmurant encore entre ses dents qu'elle se met au travail, elle hoche la tête, elle maltraite ses livres et ses cahiers pour se venger de l'ordre qu'elle reçoit. Pensez-vous que celle-là se conduise bien ? Non, sans doute, elle est trop raisonneuse et trop maussade ; l'obéissance doit être *joyeuse*. Obéir de mauvaise grâce, ce n'est pas être soumis.

L'obéissance doit être confiante. — D'autres n'en finissent pas avec leurs pourquoi. « Henriette, ne sors pas seule sur la route. — Mais pourquoi ? il n'y a pas de voitures en ce moment. — Cherche ta robe bleue pour t'habiller. — Et pourquoi pas la grise, etc. ? » On ne peut donner aux enfants la raison de toutes ces choses, bien qu'on doive, pour former leur jugement, motiver beaucoup de ses ordres. Il faut qu'ils aient confiance en leurs parents et se disent qu'on ne leur commande jamais rien sans motifs raisonnables.

Elle doit être exacte, ponctuelle. — Il faut obéir en toutes choses, même dans celles qui nous paraissent indifférentes, parce que nous pouvons nous tromper sur leur importance ; puis, le mérite est le même dans les petites choses que dans les grandes, puisqu'il résulte de la disposition de notre esprit à nous soumettre avec confiance.

Jusqu'à quel âge est-on tenu d'obéir ? — La loi civile soustrait l'enfant à l'autorité de ses parents, dès l'âge de vingt et un ans. Au point de vue divin, bien que l'obligation d'obéir soit moins étroite pour l'homme fait que pour l'enfant et l'adolescent, il n'est pas d'âge où elle cesse *tout à fait* vis-à-vis du père et de la mère. Arrivé à la période de la vie où on sait se conduire, on doit prendre dans les circonstances importantes l'avis de ses parents, quitte à voir soi-même si cet avis concorde avec les motifs d'agir que l'on a déjà mais enfin on le fait entrer en ligne de compte. Quand il est question de mariage par exemple, la loi civile exige le consentement des parents pour les enfants mineurs, mais, bien qu'elle réclame certaines formalités pour ceux qui sont majeurs, elle passe au besoin sur le consentement si les parents le refusent. Eh bien ! il est rare que les enfants qui, en suivant la loi humaine, accomplissent ce grand acte lorsqu'il déplaît à leurs parents, ne soient pas punis de ce manque de déférence parce que Dieu n'a pas posé de limite d'âge au respect qu'on leur doit.

Si on nous commande le mal, nous ne devons pas obéir. — S'il n'y a pas de limites pour l'obéissance quant à la durée, il y en a quant à la matière. Le père et la mère de famille tenant leur autorité de Dieu même et le représentant, perdraient cette autorité s'ils venaient à commander des choses contraires à la loi divine. Leur volonté alors n'obligerait plus. L'obéissance doit s'étendre à tout, même aux moindres choses, mais non à ce qui est mal. On peut sacrifier aux volontés de ses parents, sa propre volonté, ses goûts, son plaisir, son intérêt, mais jamais un seul commandement de Dieu parce qu'on doit obéir à Dieu avant d'obéir aux hommes. Il est parfois de malheureux parents qui, au lieu de porter leurs enfants au bien, cherchent à les faire tomber dans des vices où eux-mêmes sont tombés. Un enfant que son père exciterait à marauder, à boire plus que de raison devrait lui résister. C'est une chose triste et difficile de lutter ainsi contre la volonté de ses parents : *triste* parce que ce n'est pas dans l'ordre ; *difficile* parce qu'il faut, en leur résistant, garder dans ses réponses le respect qu'on leur doit. Mais plus d'un enfant, par ce mélange de fermeté, de douceur et de persévérance, a fini par gagner son père et sa mère à la cause du bien.

DEVOIR DE L'ÉLÈVE

1. — L'obéissance doit être prompte et empressée; il faut faire ce qui nous est commandé, immédiatement, sans le remettre à plus tard.
2. — Elle doit être joyeuse ; il ne faut pas obéir en murmurant et d'un air maussade.
3. — Elle doit être confiante ; nous ne devons pas raisonner sur l'opportunité de la chose commandée.
4. — Elle doit être exacte et ponctuelle ; nous devons faire ce qu'on nous demande, de la manière qu'on nous le demande.
5. Le devoir de l'obéissance filiale n'oblige pas l'homme aussi étroitement que l'enfant ; on doit cependant consulter ses parents dans les circonstances importantes.
6. Nous devons obéir à nos parents en toute chose juste et raisonnable.
7. S'ils nous commandaient le mal, cette obligation cesserait parce qu'ils oublieraient eux-mêmes leur mission près de nous.

LEÇON XLII

ASSISTANCE AUX PARENTS, RESPECT AUX VIEILLARDS

Vos parents peuvent devenir malades ou infirmes. — Vous ne serez pas toujours petits, chers enfants ; un jour viendra où, dans la force de l'âge, vous verrez vos parents affaiblis, incapables peut-être de se suffire. Pendant un certain temps, ils n'ont vécu que pour vous ; il est juste alors que vous viviez pour eux. Déjà, quand ils sont malades, vous évitez de faire du bruit, vous cherchez à les distraire et à les encourager, vous écoutez avidement ce que dit le médecin, vous préparez les remèdes qu'il vous est possible de préparer. Votre cœur vous inspire ; il vous inspirera toujours quand vous serez en état de faire plus. Car c'est un devoir strict pour les enfants, de soigner ou de faire soigner leurs parents malades, âgés ou infirmes.

Une jeune fille du département de l'Orne se consacrait depuis quatorze ans à nourrir et à soigner sa mère infirme et atteinte d'une maladie repoussante. Un homme de bien lui offrit de lui constituer une petite dot si elle voulait épouser un jeune fermier de sa connaissance, dont le travail lui aiderait à vivre plus facilement. Elle remercia, en disant, les larmes aux yeux : « Non, monsieur, il mépriserait ma mère. »

Les parents peuvent être atteints par des revers de fortune. — Si vos parents n'ont pas de quoi vivre quand l'âge leur aura enlevé leurs forces, vous devez travailler pour eux. « Les enfants, dit le Code civil, doivent les aliments à leur père et mère et autres ascendants qui sont dans le besoin »(art. 205). Et la délicatesse exige même que vous les traitiez avec les plus grands égards, que vous ne les laissiez pas soupçonner qu'ils sont une charge pour vous. Après avoir travaillé longtemps pour élever une famille, ils souffrent de se voir réduits à l'impuissance ; ce chagrin serait doublé s'ils se voyaient méprisés par ces mêmes enfants dont ils ont pris soin. Si vos occupations ne vous permettent pas de vous charger de vos parents, vous devez pourvoir autrement à leurs besoins, payer quelqu'un pour les veiller, les placer dans une maison où on aura soin d'eux, mais que cette mesure soit prise seulement s'il est impossible de faire mieux. Ce sont vos soins surtout que Dieu et la nature réclament pour eux. Il est des attentions, des prévenances que l'affection seule peut inspirer.

La dignité d'une longue vie passée dans la vertu appelle la vénération. — L'honneur et le respect dont vous entourez vos parents, vous devez les avoir, toutes proportions gardées, pour vos grands-pères et grand'-mères, et même pour tous les vieillards. Il y a dans ces derniers quelque chose qui appelle la vénération : c'est la dignité d'une longue vie passée peut-être dans la vertu ; ce sont des jours remplis de bonnes œuvres, des efforts courageux pour supporter les peines d'ici-bas. Réfléchissez à cela quand vous rencontrez quelque personne courbée sous le poids des ans, et dites-vous qu'une couronne de cheveux blancs est une belle auréole. L'enfant a son innocence ; le vieillard, sa grandeur morale ; l'un n'a point encore acquis la force ; l'autre l'a perdue : ces deux faiblesses sont dignes de respect.

La présence d'un vieillard au foyer domestique est une bénédiction. — Le vieillard attire les grâces de Dieu sur ceux qui prennent soin de lui ; et puis il est comme le titre de noblesse de la famille, il atteste la santé robuste, le sang pur transmis de génération en génération ; il est une preuve évidente de l'harmonie qui règne entre les différents membres de cette petite société, il témoigne de la vertu de tous ; sans doute il a été bon fils pour ses parents ; aujourd'hui ses fils sont dévoués pour lui. Même dans sa faiblesse physique, il rend encore des services par l'expérience qu'il a acquise. Je passe sous silence les histoires pleines de charme de la grand'mère, les récits de bataille du grand-père ; il est reconnu que les grands parents ont la mémoire meublée de faits intéressants, qu'ils s'entendent à amuser leurs petits-enfants ; on les accuse même de les gâter parce que leur tendresse laisse au père et à la mère le soin de corriger. Mais leur présence au foyer domestique a d'autres avantages. Que de bons conseils ils donnent à leurs enfants en mille circonstances ! A la campagne, ils ont traversé plusieurs fois toutes les séries de saisons qui peuvent se succéder ; à la ville, ils ont fait l'expérience de la ruse des uns, de la légéreté des autres ; ils peuvent arrêter à temps des mesures dangereuses, des démarches risquées.

Certainement, vos propres aïeuls, ceux qui ont élevé votre père et votre mère, qui peut-être ont eu des soins pour vous dans votre premier âge, ont droit tout d'abord à votre reconnaissance et à une affection plus tendre ; mais entourez aussi d'égards respectueux tous ceux qui ont beaucoup vécu. « Levez-vous par respect, dit l'Ecriture, devant une tête blanchie par les années. »

Résolutions à prendre. — Pour honorer la vieillesse, il faut d'abord ne jamais vous moquer des infirmités qui en résultent. Puis, rendez aux personnes âgées tous les petits services que vous pourrez. Choisissez pour votre grand-père la meilleure place au coin du feu l'hiver, dans le jardin, l'été ; portez-y son fauteuil, son coussin, mettez un tabouret sous ses pieds, ayez soin de lui ; lisez-lui son journal ou un livre qui l'intéresse. Des personnes respectables viennent chez vous ; levez-vous à leur approche, découvrez-vous devant elles, donnez-leur la place d'honneur. Vous rencontrez dans la rue un pauvre vieux qui tremble sur ses jambes, son bâton lui échappe des mains, ramassez-le vite, et présentez-le avec un mot de politesse. Le mendiant qui frappe à votre porte est cassé par l'âge et les infirmités ; ajoutez à l'aumône que vous lui remettrez, quelques marques de déférence ; cela lui montrera qu'on ne le considère pas comme un rebut de la société, et lui fera du bien au cœur.

DEVOIR DE L'ÉLÈVE

1. — C'est un devoir pour des enfants de soigner ou de faire soigner leurs parents âgés, infirmes ou malades.
2. — Soignons-les nous-mêmes autant qu'il est possible. Il est des attentions, des prévenances que l'affection seule peut inspirer.
3. — L'enfant dont les parents sont pauvres et ne peuvent plus travailler, doit travailler pour les nourrir.
4. — Aimons et respectons nos grands parents ; entourons-les d'attentions délicates.
5. — Une longue vie passée dans la vertu est un titre de noblesse.

6. — La présence d'un vieillard au foyer domestique est une bénédiction.

7. — Ne nous moquons jamais des infirmités qu'amène la vieillesse.

8. — Ayons des égards et des marques de déférence pour tous ceux qui ont beaucoup vécu.

LEÇON XLIII

L'AMOUR FRATERNEL

Un frère est un ami donné par la nature. — C'est encore un sentiment bien naturel que celui qui unit les frères et les sœurs. Avoir une commune origine, vivre ensemble au même foyer, être l'objet des mêmes soins, partager la même éducation, constituent des liens très étroits ; aussi le poète a-t-il raison de dire : « Un frère est un ami donné par la nature. » Tout jeunes déjà, vous trouvez plus commode pour vous amuser, d'être plusieurs que d'être seul, en grandissant vous découvrirez à cela d'autres avantages. Vous bénirez Dieu d'avoir mis auprès de vous des amis sûrs, à peu près de votre âge, qui vous seront, selon les circonstances, des appuis, des conseillers, des consolateurs peut être. L'enfant élevé seul est souvent gâté par ses parents, ce qui le rend capricieux : il n'a pas ce frottement continu des caractères qui accoutume peu à peu aux difficultés de la vie. Puis un jour viendra où vos parents vous précèderont dans la tombe ; vous verrez alors quel bonheur c'est d'avoir des frères et des sœurs avec qui on évoque les souvenirs d'enfance, avec qui on cause de ceux qui ne sont plus. Mais aussi, dès maintenant, vous avez des devoirs à remplir les uns envers les autres, et des défauts à éviter.

Votre premier devoir, c'est de vous aimer franchement, sans vous appesantir sur les petits défauts que vous pouvez remarquer les uns dans les autres ; corriger ces défauts, est l'affaire de vos parents, ce n'est pas votre affaire. C'est ensuite de vous soutenir et de vous défendre mutuellement si quelque étranger attaque l'un de vous. Plus tard, si l'occasion se présente de venir en aide à vos frères et sœurs tombés dans le malheur, il ne faudra pas marchander votre dévouement. En attendant, habituez-vous déjà à vous faire plaisir en de petites choses, à vous céder mutuellement, dût-il vous en coûter quelque effort.

Défauts à éviter dans les rapports fraternels. — Ces défauts sont : la jalousie, la bouderie, les rapports. La jalousie aveugle; elle nous trompe le plus souvent sur les préférences dont nous croyons qu'un autre est l'objet ; tout le mal vient parfois de notre imagination. Etouffons ce défaut dans son germe dès que nous en découvrons les premiers indices, ne le laissons pas croître en nous, car il devient vite un vice. Il rend malheureux celui qui en est atteint et tous ceux qui l'entourent ; il a souvent conduit au crime.

La bouderie n'est pas un aussi vilain défaut que la jalousie, mais elle rend la vie de famille pénible pour le moment et elle vous prépare pour l'avenir un caractère sournois et maussade. Evitez les querelles. Si quelques discussions s'élèvent entre vous, expliquez-vous franchement, et cela, le plus tôt possible. Que celui qui a eu des torts les reconnaisse et dise: Je n'avais pas de mauvaises intentions ; j'ai agi par étourderie et par vivacité. Que celui envers qui on en a les oublie, réconciliez-vous le plus vite possible. Dans vos discussions même, gardez une certaine mesure ; ne vous permettez pas entre vous des mots grossiers comme en disent seuls les enfants mal élevés.

Enfin ne faites jamais de rapports à vos parents les uns contre les autres ; ne cherchez pas à vous faire gronder et punir mutuellement ; ce serait la preuve d'un méchant cœur. Vous devez au contraire vous soutenir, vous défendre, demander pardon les uns pour les autres quand vous êtes punis.

Les aînés. — Il y a parfois dans les familles des enfants qui ont une notable différence d'âge avec leurs frères et sœurs. A ceux-là incombent des devoirs particuliers dont le premier est le bon exemple. Les petits sont toujours disposés à imiter ce qu'ils voient faire aux grands. Vous pouvez faciliter la tâche de vos parents en donnant l'exemple de l'obéissance, du travail, de la douceur ; vous la rendez au contraire épineuse et difficile si vous donnez celui de l'insubordination, de la paresse, de la colère. De même qu'on prend certaines maladies en approchant des malades qui en sont atteints, les âmes tendres et impressionnables qui vous entourent, contracteront les défauts qu'elles apercevront en vous. A ce point de vue, une désobéissance à votre mère par exemple, devient un double mal.

La grande sœur est souvent l'auxiliaire de la mère. — En général, les grandes sœurs aiment beaucoup leurs petits frères ; il y a dans leurs cœurs des trésors de tendresse, elles les déversent sur eux et leur servent de petites mamans. C'est un bien joli spectacle de voir ces êtres mignons s'agiter dans leurs berceaux, tendre leurs petites mains et leurs lèvres roses à la sœur aînée qui va les prendre sur ses genoux, qui les console quand ils pleurent, qui leur apprend à parler, qui les soutient quand ils essaient leurs premiers pas. Plus tard elle conduit à l'école le petit frère ou la petite sœur ; c'est elle qui le débarbouille et qui l'habille le matin, qui lui confectionne mille petits objets de toilette.

Le rôle des aînés ne s'arrête pas toujours à la première enfance. — A mesure qu'on avance dans la vie, ce rôle prend souvent une influence plus grande. Le frère aîné couvre surtout les plus jeunes d'une protection matérielle ; il les aide à trouver une position, la sœur aînée a plutôt pour elle l'influence morale : elle fait l'éducation du cœur. Cette influence est souvent grande sur « les petits », si elle sait s'en faire aimer. Ils écoutent ses conseils avec moins de défiance que les admonestations du père et de la mère. Ils trouvent en elle comme une mère de surcroît avec le charme d'une familiarité qui tempère l'autorité, d'une liberté dans l'obéissance, qui la rend plus facile. A l'âge des passions, c'est elle souvent qui, par sa douceur, arrive à dompter un caractère fougueux, qui sait apprivoiser une nature indépendante. C'est le charme dont elle s'entoure qui retient l'adolescent au foyer paternel. Cet adolescent trouve en elle une amie sûre, un charmant camarade, un ange gardien visible ; elle lui fait aimer Dieu ; il subit sans s'en douter, l'ascendant de sa vertu ; plus d'une sœur a sauvé son frère de périls qu'elle-même ignorait.

Et puis, hélas ! si les parents manquent et qu'il n'y ait pas de frère aîné, beaucoup de vaillantes filles jouent à la fois le rôle du frère et celui de la sœur ; elles travaillent pour nourrir la famille et sont la providence du foyer au point de vue matériel comme au point de vue moral.

DEVOIR DE L'ÉLÈVE

1. — Un frère est un ami donné par la nature.
2. — Nous devons aimer nos frères et sœurs ; ils sont comme d'autres nous-mêmes.
3. — Nous devons les défendre si quelqu'un les attaque et leur rendre de petits services.
4. — La jalousie est un horrible défaut, elle nous aveugle et nous rend malheureux.
5. — Ne faisons jamais de rapports contre nos frères et sœurs, soutenons-nous au contraire mutuellement.
6. — Les aînés de la famille doivent aux plus jeunes le bon exemple et dans certains cas, la protection.

LEÇON XLIV

L'UNION DANS LA FAMILLE

Supportons-nous les uns les autres. — La famille est un tout moral qui doit faire comme un seul cœur de tous les cœurs. Pour obtenir cette union, deux choses sont nécessaires : il faut se supporter mutuellement ; il ne faut pas faire passer l'intérêt avant tout.

Un certain nombre de personnes ne sauraient vivre

ensemble sans que les caractères se heurtent quelquefois. Il faut y mettre chacun du sien, fermer les yeux sur les travers des autres pour qu'ils ferment les yeux sur les nôtres, car nous avons tous des défauts. Il faut éviter de nous montrer susceptibles, laisser tomber sans les relever certaines paroles qui nous peinent ; peut-être ont-elles été dites sans réflexion ; si nous les relevons, nous soulèverons d'autres griefs, la bonne harmonie se trouvera rompue, peut-être pour longtemps. Ce n'est pas toujours commode de ne pas montrer qu'on est fâché ou de se réconcilier tout de suite. Chacun dit dans une querelle : « Ce n'est pas moi qui ai commencé » et parfois nul ne veut revenir le premier. Ce n'est pas commode, et cependant c'est nécessaire, et le sacrifice à faire, s'il y en a un, sera encore plus facile si vous le faites tout de suite que si vous attendez à plus tard. Les enfants ont un bien joli mot quand ils voient que quelqu'un est fâché contre eux. « Faisons la paix, » disent-ils en tendant leurs petits bras et en vous embrassant. Soyez simples comme ces enfants. Si vous avez été grondés et corrigés, au lieu de vous mettre à bouder, venez demander votre pardon, vous aurez le cœur plus tranquille. Si vous avez eu quelque discussion avec vos frères et sœurs, ne leur gardez pas rancune, et ne vous endormez pas le soir sans avoir fait la paix. La paix, c'est le grand bien des familles, c'est même le plus grand bien de la terre. Quand Notre-Seigneur voulait saluer ses apôtres représentant la société chrétienne, il ne leur souhaitait pas autre chose. « La paix soit avec vous », disait-il en entrant. Eh bien ! cette paix résulte de l'union des cœurs ; vous ne l'aurez pas tant que vous serez en désaccord avec quelqu'un. Si donc il y a quelque sacrifice d'amour-propre à faire pour l'obtenir, dites-vous que perdre l'harmonie et la bonne entente entre vous, serait un malheur plus grand que n'est votre petit froissement d'amour-propre.

Ne faisons pas passer l'intérêt avant tout. — Ce qui divise souvent les familles, ce sont les questions d'intérêt. Quand les parents meurent, des discussions s'élèvent fréquemment entre les enfants devenus alors des hommes raisonnables, des femmes établies. Avant la Révolution l'aîné d'une famille héritait de presque tous les biens, les titres, les privilèges: les cadets étaient obligés d'aller chercher fortune ailleurs. Cette mesure avait pour but de conserver certains fiefs, qu'on ne voulait point morceler. Aujourd'hui, tous les enfants ont un droit égal à l'héritage des parents ; cependant il peut se faire, soit-que le père ou la mère aient donné par testament quelque avantage à l'un d'eux, soit que, dans le partage des biens, l'un ou l'autre ait une préférence marquée pour telle part, tel arrangement. De là naissent parfois des discussions, des haines, des rancunes, il est des frères qui ne se voient plus, qui ne se parlent plus. Faites tout au monde pour éviter ces ruptures. Si vous pouvez vous arranger entre vous, à l'amiable, sans mettre les hommes de loi dans vos affaires, cela est plus respectueux pour la mémoire de vos morts, plus digne des liens qui vous unissent à vos cohéritiers. N'ayez jamais de procès entre vous ; ce serait un outrage à la mémoire de vos parents. Si, par un léger sacrifice d'argent, si, par l'acceptation d'arrangements qui vous plaisent moins que les autres, vous pouvez garder la bonne harmonie et l'union entre tous, croyez que ce bien-là vaut quelques sacrifices.

Ne répétons pas au dehors ce que nous entendons dire chez nous. — Votre père et votre mère s'entretiennent parfois de choses importantes qui doivent rester dans l'intérieur de la famille. On a subi un revers de fortune qu'il n'est pas bon de divulguer ; un parent a commis une faute que le public doit ignorer ; on a entre soi une explication un peu vive qui pourrait être mal interprétée au dehors. Si on attend que vous vous soyez retirés pour parler de ces choses, ne cherchez pas à pénétrer ce qu'on vous cache ; la curiosité est un vilain défaut, et on ne peut pas tout raconter aux enfants. Si on parle devant vous, c'est qu'on a confiance en vous, et trahir cette confiance serait un acte coupable. Vous ne devez jamais répéter au dehors ce que vous entendez dire chez vous ; la conscience et la prudence vous le défendent ; la conscience parce que vous commettriez une faute contre la discrétion ; la prudence, parce qu'il peut y aller parfois de l'honneur de votre famille. Ne dites pas : Mais il s'agit de choses sans importance. De cela vous seriez mauvais juge. Les enfants ne discernent pas toujours le vrai sens des choses, ils ne prévoient pas les conséquences que peut avoir une telle révélation. Et même, ce qui est pis, ils comprennent souvent mal et répètent de travers ; de là des interprétations désastreuses. Le mieux est de vous abstenir. Il ne faut répéter ni ce qui regarde vos parents eux-mêmes, ni ce que vous entendez dire de personnes étrangères, autrement vous pourriez causer de grands malheurs. Des haines entre familles, des ruines, des vengeances ont été souvent la suite de quelque bavardage d'enfant.

DEVOIR DE L'ÉLÈVE

1. — L'union doit régner entre tous les membres de la famille.

2. — Supportons les défauts des autres, afin qu'ils supportent les nôtres.

3. — La paix est le grand bien des familles, c'est le plus grand bien de la terre

4. — La paix résulte de l'union des cœurs.

5. — Dans les questions d'intérêt, souvenons-nous que la bonne harmonie entre frères et sœurs vaut quelques sacrifices.

6. — Ne cherchons pas à savoir ce dont nos parents s'entretiennent parfois en secret ; la curiosité est un vilain défaut.

7. — Ne racontons jamais au dehors ce qui se passe dans l'intérieur de la famille; nous ne pouvons juger ni de l'importance des choses, ni des conséquences de nos paroles.

LEÇON XLV

LA BONNE HUMEUR ET LA POLITESSE
AU FOYER DOMESTIQUE

Un démon chez soi, un ange chez les autres. — Il y a des personnes qui sont ainsi. On les voit très gracieuses avec les étrangers ; chacun les recherche pour leur amabilité ; dans l'intérieur de la famille, elles deviennent maussades, trouvent à redire à tout, ne cherchent à plaire à personne, sont enfin ce qu'on appelle « d'une humeur massacrante ». Or la bonne humeur rend la vie de famille agréable et facile, tandis que son absence la rend insupportable. On appelle *bonne humeur* une égalité de caractère, une patience joyeuse qui tourne les difficultés sans éclater en reproches à tout propos. Comme la vie ne se passe pas sans contrariétés, on n'acquiert point cette égalité d'humeur sans se faire violence ; et souvent on se fait cette violence pour obtenir l'estime des gens que l'on fréquente. Mais pourquoi ne pas tenter de semblables efforts au sein de la famille et en faire profiter les siens ? N'est-ce pas là, d'abord qu'il faut paraître aimable ? Pourquoi laisser supporter à vos proches ce que vous ne voulez pas faire subir aux étrangers, quand vous avez au contraire des obligations plus étroites envers les premiers qu'envers les seconds ? C'est donc que l'amour-propre seul vous dirige et vous aide à vous vaincre ; vous voulez que les autres aient bonne opinion de vous. Oh ! je vous en prie, n'agissez pas ainsi. Ne réservez pas à une mère qui vous aime, à une sœur qui cherche à vous être agréable, les mauvais côtés de votre nature, tandis que les étrangers profiteront des bons ; ce serait coupable et dangereux : coupable parce que vous manqueriez à tous vos devoirs ; dangereux, parce que tout finit par se savoir, et vous passeriez pour des hypocrites.

A la maison on me dit des choses moins agréables qu'au dehors. — J'ai vu donner cette excuse. Peut-être bien entendez-vous dans le monde des paroles qui vous plaisent mieux, mais neuf fois sur dix, on ne les pense pas ; défiez-vous du piège de la flatterie. Celui qui vous fait un compliment parle souvent en l'air sans songer à ce qu'il dit ; peu lui importe que vous ayez des défauts ; il n'est pas chargé, comme vos parents, de vous rendre parfaits. Ne faites donc pas un crime à ceux-ci de ce qui est leur devoir ; ils agissent dans votre intérêt. Souffrez qu'on vous dise vos vérités. Quant à la plaisanterie, sachez l'accepter de bonne grâce et en riant ; mieux on verra que vous la prendrez et moins on vous taquinera. Les événements ne tournant pas toujours comme on désire, montrez-en surtout le bon côté pour encourager les autres ; soyez toujours contents de tout. Vous verrez comme cette disposition vous fera aimer et rendra la vie facile autour de vous. En réalité vous avez de l'affection pour les membres de votre famille ; eh bien ! ne laissez pas ce sentiment dormir au fond du cœur sans le manifester dans la pratique ; faites-en de l'*amabilité*.

A quoi bon se gêner quand on est en famille ? — Quelques-uns malheureusement osent dire cela et manquent même chez eux à la simple politesse. Mais n'est-ce pas d'abord en famille qu'on doit se rendre heureux ? Vous avez, je suppose, des manières brusques, une mauvaise tenue, vous vous présentez à table les mains malpropres, vous bousculez les autres pour passer le premier, vous bâillez bruyamment, et, aux observations qu'on vous fait, vous répondez : « Qu'est-ce que cela fait quand on est entre soi ? » C'est comme si vous disiez à vos parents : « Vous ne valez pas la peine que je prenne aucune précaution, ceci est bon pour vous ; je me gênerai pour les autres ». N'est-ce pas là du mépris et de l'impertinence. Passons aux paroles. D'abord les termes grossiers doivent être bannis de votre bouche ; un enfant bien élevé ne se les permet pas. Mais évitez même autant que possible les termes qui pourraient blesser. Si vous dités parfois : « Que tu es nigaud ! », dites-le en riant et par plaisanterie ; ce sera pris de même ; mais ne contractez pas l'habitude de vous écrier à tout propos : « Oh ! qu'il est stupide !... Qu'elle est bête !... C'est une menteuse !... Tu me le paieras ! » Les petites blessures que vous feriez ainsi s'envenimeraient peu à peu ; bientôt la concorde serait rompue entre vous.

L'amitié fraternelle est comme une plante qui dépérit faute de soins ; les mauvais procédés la tuent ; les témoignages d'affection, les petites attentions entretiennent sa vie.

Esprit de contradiction. — Ceux qui sont affligés de ce travers font le supplice de leur entourage. Les mêmes choses qu'ils auraient dites, les mêmes jeux qu'ils auraient choisis, leur deviennent insupportables si un autre en parle le premier. « Je crois qu'il fera bon se promener aujourd'hui. — Ah ! par exemple, avec cette chaleur ! » Le lendemain : « Descendons-nous au jardin ? il fait moins chaud qu'hier. — Merci ! pour attraper un rhume ! — Je trouve la petite fille qui est venue ce matin bien aimable. — Elle a l'air niais comme tout. » Il suffit que quelqu'un avance une chose pour que la personne dont nous parlons prétende le contraire. Si vous êtes en relations avec de pareils enfants, le mieux est de vous taire pour ne pas susciter de longues discussions.

Mais, je vous en prie, étouffez ce défaut dès l'enfance. Je l'ai vu subsister chez des hommes faits, chez des mères de famille ; il rend la vie insupportable et fait déserter le foyer domestique. Vous me direz sans doute : On ne peut pas être toujours de l'avis de tout le monde. Non ! certainement. Sur les choses importantes, on doit avoir une opinion personnelle, y tenir avec fermeté, mais il faut l'exprimer avec ménagement quand elle doit froisser les autres, et non les contredire brutalement. Quant aux questions secondaires, aux petites choses de la vie, faisons des concessions ; laissons passer sans rien dire une manière de voir qui n'est pas la nôtre ; pourquoi heurter nos amis à l'occasion de choses qui n'en valent pas la peine !

Devoirs envers les serviteurs. — La famille comprend encore tous ceux qui vivent sous notre toit, travaillent pour nous, se trouvent mêlés aux événements de notre vie ; voici donc les *serviteurs*, ainsi nommés parce qu'ils nous rendent des services, et qu'on appelle aussi *domestiques*, c'est-à-dire attachés à la maison (de *domus*, maison). Si, comme position sociale, ils se trouvent dans un rang inférieur, devant Dieu ce sont vos égaux, et parfois ils font preuve d'un grand dévouement. Ne leur parlez jamais durement et d'une manière hautaine ; vos parents les traitent avec bonté ; vous-mêmes demandez-leur poliment ce dont vous avez besoin, et remerciez-les des services rendus. Songez qu'ils ont un cœur et de la sensibilité, inquiétez-vous parfois de leur famille. Mais ne vous familiarisez pas avec eux, n'en faites pas vos confidents et vos amis, parce que la différence d'éducation qu'ils ont avec vous, pourrait amener de graves inconvénients.

DEVOIR DE L'ÉLÈVE

1. — Ne faisons pas supporter à nos proches ce que nous ne ferions pas supporter à des étrangers.

2. — C'est en famille surtout qu'on doit se rendre heureux.

3. — L'esprit de contradiction rend la vie commune insupportable.

4. — Soyons bons et polis envers les domestiques.

CHAPITRE IV

LES OBLIGATIONS DE L'ÉCOLIER

LEÇON XLVI

LE RESPECT ET L'AFFECTION DUS AUX INSTITUTEURS

Pourquoi du respect. — Diverses raisons peuvent empêcher la famille de continuer l'éducation commencée au foyer domestique. Pour les garçons surtout il faut la main plus ferme d'un maître étranger que l'on craint davantage, il faut des camarades dont l'exemple entraîne, il faut le contact avec d'autres caractères, ce frottement journalier qui polit les surfaces et arrondit les angles, qui apprend à se gêner pour les autres au lieu de vivre en égoïstes. On vous envoie donc à l'école. Là des maîtres ou des maîtresses tiennent la place de vos parents ; vous avez envers eux des obligations ressemblant beaucoup à votre devoir filial. L'enseignement n'est point un métier comme un autre; c'est une vocation et un apostolat ; il faut s'y sentir appelé pour remplir parfaitement sa tâche ; les instituteurs dignes de ce nom adoptent vraiment en leur cœur les enfants des autres : seconde raison pour vous inspirer du respect. Il en est une troisième: c'est la culture de leur esprit, le temps qu'ils ont passé à s'instruire pour vous instruire. Le talent est une aristocratie quand il est acquis dans un but honorable et qu'on l'emploie pour le bien.

A quoi vous oblige le respect? — A parler à vos maîtres avec déférence, à ne point lever les épaules quand ils vous parlent, à tenir compte de leurs avis, à les saluer si vous passez devant eux, à ne jamais vous moquer des petits ridicules extérieurs qu'ils pourraient avoir ; cela n'enlève rien à leurs qualités morales et à leur mission près de vous.

Votre respect ne doit pas être de la crainte. — Il faut aimer vos maîtres car eux-mêmes vous aiment. Dès votre entrée dans un établissement, considérez le maître comme un ami plus âgé. Ce titre d'ami vous donnera confiance ; vous tiendrez votre instituteur au courant de vos difficultés, de vos progrès, de vos fautes ou de vos découragements ; celui d'ami plus âgé vous inspirera le respect et la déférence. Ne voyez pas dans votre maître un tyran qui cherche à vous surprendre en faute, car c'est un aide, un auxiliaire qui a le même but que vous, et qui est heureux quand vous menez tous deux à bonne fin l'œuvre commune de votre éducation.

Reconnaissance envers les maîtres. — Une bonne éducation est un bienfait plus grand que la fortune ; nous devons donc de la reconnaissance à ceux qui la procurent. Il est des choses qui ne se paient point avec de l'argent ; le dévouement est une de celles-là. Vos instituteurs sont rétribués par quelqu'un, que ce soient vos parents, la commune ou des bienfaiteurs ; ils sont rétribués parce qu'il faut vivre et qu'on ne vit pas sans argent. Mais cela ne saurait établir une compensation. Le maître qui veut rendre ses élèves plus instruits et meilleurs, n'y arrive qu'à force d'affection et de dévouement. C'est parce qu'il aime ses élèves qu'il a l'intuition de ces soins différents à prendre selon les caractères. Il ne vous apprend pas seulement un peu d'histoire et de grammaire ; il vous donne de son cœur, de son âme, puisqu'il les dépense pour vous ; cela n'a pas de prix. Ne vous croyez donc pas quittes envers vos maîtres quand vos parents ou la commune auront pourvu à leur subsistance. Ceux-ci leur ont donné la possibilité de remplir leur mission ; il vous reste à vous, la part de la reconnaissance : *le cœur seul est capable de payer ce qui est donné par le cœur*.

Montrez-leur cette reconnaissance dès aujourd'hui

en profitant de leurs bons soins, en facilitant leur tâche par votre application. Et si plus tard, dans la vie, des circonstances se présentent où vous puissiez leur rendre quelque service personnel, ne manquez pas de le faire.

Après les guerres de l'Empire, le général Drouot revenait dans sa ville natale qu'il avait quittée étant simple soldat. Savez-vous parmi les joies qu'il se promettait d'y goûter, une des pensées qui l'émouvaient le plus profondément? C'était de revoir son ancien maître d'école et de le presser sur son cœur.

DEVOIR DE L'ÉLÈVE

1. — Nos maîtres tiennent auprès de nous la place de nos parents ; nous devons les aimer et les respecter.
2. — Ils ont sur nous la supériorité de leur mission d'éducateur, celle de l'âge, celle qui résulte de la culture de l'esprit.
3. — Parlons à nos maîtres avec respect ; écoutons leurs avis avec déférence.
4. — Un bon maître est l'ami de ses élèves, ce n'est point un tyran cherchant à les surprendre en faute.
5. — Il a le même but que nous : nous donner une bonne éducation ; entendons-nous avec lui au lieu de lutter contre lui.

LEÇON XLVII

BONNE HUMEUR, SUPPORT MUTUEL
CONCESSIONS RÉCIPROQUES AVEC LES CAMARADES

Sachez voir le bon côté des choses. — L'école est l'image de la société ; vous y vivez, non seulement avec des maîtres qui sont vos supérieurs, mais avec des compagnons d'études qui sont vos égaux : vous faites là l'apprentissage du support mutuel sans lequel la vie n'est pas possible. Nous devons supporter les autres si nous voulons qu'ils nous supportent. Nul n'est parfait, mais chacun, à côté de ses imperfections, présente aussi des qualités. Le secret de vivre en harmonie avec ceux qui nous entourent, c'est de les voir du bon côté, de penser plutôt à ce qu'ils ont d'agréable qu'à ce qu'ils ont de défectueux, de fermer les yeux sur leurs petits travers et de penser à leurs vertus. Voici, par exemple, votre camarade Émile ; il est taquin par enfantillage, il aime à rire et à faire quelques niches. Il s'agit d'avoir bon caractère avec lui, de prendre en plaisantant ce qui est une plaisanterie, de ne pas vous fâcher parce qu'il se permettra quelque raillerie inoffensive. Si on ne se passait rien entre amis, il n'y aurait pas d'amitié sur la terre. Mais à côté de cela, lorsqu'un incident sérieux se produit, remarquez quel dévouement fait le fond de sa nature. L'hiver dernier, vous avez dû garder longtemps la chambre ; rappelez-vous quelle longue course il faisait chaque jour pour vous apporter les devoirs de classe, vous redire les explications données, afin que votre maladie ne retarde pas vos études. Il vous narrait même, fidèlement, afin de vous distraire, les moindres faits qui s'étaient passés à l'école. Vous étiez tenu au courant comme si vous ne vous étiez pas absenté.

Soyez toujours de bonne humeur. — Vous apprendrez donc à apprécier les qualités de chacun ; et, pour ne pas souffrir des défauts, il n'est rien de tel que de se montrer enjoué, conciliant, de bonne humeur, de ne pas bouder ni s'emporter pour des riens. Laissez passer les petits incidents sans gravité ; rester toujours d'humeur égale est le premier moyen de vivre en paix avec vos camarades.

Faites des concessions. — Le second moyen, c'est de faire des concessions, de ne pas trop tenir à vos idées quand vous voyez qu'elles ne sont pas celles des autres et qu'elles n'ont pas pour objet des choses importantes. Vous me direz : Cela n'est pas juste ! Chacun peut bien avoir ses idées. Mes chers enfants, la stricte justice est bien difficile à établir en ce monde ; il faut toujours y joindre un peu de charité. Il est impossible de vivre un certain temps dans un milieu quelconque, sans y faire parfois abnégation de soi-même. Ce ne sera pas toutes les fois à vous. A certains jours, Dieu inspirera à d'autres de vous céder à leur tour ; mais si chacun s'entêtait constamment dans ses vues, représentez-vous ce qui serait possible. Tout le monde n'a pas les mêmes goûts, et, dans ce qui n'est pas du règlement, il faut bien trouver un terrain d'entente commun. Hier, jeune fille, vos compagnes voulaient sauter à la corde et vous préfériez une partie de balle. Vous les avez plantées là et vous avez passé votre récréation toute seule. Dites-moi, s'il n'était pas juste qu'elles vous imposassent leur manière de voir, eût-il été plus juste que vous leur imposassiez la vôtre? N'était-ce pas le cas de vous oublier vous-même et de leur faire plaisir? Elles vous auraient rendu la pareille une autre fois ; cela aurait fait deux récréations animées, au lieu de deux jours sans entrain, cela surtout aurait uni vos cœurs par les liens d'une reconnaissance réciproque. Vous n'aimez pas les caractères impérieux ; ne soyez pas impérieux vous-mêmes. Faites toujours aux autres ce que vous voudriez qu'on vous fît.

Ne faites jamais de rapports sur personne. — Dites-moi, en interrogeant votre petite conscience d'enfant, quels sont les élèves les moins aimés dans une classe. Sont-ce les paresseux, les bavards, ceux qui ont l'esprit borné ? Non ! ce sont les rapporteurs. Ceux-là nous inspirent une répugnance instinctive. Nous ne devons jamais faire d'actions qui ne puissent être connues de nos maîtres ; cependant nous redoutons les rapporteurs et nous n'avons pas tort ; voici pourquoi. D'abord la manie de la délation dénote des instincts vils et bas, un caractère méchant, et il n'est jamais bon de fréquenter sans précautions des natures semblables. Ensuite celui qui prend l'habitude de rapporter ne s'en tient pas toujours à la stricte vérité ; il commente, brode, ajoute, et finit par présenter les choses autrement qu'elles ne se sont passées. Mais je ne prétends pas même vous parler des faux rapports. Quand vous auriez été le témoin d'un fait réel, quand vous auriez vraiment vu en faute votre camarade ou votre compagne, ne les trahissez pas près du maître. Il a mal fait certainement, mais ce n'est pas vous qui êtes chargé de sa conduite ; vous êtes tenu à la charité envers lui, tenu à chercher des excuses à son acte quand cela pourra se faire sans blesser la vérité ; vous ne devez pas désirer qu'il soit puni et surtout être cause de sa punition. Il peut y avoir des cas où une faute grave, scandaleuse, exigerait pour le bien de tous que la conduite de tel ou tel élève fût connue de l'instituteur, mais comme ces cas sont très rares, comme vous n'êtes pas encore à même de juger ce qu'il est urgent de révéler et ce qui peut se taire, j'aime mieux vous faire cette recommandation : Ne rapportez pas, ne faites pas punir vos camarades. *Ceux qu'on nomme des rapporteurs à l'école, deviennent des traîtres plus tard.*

DEVOIR DE L'ÉLÈVE

1. — L'école est l'image de la société ; nous y faisons l'apprentissage de la vie.
2. — Chacun a des qualités et des défauts ; sachons voir le bon côté des personnes et des choses.
3. — Il faut supporter les défauts des autres si nous voulons qu'on supporte les nôtres.
4. — La bonne harmonie ne s'établit que par des concessions réciproques.
5. — Les élèves les moins aimés dans les classes sont toujours les rapporteurs.
6. — Il y a dans la manie de la délation des instincts bas, vils et méprisables.

LEÇON XLVIII

COMPLAISANCE ET BONTÉ AVEC LES CAMARADES

Voulez-vous être aimés de vos compagnes de classe et de vos camarades? — Si oui, considérez-les un peu comme des frères ou des sœurs, soyez bons et complaisants avec eux. Pour peu que vous vouliez faire attention aux autres et ne pas penser qu'à vous seul, vous trouverez mille occasions de leur rendre service. Un élève a cassé son crayon ; vous lui prêtez votre canif pour le tailler ; un autre a oublié son livre ; vous lui offrez le vôtre dès que vous avez fini de vous en servir. Tel de vos condisciples n'a pas compris une explication ; en vous en retournant avec lui, vous lui répétez ce que vous avez retenu, et peut-être ces explications naïves, passant par votre jeune bouche, seront-elles mieux saisies de son intelligence. Un autre est oublieux, étourdi, négligent ; livré à lui-même il n'arriverait jamais à temps et ne ferait que la moitié des choses ; en bon camarade vous l'avertissez quand arrive l'heure de telle étude, vous le faites penser à tel détail du règlement, qu'il mettait en oubli.

Ceux qui sont tristes. — Et puis, il y a des cas particuliers. Il y a des élèves qui sont tristes, malheureux pour une cause ou pour une autre ; ils doivent être pour vous l'objet d'attentions spéciales. On est trop porté, dans les pensionnats, à entourer les élèves d'un extérieur brillant, ceux dont l'intelligence est prompte dont les parents sont riches, dont la figure est gracieuse et le vêtement, élégant. Il ne faut pas se laisser ainsi séduire par les apparences et juger les gens sur la mine ; souvent des dehors brillants cachent un cœur moins bon qu'un autre ; mais à supposer même que les dehors ne trompent pas ici, les élèves dont je vous parle auront toujours assez d'amis ; recherchez plutôt ceux qui attirent moins l'attention, qu'on délaisse peut-être, il y a souvent là de très bonnes actions à faire.

Ceux qui sont faibles. — Je suppose qu'on amène à l'école un pauvre enfant contrefait, infirme, disgracié de la nature ; quelques-uns prennent envie de rire en le voyant ; le pauvret est tout décontenancé, des larmes lui viennent aux yeux. Mais un grand s'élance. « Ecoute, dit-il, veux-tu être mon ami ? J'empêcherai qu'on se moque de toi, et si quelqu'un te fait des niches, il aura affaire à moi. » Cela, c'est bien ; il faut défendre le faible contre le fort. Il y a parfois dans les classes des élèves doués d'une faible dose d'intelligence, qui deviennent le point de mire de toutes les railleries et même le souffre-douleurs de leurs camarades. On les charge de mille commissions, on s'en sert comme de domestiques, dans les récréations, ils doivent toujours en passer par ce que veulent les autres. J'espère que non seulement vous ne prendrez jamais part à ces persécutions, mais que votre attitude contribuera à les faire cesser. L'enfance est légère, mais elle revient vite à de meilleurs sentiments quand elle est entourée d'exemples favorables. Lorsqu'on voit de bons élèves prendre avec fermeté la défense des opprimés, on fait bientôt volte-face et tout le monde se trouve rangé dans le même camp.

Ceux qui sont orphelins. — Une petite orpheline arrive à la pension, il y a quelques jours, elle ne faisait d'abord que pleurer. Elle ne voulait pas jouer, se mettait dans un coin de la cour pendant les récréations et n'en bougeait plus. En classe, repliée sur elle-même au lieu d'écouter la leçon, elle semblait n'avoir pas le courage de travailler. Une grande élève nommée Charlotte la prend en amitié ; elle l'embrasse et la caresse ; elle l'aide le matin à faire sa toilette ; elle lui fait réciter ses leçons avant la classe, reste avec elle à la récréation, cherchant quels jeux pourraient lui faire plaisir ; on ne l'appelle plus que « la petite maman de Francine ». Il fallait cela ; les orphelins ont besoin d'affection ; il fallait lui en témoigner. L'aumône du cœur vaut encore mieux que les autres, et, de ce côté-là, mes enfants, vous êtes riches, je l'espère. L'habitude qu'on a dans certains pensionnats de jeunes filles, de donner de grandes élèves pour « petites mamans » aux plus jeunes, est excellente. Elle développe dans les premières des sentiments de bonté, d'abnégation, de complaisance ; elle les force à être exactes, soigneuses, attentives, toutes qualités qui sans cela seraient plus longues à venir. C'est le rôle de la sœur aînée dans la famille.

Moi je n'aime pas à prêter mes affaires, j'ai peur qu'on me les perde ou qu'on me les gâte. — Ceci, mes enfants, est le raisonnement des petits égoïstes. D'abord vous pouvez recommander l'objet que vous prêtez, dire : « J'y tiens beaucoup ; c'est un souvenir de telle personne que j'aime », et il y a encore beaucoup d'enfants assez délicats pour avoir soin de ce qui n'est pas à eux. Mais je suppose qu'il y aurait bien quelque léger inconvénient à prêter ce qui est à vous, pourvu que vous ayez la permission de vos parents, cet inconvénient est peu de chose à côté de la joie que vous procurez aux autres, et du contentement que vous éprouvez vous-même. Ainsi, tenez. Ce gros ballon en caoutchouc que vous a donné votre tante, vous l'avez porté dans la cour de récréation et vous avez fait de bonnes parties avec vos camarades, peut-être s'usera-t-il un peu plus vite que si vous en jouiez seul ; mais quelle différence dans la jouissance procurée ! Quels éclats de rire en jouant tous ensemble ! C'est que vous aviez le cœur en joie. *Un plaisir partagé se double, une peine partagée se dédouble.*

DEVOIR DE L'ÉLÈVE

1. — Considérons nos compagnons d'études comme des frères et sœurs ; soyons bons et complaisants avec eux.
2. — Rendons-leur de petits services quand nous le pouvons.
3. — Ayons de la tendresse et des prévenances pour ceux qui sont tristes, faibles ou orphelins.
4. — Ne refusons pas de mettre nos jouets en commun pendant les récréations, un plaisir partagé se double, une peine partagée se dédouble.

LEÇON XLIX

DE L'ASSIDUITÉ A L'ÉCOLE

Vos parents vous envoient en classe pour vous instruire. — Il faut donc profiter de l'enseignement qu'on y donne. Nous vous recommanderons d'abord pour cela l'assiduité et l'exactitude. L'assiduité s'entend plutôt de la régularité à venir tous les jours, à ne pas manquer la classe sans de graves raisons ; l'exactitude consiste à bien arriver à l'heure, et non point quand la leçon est commencée. Nous parlerons en premier lieu de l'assiduité.

On ne fait rien de bon sans esprit de suite. — Si vous ne venez pas régulièrement en classe, vous perdez des explications que peut-être vous n'aurez plus l'occasion d'entendre et qui vous empêcheront dans d'autres leçons de comprendre maintes et maintes choses. Et puis vous porterez moins d'intérêt aux leçons. Plus on fait souvent et régulièrement une chose, plus on s'y attache ; si on la fait de loin en loin, l'esprit n'y est pas du tout. Ne dites jamais : Une fois de plus ou de moins, qu'est-ce que cela peut faire sur toute une année ? La leçon que vous manqueriez vous était peut-être plus nécessaire qu'une autre ; en outre ce précédent vous autorise à manquer aussi facilement une autre fois ; il faut se prescrire pour règle de ne jamais s'absenter sans de graves raisons.

Vous me direz peut-être : cela regarde nos parents ; ce sont eux qui nous envoient. En principe, c'est vrai, mais je vous ferai remarquer une chose. Il y a des parents faibles qui, par excès de tendresse, sont portés à écouter facilement les plaintes de leurs enfants. Si, dans l'intention de vous faire dispenser de la classe, vous exagérez un petit malaise ; si vous vous plaignez, sans que ce soit vrai, d'un « horrible mal de tête », si vous dites que « vous ne pouvez pas vous tenir sur vos jambes », votre mère alarmée vous fera garder la chambre et croira le repos nécessaire. Dans ce cas-là vous l'aurez inquiétée inutilement et vous vous serez fait tort à vous-même en vous privant d'une leçon. Sans doute la santé est un bien précieux ; il est des circonstances où l'on doit prendre des précautions ; mais il est aussi beaucoup de petites incommodités qu'il ne faut pas exagérer ; elles passent au bout de quelques heures, et un enfant courageux les supporte sans s'arrêter. Souvent même on a plus vite raison de certains malaises en les *secouant* qu'en les *écoutant* trop.

Ne fréquentez pas les enfants qui font l'école buis-

sonnière. — Il y a une faute plus grave que celle dont nous venons de parler. Certains enfants que leurs parents envoient régulièrement à l'école, la manquent parfois pour aller s'amuser. On appelle cela « faire l'école buissonnière » parce qu'on suppose que les enfants qui se rendent coupables de cette supercherie, vont se promener dans les champs, battre les buissons pour y chercher des nids. Cette faute est grave parce qu'on ne doit tromper en rien ses parents : ils doivent toujours savoir où est leur enfant. Je ne vous ferai pas l'injure de vous croire capable d'une telle sottise ; je vous en parle afin de vous mettre en garde contre ceux de vos condisciples qui pourraient se la permettre. Si jamais l'un d'entre eux vous proposait n'importe quel jeu ou quelle promenade pendant les heures de classe, ne le fréquentez plus d'une manière particulière ; vous pouvez être sûr que c'est un mauvais camarade.

C'est ennuyeux de recommencer tous les jours la même chose. — Peut-être quelques-uns d'entre vous disent-ils cela. Mes enfants, on ne réussit à rien dans la vie sans la persévérance. Elle seule obtient des résultats durables. Si votre père n'allait travailler que quand ça lui plaît, si votre mère ne préparait le dîner que quand ça ne l'ennuie pas, on n'arriverait point à vous bien élever et à vous nourrir suffisamment. Si vous ne mettez pas de la persévérance dans vos études, vous ne vous instruirez jamais. D'ailleurs vos maîtres s'ingénient assez à varier les leçons, à les couper de récréations, de promenades et de jours de congé, pour leur enlever toute monotonie et vous faire une existence passablement douce.

DEVOIR DE L'ÉLÈVE

1. — Nos parents nous envoient à l'école pour que nous nous instruisions ; il faut donc profiter de l'enseignement qu'on y donne.
2. — L'assiduité est indispensable pour cela. Elle consiste à ne jamais manquer la classe sans de bonnes raisons.

3. — On ne réussit à rien si on n'a pas l'esprit de suite et de persévérance.
4. — Ne faisons pas les malades pour manquer l'école ; nous irions contre nos intérêts.
5. — Ne la manquons jamais surtout sans que nos parents le sachent ; ce serait une double faute.

LEÇON L

DE L'EXACTITUDE

L'exactitude consiste à arriver à l'heure. — Vous savez le temps qu'il faut pour vous rendre en classe ; vous devez partir en conséquence et vous y trouver quelques minutes avant le commencement de la leçon. Vous vous dites peut-être : Quelques minutes de retard ne font pas un grand mal. Je pourrais vous répéter ce que je disais à propos de l'assiduité : Il est possible que vous perdiez pendant ces quelques minutes une explication que vous n'aurez plus l'occasion d'entendre, une correction de devoirs qui vous fera faute ; mais il y a aussi la question du désordre que les entrées tardives produisent dans une classe. Les élèves tournent la tête, on se dérange pour faire place au nouveau venu ; le maître ou la maîtresse s'interrompt pour le laisser s'installer ; peut-être ce maître a-t-il la bonté de répéter ce qu'il était en train de dire. S'il y avait plusieurs élèves inexacts dans un établissement et qu'ils échelonnassent ainsi leur entrée de moment en moment, jugez de ce que deviendrait la leçon. Ces élèves feraient tort aux autres, et pour l'instituteur ce serait intolérable. Il faut se prescrire pour règle d'arriver *ponctuellement* à l'heure.

C'est une grande qualité d'être ponctuel. — Etre ponctuel signifie être exact même jusqu'à *un point*, c'est-à-dire ne pas se mettre en retard d'une minute, et c'est une grande qualité d'être ponctuel. Cette qualité

dénote de l'ordre, car elle consiste à bien ordonner son temps ; elle indique du savoir-vivre, car c'est une politesse pour les autres que de ne pas se faire attendre, et le contraire est du sans-gêne parfois impertinent. Comme on a souvent besoin de cette qualité dans la vie, il faut l'acquérir de bonne heure. Vous aurez plus tard des rendez-vous d'affaires, si vous n'arrivez pas à l'heure dite, on ne vous attendra pas, et vous perdrez, soit du travail, soit quelque bonne transaction. Vous aurez des relations de famille et de société ; si vous prenez l'habitude d'arriver toujours en retard, on rira de vous d'abord, puis on vous blâmera, on vous considérera comme une personne peu sérieuse et mal équilibrée.

On raconte qu'un jeune homme a renoncé à la main d'une jeune fille parce qu'elle se faisait toujours attendre dans toutes les réunions où on l'invitait. « J'aurais peur, dit-il, qu'elle n'arrive pas à temps le jour du mariage et que nous ne nous rencontrions pas. »

Souvenez-vous du lièvre et de la tortue. — J'entends de petits présomptueux dire: Et si l'on est bien habile ? C'est l'histoire du lièvre et de la tortue. Le premier, comme vous savez, se fiant à la rapidité de sa course, broute le thym et le serpolet; il ne voulait point avoir l'air de se dépêcher. Quand il vit la tortue approcher du but, il s'élança ; c'était trop tard. « Rien ne sert de courir : il faut partir à temps. » L'enfant qui se fie à son intelligence, à sa facilité et qui flâne au lieu de se mettre tout de suite au devoir prescrit, qui flâne en se disant qu'il ne lui faut pas aussi longtemps qu'aux autres, arrive rarement à rattraper ceux qui ont travaillé dès la première minute ; il pourrait avoir de bonnes places en joignant le travail régulier à l'intelligence ; il en a de mauvaises, et souvent Dieu le permet ainsi pour le punir de sa présomption. Ne dites jamais : « J'ai bien le temps, il ne me faut qu'une heure ». Le temps passe vite quand on s'amuse, vous ne garderez même pas l'heure qui vous est nécessaire; ou bien des recherches, des difficultés sur lesquelles vous ne comptiez pas, surviendront, et vous ne pourrez pas vous en tirer en une heure. Commencez dès que le maître le dit, dès que le règlement l'exige, et ne vous dérangez que quand ce sera fini. Si vous pensiez à tant d'enfants auxquels leurs parents ne peuvent pas donner le temps nécessaire pour s'instruire, vous seriez reconnaissants des faveurs qui vous sont accordées et vous ne perdriez pas une minute de ce temps si précieux.

Soyez à ce que vous faites. — Un adage latin se dit : *Age quod agis : faites ce que vous faites ;* c'est-à-dire : soyez-y tout entier, fixez-y votre esprit, ne disséminez pas votre attention sur les mille choses qui vous entourent. *On n'acquiert aucune connaissance sans vraiment s'y appliquer.* Si en tenant votre livre entre les doigts, vous avez ce qu'on appelle vulgairement « le nez en l'air », si vous suivez des yeux la mouche qui vole, le nuage qui passe, vous ne saurez pas votre leçon ; et, à supposer que, malgré ces distractions multipliées, vous arriviez à la réciter à peu près, vous ne conserverez pas longtemps ce que vous avez appris ; cela ne vous servira de rien dans la suite car *ce qui s'apprend trop vite se retient mal.* Ecoutez attentivement les explications que donne le maître ou la maîtresse. Si, pendant qu'ils parlent, vous avez l'esprit ailleurs, si vous pensez à la promenade d'hier, si vous organisez mentalement la partie de demain, vous n'avez pas suivi l'explication donnée. Souvent quand l'instituteur veut faire répéter à un élève ce que lui-même vient de dire, l'élève reste muet et confus : il était présent de corps, mais il n'a rien entendu.

Être distrait semble un petit défaut ; hélas ! il peut avoir dans la vie de graves conséquences, et cause souvent de grands malheurs.

DEVOIR DE L'ÉLÈVE

1. — L'exactitude consiste à arriver à l'heure.

2. — Quand on arrive en retard on dérange les autres, et on perd une explication qui peut-être fera faute plus tard.

3. — Être ponctuel signifie être exact jusqu'à un point,

jusqu'à une minute. C'est une grande qualité d'être ponctuel.

4. — Il faut mettre à profit tout le temps de la classe ; le temps perdu ne se rattrape jamais.

5. — Songez à ce que vous faites ; ne disséminez pas votre attention sur plusieurs choses à la fois.

6. — Etre présent en classe de corps et non d'esprit, c'est comme si on n'y était pas.

7. — Etre distrait habituellement peut dans la vie causer de grands malheurs.

LEÇON LI

TOUTE SCIENCE VIENT DE DIEU

Vous venez en classe pour vous instruire. Nous avons vu, en parlant de l'intelligence, combien il est bon de la développer par l'étude. Quel que soit le métier que vous exercez : profession libérale ou métier manuel, travail de cultivateur, d'artiste ou d'artisan, l'instruction acquise peut vous y faire exceller. Je voudrais vous prémunir aujourd'hui contre une allégation que vous entendrez peut-être dans le monde et vous en montrer la fausseté.

Est-il vrai que la science éloigne de la religion? — La science n'est autre chose que la connaissance des œuvres de Dieu, soit des œuvres sorties directement de ses mains, soit de celles qui sont produites par le génie de l'homme, et ce génie de l'homme est lui-même un don de Dieu. On peut défier qui que ce soit au monde d'étudier une chose que Dieu n'ait pas créée. Comment donc y aurait-il incompatibilité entre la connaissance de ce que Dieu fait et la religion qui nous unit à lui ! Est-ce que l'une ne doit pas au contraire conduire à l'autre ? Est-ce que l'admiration et la reconnaissance pour les œuvres du Créateur ne doivent pas renforcer notre amour pour lui? De toutes les données scientifiques que l'on découvre peu à peu en étudiant la nature, aucune ne saurait contredire la révélation, c'est-à-dire la parole de Dieu dans l'Ecriture Sainte, parce que tout vient du même auteur, qui est l'unité et la vérité même. Mais entrons un peu dans le détail, afin que vous compreniez mieux.

Qu'étudiez-vous dans les sciences physiques et naturelles? — Les phénomènes de la nature, les propriétés des corps, les mœurs des animaux. Est-ce que, quand vous avez constaté les richesses enfouies dans le sein de la terre et des mers, l'admirable organisation du corps humain que nulle machine n'égalera jamais, la beauté ravissante de la plus simple fleur des champs ; quand vous avez considéré l'imposant spectacle des astres qui se meuvent dans l'espace avec ordre et mesure ; quand vous avez vu les plus petits insectes munis d'organes admirables dans leur ténuité et doués d'un instinct étonnant ; est-ce que, quand vous avez passé en revue toutes ces merveilles, cela peut vous empêcher d'aimer Dieu ? Bien au contraire ; on admire sa puissance dans la création comme on vénère sa bonté.

Qu'étudiez-vous dans l'histoire ? — Les événements qui se sont passés chez les différents peuples. Vous y voyez comment les hommes se sont réunis en sociétés, comment ils se sont civilisés, comment ils ont agi les uns vis-à-vis des autres. Est-ce que, conjointement aux mesures prises par la politique humaine, vous ne voyez pas souvent la main de Dieu conduire les événements, abandonner à sa ruine un peuple prévaricateur, et venir au secours d'une nation dont l'état semblait désespéré. Il fit cela pour nous quand il suscita Jeanne d'Arc pour sauver la France envahie par l'Anglais. Eh bien ! le doigt de Dieu se montre souvent ainsi dans l'histoire.

Qu'étudiez-vous dans la littérature? — Les chefs-d'œuvre de l'esprit humain. Mais qui donc a donné à l'homme la faculté de faire de si bons et de si beaux ouvrages ? Qui a mis en lui des idées élevées ou des pensées gracieuses ? On a beau disséquer ce petit et spongieux organe qu'est le cerveau, on ne le trouve pas en proportion avec les pensées sublimes dont il est le siège. C'est donc à l'âme qui l'anime qu'il faut attribuer ces chefs-d'œuvre, à l'âme, émanation de la divinité. Si le génie venait de nous-mêmes et non de Dieu, comment tout le monde ne s'en donnerait-il pas ? Donc là encore, occasion d'admirer le souverain Modèle à l'image duquel nous fûmes créés.

Nous pouvons faire des réflexions analogues sur les merveilles de l'industrie. — La vapeur et l'électricité bouleversent aujourd'hui le monde. Que sont-elles, sinon des forces de la nature mises par Dieu dans les choses créées ? Elles nous font admirer cette puissance qui les a cachées dans des corps inertes, et cette sagesse qui donne à l'intelligence humaine la faculté de les trouver là et de s'en servir. Tout nous parle de Dieu, dans quelque science que ce soit.

Un peu de science éloigne de Dieu : beaucoup de science y ramène. — Alors, ce n'est pas vrai, me direz-vous, que des hommes ont perdu la foi parce qu'ils ont trop étudié ? Non ! ce n'est pas parce qu'ils ont trop étudié qu'ils n'ont plus la foi, c'est parce qu'ils ont mal étudié. Il y a en effet de faux savants qui s'obstinent à ne voir que les effets et qui ferment les yeux sur les causes. Il y a des esprits orgueilleux qui s'attribuent le mérite de tout ce qu'ils découvrent, sans songer que c'est là seulement un atome de ce que Dieu sait. Une telle anomalie s'explique par cette seule circonstance que le propre de l'orgueil est d'aveugler. Supposez un homme qui se promènerait dans une propriété splendide, où tout serait réuni pour le plaisir des yeux, comme pour le bien-être et pour l'utilité. Cet homme admirerait ces merveilles, en profiterait, s'en servirait, et il refuserait d'aller saluer le maître de cette propriété, assez bon pour la livrer au public, il refuserait d'aller le saluer et dirait peut-être même que ce maître n'existe pas. Vous penseriez que cet homme est fou, n'est-ce pas ? Eh bien ! celui qui prétend que la science éloigne de Dieu n'est pas moins insensé. Vouloir étudier les œuvres du Créateur sans adorer le Créateur lui-même, c'est entrer dans la propriété et mettre le propriétaire à la porte. Si jamais vous entendez développer pareille théorie, répondez simplement ceci : La science *matérialiste* ou sans Dieu n'est qu'une demi-science, elle voit les effets et ne cherche pas les causes. Si un peu de science éloigne de Dieu en prêtant à l'orgueil beaucoup de science y ramène en nous éclairant mieux.

Les grands savants en effet furent croyants et non matérialistes. Galilée et Newton, Pascal et Descartes étaient de bons chrétiens, Ampère et Pasteur également; beaucoup d'autres encore. Ambroise Paré qui fit faire tant de progrès à la chirurgie dans l'enfance, disait des pauvres soldats blessés au siège de Metz : « Je les pansay, Dieu les guarit. » C'est avec une admiration pleine de reconnaissance que Képler donna à notre terre les lois du monde sidéral. « Bienheureux, dit-il, dans la préface de son premier ouvrage, celui qui étudie les cieux, il apprend à faire moins d'état de ce que le monde admire le plus ; les œuvres de Dieu sont pour lui au-dessus de tout, et son étude lui fournit la joie la plus pure. »

Connaissez-vous l'histoire de la salade de Képler? Un jour, c'était en 1606, il écrivait un traité sur une brillante étoile apparue tout à coup dans la constellation du Serpentaire et qui bientôt disparut sans retour. Et il pensait avec pitié, tout en bâtissant des hypothèses, à ces quelques hallucinés qui parlent d'atomes crochus possédant une force aveugle, laquelle force les fait s'accrocher tantôt d'ici, tantôt de là, et produire au bout du compte le monde admirablement organisé que nous voyons. « Fatigué d'écrire, dit-il lui-même, et l'esprit troublé par cette méditation sur les atomes, je fus appelé pour dîner et ma femme apporta une salade sur la table. — Penses-tu, lui dis-je, que si, depuis la création, des plats d'étain, des feuilles de laitue, des grains de sel, des gouttes d'huile et de vinaigre, des fragments d'œufs durs flottaient dans l'espace en tous sens et sans ordre, le hasard pût les rapprocher aujourd'hui pour en former une salade? — Pas si bonne à coup sûr, répondit ma belle épouse, ni si bien faite que celle-ci. »

DEVOIR DE L'ÉLÈVE

1. — La science est la connaissance des œuvres de Dieu; elle ne saurait donc éloigner de la religion si elle est bien comprise.

2. — Le génie est un don de Dieu, sans quoi chacun s'en donnerait à soi-même.

3. — La vraie science nous rapproche de Dieu au lieu de prouver contre lui.

4. — On appelle science matérialiste celle qui s'arrête à la matière ; elle n'est qu'une demi-science ; elle voit les effets et ne cherche pas les causes.

5. — Un peu de science éloigne de Dieu, beaucoup de science y ramène.

LEÇON LII

DES TRAVAUX PROPRES AUX JEUNES FILLES

La jeune fille qui dédaigne les travaux de son sexe fait preuve d'un jugement faux. — Nous avons parlé de la grande science, de cette étude des œuvres de Dieu qui nous le fait mieux connaître et mieux aimer. Comme les grandes et les petites choses se tiennent dans la vie, je voudrais vous parler aujourd'hui d'une connaissance bien pratique et qui paraît plus humble. Les jeunes filles n'apprennent pas en classe que la grammaire et la littérature, l'histoire et la géographie ; on les forme aussi à l'ouvrage manuel, au ménage, à ces travaux qui sont les attributions de la femme et deviennent pour elle un devoir.

Une jeune fille était présentée un jour à Jacques Ier, roi d'Angleterre, comme un prodige de science et d'érudition. La personne qui la patronnait à la cour vantait surtout ses connaissances dans les langues mortes. « Je puis assurer à Votre Majesté, disait-elle, que, outre le français, l'allemand et l'italien qu'elle parle aussi correctement que l'anglais, elle peut également comprendre et écrire le grec, le latin, et l'hébreu. — Voilà, en effet, répliqua le roi, de grands talents pour une jeune fille, et, dites-moi, sait-elle coudre? »

Nous ne voulons pas, chères enfants, vous empêcher de vous instruire, et telle n'était pas sans doute l'idée du monarque. Plus une femme aura l'intelligence développée, mieux elle comprendra ses devoirs et sera portée à les remplir. Seulement il faut qu'on lui donne une éducation judicieuse où toute la place ne soit pas prise par les sciences et les arts d'agrément ; pouvoir dire la composition chimique d'un œuf et ne pas savoir le faire cuire serait impardonnable. Une bonne partie du temps doit être réservée aux ouvrages manuels et aux travaux du ménage. Dédaigner ces occupations serait faire preuve d'un jugement faux et d'un petit esprit. Les personnes judicieuses comprennent que rien de ce qui est un devoir ne peut nous rabaisser. Or les occupations dont nous parlons sont un devoir pour les femmes.

En quoi consiste la mission d'une femme au foyer domestique ? — Elle consiste, au point de vue moral, à entretenir l'union, l'harmonie entre les membres de la famille ; au point de vue matériel, à entretenir l'ordre dans le ménage, à sauvegarder la fortune par l'économie.

Couture et raccommodage. — Une femme doit donc savoir raccommoder afin de faire durer le linge le plus longtemps possible ; un petit accroc réparé tout de suite ne paraît pas ; si on le laisse s'agrandir, le vêtement est bientôt hors d'usage. Si elle a appris à confectionner elle-même quelques pièces d'habillement, ce sera une grande économie ; avec le prix d'une ou deux façons elle pourra ensuite avoir une robe fraîche. Au moins doit-elle connaître assez la coupe et la couture pour surveiller l'ouvrière qui fera ses vêtements. Il y a des manières de couper qui économisent l'étoffe, des manières de coudre qui font durer l'objet davantage. Quand donc vous saurez coudre, repriser, poser une pièce, on vous indiquera la manière de relever un patron, d'assembler les diverses pièces d'un vêtement. On débute par des objets faciles : tabliers, jupons, chemises, robes d'enfants, et plus tard on aborde les petits corsages simples. La broderie ne doit venir qu'après la couture, le tricot, le raccommodage, comme les arts d'agrément doivent céder le pas à la grammaire et au calcul.

Il faut aussi, si vous avez un peu de loisir, travailler

pour les pauvres ; penser d'abord aux vêtements utiles, tricoter de bons bas pour l'hiver, des jupons chauds pour les enfants, savoir réparer pour leur usage les objets dont votre famille peut disposer en leur faveur, Après cela, travailler pour les loteries et les ventes de charité est aussi une bonne chose. Vous qui ne disposez pas d'argent comptant, vous vous trouverez tout heureuses de contribuer aux bonnes œuvres par le labeur de vos doigts.

La tenue d'un ménage. — Aux leçons de couture, l'enseignement ménager qu'on vous donnera en classe, joindra des notions élémentaires sur la tenue d'un ménage, l'économie domestique, l'art de savoir acheter, la préparation des mets les plus usuels. Puisque la femme est le ministre de l'intérieur, il faut bien qu'on la forme aux fonctions qu'elle doit remplir. Il est bon également qu'elle ait quelques notions d'hygiène, qu'elle connaisse les soins à donner aux tout petits enfants, les principales maladies propres à la première enfance, les secours à donner en cas d'accidents, les plantes médicinales les plus usuelles avec leurs propriétés. Une mère de famille est appelée à tant de choses ; elle doit mettre la main à tant de besognes ! elle aura beau y apporter tout son cœur, elle sera hésitante et perplexe si elle n'a acquis en son temps les connaissances spéciales à son sexe.

Le succès de sa mission au point de vue moral dépend aussi beaucoup de la science ménagère qu'aura acquise une femme. — Le côté matériel n'est pas seul en jeu là-dedans. La bonne harmonie est bien plus facile à garder entre les membres d'une famille si la gêne n'y apporte pas ses tiraillements incessants, ses discussions inévitables. Travailler à la prospérité du foyer, c'est donc travailler à l'union, à la paix. Puis, si le mari trouve la maison propre et bien tenue, un intérieur riant, une nourriture saine et bien préparée, il rentre au logis avec bonheur, il s'y plaît et y reste le plus possible. Que de fois un petit plat bien soigné a déridé quelque front soucieux. Il prouvait à la fois le talent de la ménagère et le souci qu'elle avait de plaire à son époux. Il y avait de l'affection dans sa cuisine et cela réchauffe les cœurs. Si au contraire la femme est incapable ou paresseuse, le mari mécontent va chercher au dehors ce qu'il ne trouve pas chez lui : la famille est désunie, ce n'est plus le foyer.

DEVOIR DE L'ÉLÈVE

1. — Toute femme doit savoir coudre et raccommoder.
2. — La jeune fille adroite et laborieuse économise par son travail bien des façons d'ouvrières. Elle prolonge la durée du linge de la maison.
3. — Employons bien le temps destiné à l'ouvrage manuel : c'est l'apprentissage de nos devoirs d'état.
4. — Pour bien remplir leur mission au point de vue moral comme au point de vue matériel, les jeunes filles doivent apprendre à tenir un ménage.
5. — Nulle occupation n'est vulgaire quand elle est un devoir.

CHAPITRE V

DEVOIRS ENVERS LA PATRIE

LEÇON LIII

LA PATRIE

Pays désigne un être matériel : la patrie est un être moral. — Avec la famille et l'école, il y a un autre milieu dans lequel vous vivez, une autre société envers laquelle vous aurez, en grandissant, d'autres obligations : c'est le pays, c'est la patrie. Le mot *pays* s'emploie plus spécialement pour la région, la contrée habitée ; celui de *patrie* pour l'ensemble des souvenirs attachés à cette contrée. Pays désigne un être matériel ; la patrie est un être moral. Elle a sa physionomie intellectuelle et religieuse, elle a ses souvenirs et ses espérances, ses grandeurs et ses chutes, comme un être vivant : la patrie c'est l'âme du pays. La *nation* est le groupe des familles ayant les mêmes lois, parlant la même langue, et associées entre elles pour se protéger mutuellement dans l'exercice de leurs droits.

Le mot patrie vient de pater, père. — La patrie est la terre de nos pères, le pays des ancêtres, le sol où s'est formée la vieille souche dont nous sommes les rejetons. La patrie est comme une grande famille. Elle a une histoire, et aux événements de cette histoire nos aïeux ont pris part ; elle a des lois, des mœurs, une civilisation que nos aïeux ont contribué à établir, des industries et des arts qu'ils ont perfectionnés par leurs travaux et leurs découvertes. Nos aïeux ont fait des conquêtes, ils ont remporté de brillantes victoires ; ils ont défendu les faibles et les opprimés, soutenu les causes justes ; tout cela forme un patrimoine de gloire et d'honneur dont nous héritons et dont nous sommes fiers. De ces souvenirs et de cette action de notre pays dans l'histoire des peuples, de cette communauté d'intérêts qui nous fait craindre les mêmes dangers et qui met notre honneur aux mêmes entreprises, il résulte une existence collective et vivace, un être moral qui fait sa personnalité de toutes nos personnalités, son honneur de l'honneur de tous ; sa gloire, des efforts de chacun. Cet être moral, c'est la grande et sublime figure de la patrie dont l'idée est personnifiée dans un emblème matériel qu'on appelle le *drapeau*.

L'amour de la patrie est un sentiment naturel. — Tout être qui a du cœur s'attache au sol qui l'a vu naître, ce sol fût-il ingrat, et le ciel, inclément. Vous êtes-vous demandé parfois pourquoi, et des glaces du pôle et des sables de l'Equateur, de la cime abrupte des montagnes et des marécages insalubres, pourquoi les peuples n'affluaient pas en foule dans nos climats plus tempérés et ne venaient pas y chercher, avec une vie plus facile, des jouissances et un bien-être qu'ils ne connaissent point ? Il y a d'abord une convenance physique entre le pays et sa population ; le tempérament de l'un est fait pour le climat de l'autre. Mais il y a aussi un sentiment de l'âme profond et véritable; il y a l'amour de la patrie. Samoyèdes, Groënlandais, Esquimaux aiment leurs glaçons et leurs huttes enfumées comme les Tibbous ou les Touaregs, leurs étroites oasis, leurs horizons de sable, comme le Suisse ou l'Ecossais, ses pics et ses glaciers, comme le nègre du Sénégal, son air embrasé et malsain. L'Esquimau préfère sa barque de pêche à nos plus fastueux monuments, et le nomade du désert se meurt de nostalgie dans notre civilisation. Dieu fait bien ce qu'il fait. Lui qui a créé l'homme pour vivre en société, a mis dans son cœur l'amour du coin de terre où dorment ses ancêtres, où naissent ses enfants; il leur fait trouver là des satisfactions que d'autres ne comprendraient pas. Les circonstances peuvent forcer un homme à s'éloigner du lieu qui l'a vu naître ; sur le sol étranger même, il ne l'oublie point, il s'intéresse toujours à sa gloire, à ses destinées, son cœur bat au nom de patrie. Parfois même ce souvenir use les forces, et on meurt du mal du pays.

Les sans-patrie sont des sans-cœur. — Toute règle a des exceptions. Peut-être mes enfants entendrez-vous parler de *sans-patrie*. Ces gens-là sont l'exception ; ils ils sont rares heureusement, et ils sont dangereux. Bien que l'amour de la patrie soit un sentiment mis par Dieu même au cœur de l'homme, certains individus dévoyés ayant perdu tout sens moral par le vice ou par l'ambition, font bon marché du sentiment dont nous parlons. « La patrie, disent-ils, c'est là où l'on se trouve bien. » Non ! cet axiome est faux. Nous nous trouvons mieux chez nous que chez le voisin quand même celui-ci serait plus riche. Nous préférons notre mère aux autres femmes quand même elle serait moins belle. Ne vous y trompez pas : les *sans-patrie* sont des *sans-cœur*. De plus ils sont dangereux. Ils ne font rien pour le bien du pays et peut-être même le trahiraientils si on les payait bien. L'intérêt personnel est leur unique guide, ils révolutionnent les sociétés et travaillent au malheur de leurs frères. Blasphémer Dieu est le plus grand des crimes ; mépriser sa patrie ou renier son père, sont des désordres qui viennent tout de suite après celui-là.

DEVOIR DE L'ÉLÈVE

1. — La patrie, c'est le pays où l'on est né.
2. — La nation, c'est l'ensemble des familles qui, sortant d'une même race, ont la même histoire nationale, sont gouvernées par les mêmes lois, parlent la même langue.
3. — Dieu a mis dans le cœur de tous les hommes l'amour de leur patrie.
4. — Les sans-patrie sont des sans-cœur et des êtres dangereux pour la société.

LEÇON LIV

NOTRE PATRIE AU POINT DE VUE PHYSIQUE

L'amour de la patrie est un sentiment naturel ; voyons si nous n'avons pas, nous Français, des raisons toutes spéciales d'aimer notre pays.

Où est-il situé? Productions. — Il est situé dans la zone tempérée boréale, presque à égale distance du pôle et de l'équateur, c'est-à-dire des terres brûlantes et des déserts de glace. Aussi son climat est-il favorable à beaucoup de cultures. La Provence a déjà l'oranger, le figuier du Midi ; elle peut comme l'Italie, élever le ver à soie, grâce aux mûriers de la vallée du Rhône. La Normandie, la Picardie, la Flandre ont les prairies, les fruits, les légumes du Nord. Sauf cette région septentrionale, la vigne croît dans presque toute l'étendue du pays, et nous avons dans la Bourgogne, la Champagne et le Bordelais, trois crus dont la renommée est européenne. Dans toutes les parties de la France on cultive le blé. Les cimes des Alpes et des Pyrénées, du Jura et des Vosges, avec le chêne et le châtaignier, le pin et le sapin, font que nous n'avons rien à envier, ni aux pâturages de la Suisse, ni aux forêts de la Norvège. Tous les terrains géologiques s'associent chez nous dans un équilibre admirable ; nous avons du fer, nous avons les bassins houillers du Nord et du Pas-de-Calais, de la Loire et du Gard. Voilà pour les productions ; voyons maintenant si la France ne doit pas d'autres avantages à sa situation.

Comment la France se trouve-t-elle placée? Commerce. — La France se trouve à l'ouest de l'Europe centrale et elle touche par cette position à l'océan et à deux autres mers. Nous avons des ports sur la Manche, sur l'Atlantique et sur la Méditerranée. De là nos vaisseaux peuvent s'élancer, soit vers les régions du Nord, soit vers le Nouveau-Monde et la côte africaine, soit vers l'Orient par le canal de Suez qui nous conduit aux Indes, à la Chine, au Japon. Quels débouchés pour le commerce! Quelles facilités pour les relations de peuple à peuple avec les plus lointaines nations ! Et, dans l'intérieur du pays, pour aller d'une mer à l'autre, nous avons quatre grands fleuves et de nombreuses rivières, grandes routes mouvantes qui communiquent par des canaux, abrègent les distances. Je vais de la Méditerranée à l'Océan en empruntant le Rhône, la Saône et la Loire, ou bien je puis gagner la Manche par la Seine et ses canaux. Il n'est pas étonnant qu'avec un climat aussi favorable aux productions utiles, une situation aussi propice aux relations extérieures, la France possède une industrie intense et un commerce florissant. Le plus grand géographe de l'antiquité, Strabon, considérait un jour sur les cartes imparfaites qu'on possédait alors, le contour de l'Europe. En arrivant à la contrée qui est aujourd'hui notre pays, il s'écria qu'une position semblable faisait croire à la providence des dieux et présageait d'heureuses destinées au peuple qui l'habiterait.

Comment sommes-nous défendus? — On dirait qu'un

stratégiste consommé a dessiné nos frontières pour nous garder d'un coup de main inattendu, d'une surprise de l'ennemi. Entre les rivages de nos trois mers, nous avons au sud la gigantesque muraille des Pyrénées, toute brillante de fleurs et de cascades du côté de la France, à pic du côté de l'Espagne ; à l'est, la longue et splendide chaîne des Alpes avec ses cimes innombrables, ses gorges profondes, ses neiges éternelles. Voilà cinq côtés merveilleusement défendus et qui semblent nous donner toute sécurité. Mais la France a la forme d'un hexagone irrégulier, et, du sixième côté hélas ! il y a un point vulnérable ; le beau Rhin nous faisait une pittoresque frontière ; l'Allemand l'a franchi et nous ravi deux provinces. Dieu a ses vues dans le mal qu'il laisse accomplir, et l'avenir a ses secrets.

La France au point de vue pittoresque. — Elle peut rivaliser avec les autres contrées ; l'artiste et le touriste qui parcourent la Suisse trouveraient les mêmes beautés dans certaines parties de la Savoie, du Dauphiné et de l'Auvergne. Nous avons là, nous aussi, de riantes vallées et des sites majestueux. Nous avons des forêts de sapins accrochées aux flancs des montagnes. Nous avons notre Mont Blanc et notre Mer de glace, la Meije et le Pelvoux. Nous avons dans les Pyrénées des cirques grandioses qui semblent garder la trace du chaos de la création ; sur les côtes de la Bretagne, des perspectives imposantes auxquelles l'immensité de la mer ajoute un reflet d'infini. Je suis sûre que celui qui voudrait connaître en détail les beautés de notre pays en aurait pour longtemps.

Nous avons aussi de grandes et belles villes. — Spectacles de la nature et spectacles de la civilisation, il faut les deux pour qu'un pays soit complet. Au point de vue intellectuel, au point de vue du goût, de la mode, de l'urbanité des mœurs, Paris donne le ton à l'univers entier, et des quatre coins du monde, on vient visiter ses monuments. Peu de villes ont une renommée semblable à celle de Lyon pour les Œuvres de foi et de charité, pour le caractère laborieux de sa population. Peu de ports ont l'animation de celui de Marseille ;

il occupe la sixième place parmi les huit grands ports du monde.

Il y a, mes enfants, un vrai patriotisme à vous instruire ainsi de la géographie et de l'histoire de votre pays. Quand vous lisez des récits de voyage, tout en rendant justice à qui le mérite, tout en admirant la variété que Dieu met dans ses œuvres, remerciez-le des dons qu'il nous a faits, des biens qu'il a semés chez nous.

DEVOIR DE L'ÉLÈVE

1. — Par sa position à une distance presque égale du pôle et de l'équateur, la France réunit les productions du Nord et celles du Midi,
2. — Par sa position entre l'Océan, la Manche et la Méditerranée, elle communique facilement avec toutes les parties du monde, et trouve là de grands débouchés pour son commerce.
3. — Elle offre à l'artiste et au touriste des sites pittoresques, des points de vue ravissants.
4. — Elle a des villes renommées pour leur commerce leurs monuments ou leur vie intellectuelle.
5. — La France est une terre privilégiée ; c'est un des plus beaux pays qui soient au monde.

LEÇON LV

NOTRE PATRIE AU POINT DE VUE MORAL

Le caractère du Français. — L'amour de la patrie ne s'arrête pas au sol, il s'étend aux enfants de la France, à nos compatriotes. Nous allons parler aujourd'hui du caractère français. Nous allons dire nos vérités, mais rassurez-vous, chers enfants, les qualités chez nous surpassent de beaucoup les défauts. Dieu a mis de belles tendances dans nos cœurs. Sans doute chaque individu a sa personnalité propre, modifiée le plus souvent par les conditions d'éducation et d'entourage, mais il y a un fond spécial à chaque pays, sur lequel les traits se dessinent, une certaine couleur locale sur laquelle les nuances s'établissent.

En général le Français est franc et loyal. — Si la ruse ou la fourberie entrent dans quelques cœurs, c'est par des influences et des exemples étrangers, elles ne nous sont pas naturelles.

Le Français est vaillant. Son courage brave le danger. — Seuls parmi tous les peuples du globe, les Gaulois, nos premiers ancêtres, avaient fait trembler le colosse romain qui foulait les nations sous ses pieds : ils avaient osé assiéger Rome l'invincible. Les Francs de Mérovée et de Clovis, nos seconds ancêtres, étaient aussi de rudes batailleurs. Les chevaliers du Moyen Age s'élançaient au devant du péril comme on va à une fête. Nos soldats ont promené le drapeau français dans toutes les parties du monde, et les bons chefs ne leur ont pas manqué, depuis Charles Martel, Roland et Charlemagne jusqu'aux Condé et aux Turenne, aux Luxembourg et aux Catinat du XVIIe siècle, aux Bugeaud et aux Lamoricière du XIXe. Les vaillants généraux de la Révolution, comme les grenadiers de la Garde, sous l'Empire, sont restés immortels. Dans une charge à la baïonnette, le Français ne connaît pas d'égal. Les perfectionnements malheureux apportés aux armes modernes font que le gain d'une bataille dépend moins aujourd'hui de la vaillance d'une armée que du nombre de ses obus, de la portée de ses canons. Mais s'il faut monter à l'assaut d'une citadelle, enlever une redoute, combattre un contre trois ou quatre, le Français s'élance avec impétuosité, et puis, à la garde de Dieu ! peut-être sera-t-il tué, mais il aura fait son devoir.

Considéré comme peuple, le Français est généreux. — Au lieu de persécuter les autres, de faire d'injustes conquêtes, de profiter des discordes de ses voisins pour leur nuire, il a tendu la main, tout le long de l'histoire, à toutes les faiblesses et à tous les malheurs. Nous avons versé notre sang sur des champs de bataille où l'intérêt ne nous conduisait pas, mais où l'amour de la justice et le désir de secourir les opprimés nous avaient appelés.

Le Français est plein de courtoisie. — Il est poli, aimable, accueillant pour les étrangers. Beaucoup de ces derniers se sentent heureux chez nous, y trouvent de cordiales sympathies, et s'y acclimatent facilement. Aussi un poète a pu dire : « Tout homme a deux patries : son pays et la France ». Ajoutons à cela que la clarté et la précision de la langue française l'ont fait adopter comme langage diplomatique dans plusieurs contrées de l'Europe, ce qui contribue à familiariser avec nous les habitants des pays voisins.

Le Français est à la fois travailleur et artiste. — L'industrie et le commerce occupent beaucoup d'esprits ; malgré cela le nombre de nos peintres, sculpteurs architectes, poètes, orateurs, musiciens, peut rivaliser avec celui de n'importe quelle nation. Nos monuments, nos cathédrales, nos palais, nos musées, attestent le génie artistique d'un grand nombre. Si l'Italie a Michel-Ange et Raphaël, plus célèbres que Le Poussin, Le Sueur, Jean Goujon, Hippolyte Flandrin, nul peuple ne peut revendiquer une série de poètes comme Corneille, Racine, Molière et La Fontaine, ni des orateurs comme Bossuet et Massillon.

Nos défauts. — Vif et gai par nature au lieu d'être taciturne comme certains de nos voisins, le Français se trouve aussi par là *moins réfléchi*. Il est porté à agir un peu à la légère et manque souvent de persévérance, de ténacité dans ses idées. Intelligents et chercheurs, nous avons fait par nous-mêmes dans les arts et dans l'industrie beaucoup de découvertes, et, plus d'une fois, négligeant de creuser notre affaire, nous avons laissé passer à des voisins une œuvre ébauchée qui qui nous revenait ensuite comme une invention étrangère, alors que l'idée mère nous appartenait. Nous voulons aller vite ; les Italiens parlent assez de la *furia francese*, nous ne sommes pas assez patients.

Un autre défaut nous devient parfois bien nuisible. Nous sommes *trop confiants* et souvent *trop crédules*. Beaucoup de Français abandonnent leurs opinions et leur manière de voir en se laissant influencer par les idées de beaux parleurs qui semblent chercher notre intérêt et ne travaillent que pour eux. C'est grâce à ces néfastes influences que, chez un peuple religieux, on trouve aujourd'hui tant d'impies ; que, dans des cœurs si vaillants s'éteint parfois la flamme du patriotisme, que des âmes loyales se mêlent aux affaires louches d'aventuriers cosmopolites. Peut-être, en votre inexpérience, allez-vous dire : Eh bien ! on ne devrait pas tolérer tant d'étrangers en France. Mes enfants, il ne faudrait pas, pour nous corriger d'un défaut, perdre une qualité. Nous avons toujours accueilli l'enfant d'une autre contrée ou l'adepte d'une autre croyance ; notre hospitalité pour l'exilé ou pour le travailleur, est passée en proverbe ; seulement, en ouvrant nos foyers à ces hommes, il ne faudrait pas leur livrer l'oreille de notre cœur. Il faut demeurer fermes dans nos principes et dans nos convictions, ne pas les renier parce qu'il plaît à certains de n'en point avoir, et repousser toutes les manières de voir et de faire qui blesseraient notre conscience. En un mot, il faut *avoir du caractère*. Restons la nation généreuse, mais aussi la nation fidèle. Les Gaulois, nos ancêtres, n'avaient peur que d'une chose « que le ciel tombât sur leurs têtes ». Ne craignons que d'offenser Dieu et de forfaire à l'honneur; pour le reste, laissons dire et faisons bien.

DEVOIR DE L'ÉLÈVE

1. — Le Français est franc et loyal ; la ruse et la fourberie ne sont pas dans notre nature.

2. — Le Français est brave et vaillant ; son courage va au-devant du danger.

3. — Le peuple français est généreux ; il est toujours venu en aide aux nations qui étaient injustement opprimées.

4. — Le Français est poli, courtois, d'un abord facile, accueillant pour l'étranger.

5. — Vif et gai par nature, le Français manque parfois de réflexion et souvent de patience dans ce qu'il entreprend.

6. — Il est parfois trop confiant et trop crédule, écoutant, sans penser aux résultats, les conseils de ceux qui veulent l'exploiter.

LEÇON LVI

NOTRE PATRIE DANS L'HISTOIRE

Le rôle de la France. — Avec ses idées nobles et généreuses, la France, centre et foyer de la civilisation en Europe, a joué un grand rôle parmi les peuples. « Dieu veuille que jamais la France ne vienne à manquer au monde, a dit un auteur anglais, le monde retomberait dans les ténèbres » (Stuart Mill). Sur la terre, n'est-ce pas, Dieu agit par la main des hommes. De même qu'il choisit certains d'entre nous pour telle ou telle tâche, il choisit aussi certains peuples pour en faire plus spécialement les instruments de ses volontés, et la France semble avoir reçu de lui une mission de foi, de justice et de paix. Les anciens exprimaient cela par un beau mot : « *Gesta Dei per Francos*, disaient-ils ; les gestes de Dieu se font par les Francs ». Ce rôle commença le jour où Clovis reçut le baptême dans l'église de Reims. Une alliance étroite se fit alors entre Dieu et le peuple franc, et, brandissant d'une main son épée de combat, de l'autre, la croix civilisatrice, celui-ci occupa dès lors au milieu de l'Europe une place qu'aucune autre nation n'a occupée dans aucune partie du monde, courant à la répression de toutes les injustices, à la défense de toutes les grandes causes.

Contre les Musulmans. — Au VIIIe siècle, un ennemi redoutable pour la foi et la liberté venait de s'implanter en Asie et en Afrique, et déjà l'Europe faiblissante lui avait livré une belle province. Il montait plus au nord. Quelques pas encore peut-être, un succès de plus, hélas ! et l'Europe tombait sous le joug musulman. L'épée des Francs sortit de son fourreau. Charles Martel fut le premier qui vainquit les Arabes, et il sauva, non seulement la France, mais le reste de l'Europe, de l'esclavage des infidèles.

Le patrimoine de saint Pierre. — La papauté, pour agir librement sur le monde chrétien, avait besoin d'être indépendante de toute puissance temporelle. C'est la France avec Charles Martel, Pépin et Charlemagne, qui assura à l'Eglise la possession de ce qu'on a appelé « le patrimoine de saint Pierre ». Plus d'une fois il a fallu défendre ce petit coin de terre contre des envahisseurs ; de jeunes Français ont donné leur sang pour le conserver à l'Eglise. Des jours plus mauvais sont venus où il fallut l'abandonner, mais de nombreuses familles se font encore gloire d'avoir compté parmi leurs membres des zouaves pontificaux.

Les Croisades. — Ces mêmes Musulmans qu'avait repoussés Charles Martel conquirent le tombeau du Sauveur ; ils persécutaient les chrétiens et menaçaient l'Europe. L'Orient jeta vers l'Occident un cri désespéré ; la France surtout y répondit, et pendant deux siècles que durèrent les croisades, elle envoya des héros en Asie. Aussi les Sarrasins étonnés appelaient naïvement des Francs tous les hommes valeureux qui leur venaient d'Europe.

La défense des opprimés. — Tout le long des âges, s'il s'agit de réparer quelque injustice, de donner asile et main-forte à quelque illustre exilé, la France ouvre ses portes à l'un, elle prête son épée aux autres. Elle reçoit Thomas Becket fuyant l'astucieux Henri II, Jacques Stuart chassé par la maison d'Orange. Faut-il aider l'Amérique à conquérir la liberté, elle envoie sa jeune noblesse ; faut-il arracher la Grèce au joug de la Turquie, l'Italie à celui de l'Autriche, elle leur prête aussi le secours de son bras. Quand la Prusse, la Russie et l'Autriche se sont partagé les débris de ce pays de Pologne qui ressemblait tant à la France et qui avait tant de sympathie pour elle, nous nous trouvions sous le coup de ce bouleversement violent qu'on appelle la grande Révolution; nous n'avons pu prendre en main là comme ailleurs la cause de la justice, et faire respecter ce lien patriotique qui devrait être sacré pour tous. Et les Polonais, gémissant sur leur sort, disaient naïvement : « Dieu est trop haut, et la France est trop loin. » Quand les puissances de l'Europe se liguèrent pour arrêter les envahissements de la maison d'Autriche, la France appelée à prendre part à cette guerre de Trente ans, paya de ses deniers les frais d'une des quatre périodes de la guerre, et, dans la quatrième, acheta de son sang la victoire définitive.

L'épopée napoléonienne. — Au sortir de la Révolution, un homme se leva qui commit de nombreuses fautes et dont l'ambition fit verser trop de sang, mais il n'en est pas moins vrai que l'intrépide vaillance du soldat français, électrisé par ce grand génie militaire, fut un spectacle digne d'admiration. L'épopée napoléonienne paraîtrait invraisemblable comme un rêve de gloire, si, dans bien des foyers, les petits enfants ne répétaient encore les récits de l'aïeul.

Missions à l'étranger. — La France a fait beaucoup autrefois pour éteindre le paganisme en Europe ; elle fait encore beaucoup aujourd'hui pour porter aux peuplades lointaines la foi du Christ et la civilisation qui en découle. Le nombre de nos missionnaires et de nos sœurs de charité est considérable, relativement à celui des autres nations. De Constantinople au Japon et du Canada au centre de l'Afrique, le nom français retentit, porté par le missionnaire qui se dévoue à l'évangélisation des sauvages, et par la religieuse qui soigne les malades, élève les enfants.

Nos grands hommes. — Elle est bien grande, la France, mes enfants, et pour faire ces grandes choses elle a eu des hommes de mérite, elle en a eu dans tous les genres. Elle a eu un saint Louis qui inspirait tant de vénération à l'Europe que les pays voisins le prenaient pour arbitre ; et qu'on lui offrait des couronnes et qu'il les refusait pour ne point blesser sa conscience. Elle a eu un Louis XIV qui la fit si glorieuse et si grande qu'elle commanda un moment à l'Europe entière et que rien ne se passait dans le monde sans qu'elle y mît le doigt. Elle a eu des Duguesclin, des Bayard, des Jean Bart, types de vaillance invincible, de loyauté chevaleresque que leurs adversaires admiraient, des Turenne et des Condé représentant le génie militaire dans son plus grand éclat, des Suger, des Richelieu, des Colbert, représentant la sagesse dans les conseils ou le génie de l'administration. Elle a eu dans Charlemagne, Louis XIV, Napoléon, des souverains qui possédaient ce précieux talent de choisir les hommes et de les faire valoir. Elle a eu un saint Vincent de Paul qui possédait à un degré merveilleux le génie de la charité ; il parvint à nourrir des provinces entières dévastées par la guerre, et laissa pour les enfants, les pauvres, les malades, des institutions immortelles. Vous vous demandez sans doute, mes enfants, si, passant en revue nos gloires nationales, je vais oublier Jeanne d'Arc. Je la garde pour la dernière, parce qu'elle eut une mission plus extraordinaire que les autres. Simple fille des champs, modeste et timide, elle fut envoyée par Dieu même pour délivrer la France presque soumise à l'Anglais, pour conserver l'unité et l'intégrité du pays. Sa mission lui coûta la vie, mais elle est restée l'ange de la Patrie. Son souvenir doit nous apprendre que Dieu, qui a tant fait pour nous, va jusqu'au miracle pour nous secourir, et que nous ne devons jamais désespérer du salut de la patrie.

DEVOIR DE L'ÉLÈVE

1. — La France a joué un grand rôle dans le monde ; on disait autrefois : « *Gesta Dei per Francos :* Les gestes de Dieu se font par les Francs. »
2. — Au VIIIe siècle, elle a empêché l'Europe entière de tomber sous le joug musulman.
3. — Pendant les Croisades le renom de bravoure des Francs s'étendit dans tout l'Orient.
4. — Elle a donné asile à d'illustres exilés persécutés dans leur patrie.
5. — Elle a aidé l'Amérique, l'Italie et la Grèce à conquérir leur liberté.
6. — Elle a eu des grands hommes dans tous les genres, c'est grâce à eux qu'elle peut exercer sur le monde une action bienfaisante.

LEÇON LVII

LE PATRIOTISME

Le patriotisme c'est l'amour de la patrie inspirant notre conduite. — L'amour de la patrie est à la fois un sentiment naturel et le résultat d'une légitime fierté quand nous réfléchissons aux grandeurs de notre pays ; ajoutons aujourd'hui que ce sentiment, en passant dans nos actes, en inspirant notre conduite, prend le nom de *patriotisme*. Être bon patriote, c'est préférer son pays aux autres, et rechercher avant tout son bien et son honneur. Nous ne devons mépriser aucun peuple, nous avons même des devoirs d'humanité et de fraternité à remplir envers tous les hommes, mais c'est pour nous une obligation toute spéciale de travailler d'abord au bien de notre patrie.

Quelques effets du patriotisme. — C'est par patriotisme que nous sommes tous *solidaires* les uns des autres, c'est-à-dire que nous jouissons des gloires nationales, que nous souffrons si un Français s'est dégradé. C'est par patriotisme que nous nous instruisons des lois de notre pays et que nous leur obéissons. C'est par patriotisme que nous arrivons, s'il le faut, au sacrifice et au dévouement quand il s'agit de conserver l'intégrité du territoire ou l'honneur du pays. Le malheur suprême pour une nation, c'est en effet la mort, l'anéantissement moral, c'est d'être rayé du rang des peuples comme le fut la Pologne, comme la France a failli être absorbée par l'Angleterre pendant la guerre de Cent ans. Le désir d'éviter ce malheur a toujours enfanté des prodiges de vaillance.

Dans la guerre de Prusse en 1870, ç'a été un déchirement pour tous les cœurs français de voir retrancher deux belles provinces de notre carte de France, mais ç'a été un déchirement plus grand encore pour les Alsaciens et les Lorrains, de se voir déclarer Prussiens, de ne pouvoir plus arborer le drapeau national, de se cacher pour parler tout bas du passé. Bien des larmes ont été versées, plus d'un homme s'est fait punir pour avoir nuitamment fait flotter les trois couleurs françaises au sommet d'un clocher ou d'un arbre, plus d'une femme fut admonestée et surveillée pour avoir appris aux enfants à crier : Vive la France !

Le patriotisme chez les femmes. — La femme ne jouit pas des mêmes droits politiques que l'homme, car elle a pour elle le gouvernement de l'intérieur, la moralisation de la famille. Mais cela n'empêche pas que le patriotisme ne fasse souvent vibrer son cœur ; il ne se traduit pas de la même manière, voilà tout. Elle l'inculque d'abord au cœur de ses enfants ; elle insuffle dans leurs âmes cet enthousiasme pour le pays qui produit plus tard tant de dévouement.

En 1870, la mère de Paul Déroulède armait elle-même ses deux fils pour aider au salut de la France. Et tous deux revenaient blessés. Voici les vers que lui adressait le poète-soldat :

Je viens jeter ton nom, ô mère, à mes soldats,
Je veux leur révéler ton cœur et ton courage.
Il disent que tes fils ont fait tout leur devoir ;
Le devoir qu'ils ont fait, mère, c'est ton ouvrage.
L'honneur qu'ils en ont eu, c'est toi qui dois l'avoir.
Ils ne sont pas partis furtifs pour les batailles,
S'arrachant sans adieux à des bras révoltés,
Ils ne t'ont pas volé le sang de tes entrailles ;
C'est toi, mère, c'est toi qui leur as dit : Partez !
Partez ! Ils sont vaincus, les soldats de la France ;
Mon cœur, pour conquérir ne vous eût pas prêtés ;
Ce n'est plus la conquête, enfants, c'est la défense.
Le sol est envahi. Je vous donne. Partez.

La femme peut aussi, même dans son intérieur, exercer une influence sur la vie politique du pays par les sages conseils qu'elle donne à son mari. Elle contribue à la prospérité du pays en rendant son foyer heureux et honoré. Et enfin, quand des circonstances extraordinaires se sont présentées, on a vu des femmes héroïques se montrer à la hauteur de tous les dévouements.

Dans notre guerre de Prusse, en 1870, la ville de Pithiviers était tombée aux mains des Allemands. Là comme ailleurs, leur premier soin fut d'occuper la poste et le télégraphe. Ils s'emparent des appareils et reléguent dans sa chambre, la directrice, jeune fille de vingt ans, nommée Juliette Dodu. Ils comptaient ainsi correspondre avec les leurs et intercepter au contraire toutes les communications des Français. Or, le fil de la station traversait la chambre de la directrice, et cette fille avisée avait caché d'avance d'autres appareils dans sa chambre. Attacher un autre fil au premier et le mettre en communication avec ces appareils, c'était risquer sa vie, mais aussi c'était connaître les combinaisons de l'ennemi : la noble fille n'hésita pas. Elle reçut ainsi plusieurs dépêches importantes qu'elle communiquait au sous-préfet de Pithiviers et que celui-ci faisait ensuite passer à l'armée française. Par ce moyen une brigade qui devait être entourée et rejetée vers Orléans, put échapper à l'ennemi. Le chef prussien, étonné de voir ses secrets révélés fit parler, à force de menaces, la servante de Mlle Dodu ; celle-ci fut arrêtée, traduite devant une Cour martiale et condamnée à être fusillée. L'amnistie vint heureusement lui sauver la vie. Le prince Frédéric-Charles voulut voir cette courageuse fille, et comme il s'étonnait de sa témérité : « Je suis Française, dit-elle. » Elle a été décorée de la Légion d'honneur, et de la médaille militaire ; l'Académie française lui a aussi décerné un des prix Montyon.

DEVOIR DE L'ÉLÈVE

1. — En passant dans nos actes, en inspirant notre conduite, l'amour de la patrie prend le nom de patriotisme.
2. — C'est par patriotisme que l'on cherche l'intérêt et la gloire de la patrie avant ceux des autres nations.
3. — Nous devons nous dévouer s'il le faut pour conserver l'intégrité du territoire et l'honneur de la patrie.
4. — Quoique les femmes ne jouissent pas des mêmes droits politiques que les hommes, cela ne les empêche pas d'avoir du patriotisme.
5. — Elles l'insufflent au cœur de leurs enfants et leur apprennent à servir la patrie.

LEÇON LVIII

INSTRUCTION CIVIQUE
LE GOUVERNEMENT DE LA FRANCE

Nécessité de l'Instruction civique. — Pour mieux vous faire comprendre les devoirs que nous avons à remplir envers notre patrie, il est bon de vous donner un aperçu de l'organisation politique du pays, c'est ce qu'on appelle l'instruction civique. Ce mot vient de *civis*, citoyen. L'instruction civique comprend les notions nécessaires à l'homme pour exercer ses droits et remplir ses devoirs de citoyen.

Barbarie et civilisation. — La civilisation est l'état d'un peuple marchant vers le progrès moral et intellectuel, faisant servir les connaissances qu'il a déjà acquises, au bien de l'individu et de la société. La barbarie est la manière d'être d'un peuple à l'état sauvage, qui n'est soumis à aucune loi, qui vit à l'état de nature en suivant ses seuls instincts, chez qui le droit du plus fort l'emporte sur la justice. Si un peuple prétendu civilisé faisait servir au mal les connaissances acquises, au lieu de les faire servir au bien, il serait retourné à la barbarie.

Gouvernement. — Dans une nation civilisée, vous comprenez que chaque personne ne peut pas faire tout ce qu'elle veut sans s'inquiéter des autres. Déjà dans la famille, qui est une société plus petite, il faut un commandement ; à une nation de plusieurs millions d'hommes il faut un gouvernement et des lois. Il existe deux formes principales de gouvernements : la monarchie et la république. Quand le pays est gouverné par un roi, soit héréditaire, soit électif, on l'appelle *royaume;* s'il est gouverné par un empereur, c'est un *empire ;* dans les deux cas c'est une *monarchie* parce qu'un seul homme est à la tête du gouvernement. Si le peuple lui-même gouverne par ses représentants, c'est la *répu-*

blique. Ce mot signifie : *la chose publique.* Nous avons eu en France la royauté et l'empire ; actuellement nous sommes en république.

Comment le peuple fait-il pour gouverner ? — Il nomme des délégués qui le représentent. Vous savez ce qu'on appelle *voter.* A certaines époques il y a des élections ; tout Français majeur doit voter, c'est-à-dire élire un représentant de son département qui, avec d'autres représentants des autres départements, discutera les lois qui seront nécessaires. L'organisation politique de notre pays se compose de trois pouvoirs : le *pouvoir législatif,* qui a pour mission de formuler les lois ; le *pouvoir exécutif,* qui les promulgue et veille à leur exécution ; le *pouvoir judiciaire,* qui les applique, soit au règlement des intérêts, soit à la répression des délits et des crimes ; c'est lui qui venge la loi quand elle est outragée. La séparation de ces trois pouvoirs est une condition de liberté.

DEVOIR DE L'ÉLÈVE

1. — L'instruction civique comprend les notions qui nous sont nécessaires pour exercer nos droits et remplir nos devoirs de citoyens.
2. — La civilisation est l'état d'un peuple marchant vers le progrès intellectuel et moral.
3. — La barbarie est la manière d'être d'un peuple à l'état sauvage, vivant sans lois, d'après ses seuls instincts.
4. — Le gouvernement actuel de la France est une république, c'est-à-dire que le peuple gouverne lui-même par ses représentants.
5. — On distingue dans notre organisation politique: le pouvoir législatif qui formule les lois, le pouvoir exécutif qui veille à leur exécution, le pouvoir judiciaire qui les applique.

LEÇON LIX

POUVOIR LÉGISLATIF

Le Parlement. — Le pouvoir législatif se compose de deux Chambres : la *Chambre des députés* et le *Sénat* qu'on appelle ensemble le *Parlement* ou la *représentation nationale*. Les députés siègent à Paris au Palais-Bourbon et sont élus pour quatre ans par le suffrage universel direct. Ils sont au nombre de 500 environ, y compris les députés de l'Algérie et des colonies. Chaque arrondissement élit un ou plusieurs députés. Ces députés réunis discutent entre eux l'opportunité d'une loi. Quand ils ont voté une loi, elle passe au Sénat.

Le Sénat se compose de trois cents membres nommés au suffrage restreint, c'est-à-dire par les députés du département, les conseillers généraux, les conseillers d'arrondissement et les délégués des conseils municipaux. Les sénateurs sont élus pour neuf ans, mais l'Assemblée est renouvelable par tiers tous les trois ans. Le Sénat siège au palais du Luxembourg.

Opérations que peuvent faire les deux Chambres. — Nous empruntons à M. Jules Simon la série de ces opérations :

1º Elles constituent chaque année leur bureau respectif, nomment un président, des vice-présidents, des secrétaires, des questeurs qui transmettent les ordres aux gens de service.

2º Elles discutent et votent chaque année la loi de finances qu'on appelle *budget ;* c'est l'état approximatif des dépenses et des recettes pour l'année qui va suivre.

3º Elles peuvent voter d'autres lois, soit sur la proposition du gouvernement, soit sur l'initiative d'un sénateur ou d'un député.

4º Elles peuvent adresser des questions ou des interrogations aux ministres.

5° Elles peuvent, réunies en Congrès, réviser la Constitution ou élire le Président de la République.

Une loi ne devient définitive que lorsqu'elle est adoptée à la fois par les deux parties du Parlement : la Chambre et le Sénat. S'il y a désaccord entre elles ou entre le pouvoir exécutif et le Parlement, le Président de la République peut dissoudre la Chambre avec l'autorisation du Sénat, et on procède alors à de nouvelles élections.

Constitution. — On appelle ainsi la convention qui règle le mode de nomination et les pouvoirs du Président de la République et des Chambres. La Constitution qui nous régit actuellement date de 1875. Si on pense qu'il y a des modifications à apporter aux lois constitutionnelles, le Sénat et la Chambre des députés réunis en *Assemblée nationale* font ce qu'on appelle la *révision de la Constitution*. On nomme plus spécialement *Congrès* les deux Chambres réunies pour élire le Président de la République.

DEVOIR DE L'ÉLÈVE

1. — Le pouvoir législatif comprend deux Assemblées : la Chambre des députés et le Sénat, formant ensemble le Parlement.
2. — On appelle Constitution la convention qui règle le mode de nomination et les pouvoirs du Président de la République et des Chambres.
3. — Les deux Chambres réunies en Assemblée nationale pour élire le Président de la République, portent le nom de Congrès.

LEÇON LX

A QUOI SERVENT LES IMPOTS

Quelle chose ennuyeuse que de porter tant d'argent chez le percepteur ? — Cent fois vous avez entendu dire cela et vous l'avez dit vous-mêmes. Il est possible que ce soit ennuyeux ; seulement c'est indispensable : nous achetons par là les commodités particulières dont jouissent les pays civilisés. « L'impôt, dit M. Charles Dupuy, est la part contributive de chaque citoyen dans les dépenses faites par la société pour l'utilité commune. » « C'est, ajoute M. Marion, une prime d'assurance par laquelle nous sommes garantis contre divers risques, et nous nous procurons d'inappréciables avantages. »

A quoi servent les impôts. — Les impôts sont employés à l'entretien des routes, à l'établissement d'une police qui nous défend contre les malfaiteurs, au paiement des juges qui instruisent les affaires criminelles. Une partie de ce que nous donnons au percepteur, nous assure ainsi une certaine sécurité. Ils servent encore à entretenir l'armée qui défend le sol du pays contre les envahissements du dehors, à établir des ports, à entretenir une marine et des vaisseaux, soit pour la facilité de notre commerce extérieur, soit pour la défense des côtes et des colonies. Ils servent encore à l'éclairage des villes, à l'entretien des monuments publics qui font la gloire du pays.

Les caractères de l'impôt. — L'impôt revêt aujourd'hui en France trois caractères. Il est *universel*, c'est-à-dire qu'on le demande à toutes les classes de la société, excepté aux gens très pauvres ; *obligatoire*, c'est-à-dire que les lois l'ordonnent ; on ne peut s'y soustraire sans être poursuivi ; *proportionnel*, c'est-à-dire en rapport avec la fortune ou l'industrie de chaque citoyen.

Différentes sortes d'impôts. — Les *contributions directes* frappent directement le bien que chacun possède, on pourrait les appeler aussi *contributions visibles*, parce qu'on voit quand on va les payer et on connaît la somme exacte qui vous est demandée. Elles se divisent en *impôt foncier; contribution personnelle et mobilière, patentes*. Les contributions indirectes sont ainsi nommées parce qu'elles frappent indirectement la fortune de chacun. Ce sont des droits mis sur certaines denrées ou marchandises et s'ajoutant au prix de ces denrées.

La contrebande et la fraude sont des vols faits à nos concitoyens. — On appelle contrebandiers, des individus qui essaient de passer la frontière au moyen de quelque ruse, et de faire pénétrer dans le pays sans payer de droits, des marchandises qui devraient en payer, comme l'alcool, le tabac, les dentelles, etc. Cela est mal ; c'est voler le pays et ses habitants. Ce que ces gens-là ne paient pas, il faudra que d'autres le paient. On a supprimé les octrois de beaucoup de villes ; dans d'autres ils existent encore, et là aussi des personnes entrent en cachette certaines marchandises sur lesquelles on devrait payer des droits. Cela s'appelle *frauder*. Cette fraude est encore un vol, une injustice ; et puis si elle est découverte, on encourt une amende plus forte que les quelques centimes exigés tout d'abord.

DEVOIR DE L'ÉLÈVE

1. — L'impôt est la part contributive de chaque citoyen dans les dépenses faites par la société pour l'utilité commune.

2. — Nous profitons des routes entretenues, de la police qui veille à notre sécurité, de l'armée qui garde la frontière, etc., il est donc juste et raisonnable que nous prenions part aux dépenses occasionnées par ces avantages.

3. — Aujourd'hui en France l'impôt est universel, obligatoire, proportionnel.

4. — Il existe deux grandes sortes d'impôts : les contributions directes et les contributions indirectes.

5. — Les contrebandiers et les fraudeurs qui font entrer en cachette des marchandises sujettes à des droits, sans acquitter ces droits, volent l'Etat et leurs concitoyens, car ceux-ci devront payer en plus pour rétablir l'équilibre du budget.

LEÇON LXI

LE VOTE ET LE DROIT DE VOTER

Différentes sortes de votes. — Quand tous les citoyens non privés de leurs droits politiques peuvent prendre part au vote, cela s'appelle le *suffrage universel*. Quand certaines catégories seulement de citoyens sont admises à voter, on a le *suffrage restreint*. Les députés, par exemple, sont nommés par le suffrage universel, les sénateurs par le suffrage restreint. Le suffrage est *direct* quand les électeurs nomment eux-mêmes ceux qui doivent les représenter, comme cela arrive pour les députés, les conseillers municipaux. Il est à *plusieurs degrés* quand les électeurs se bornent à désigner les personnes qui feront l'élection définitive. C'est encore le cas des sénateurs qui ne sont pas élus par tous les électeurs, mais seulement par certains électeurs que désigne la loi : c'est une élection à deux degrés. On vote au *scrutin de liste* quand tous les députés d'un département sont portés sur un même bulletin. On vote au *scrutin uninominal* quand on ne met qu'un seul nom sur le bulletin, chaque circonscription choisissant séparément son député. Les élections se font aujourd'hui au scrutin uninominal. Pour avoir la *majorité absolue*, il faut avoir la moitié des suffrages plus un.

Voter, c'est donner sa voix, c'est porter un bulletin dans l'urne toutes les fois qu'il s'agit de nommer un représentant du pays que vous avez le droit de nommer. *Bien voter*, c'est voter avec connaissance de cause. Nous touchons là à une question capitale sur laquelle repose le bonheur du pays. Il faut d'abord poser le principe suivant :

C'est un devoir strict, une obligation de conscience d'aller voter toutes les fois que nous en avons le droit. — On n'est électeur qu'à partir de vingt et un ans, mais il est bon de connaître ses devoirs de bonne heure si l'on veut être plus tard pénétré de leur importance.

On entend parfois des individus qui disent: « Que voulez-vous que ma voix fasse ? J'ai projeté d'aller à tel endroit le jour des élections, je ne veux pas manquer cette partie. » Ce langage est coupable. Il ne faut pas délaisser le scrutin pour une partie de chasse ou de campagne. Ces gens se trompent en croyant qu'une voix de plus ou de moins ne fait rien. Les unités s'additionnent et forment les grands nombres. Que beaucoup d'électeurs fassent la même chose, et le déficit sera considérable. Dans certains cas une voix ou deux de plus donnent la majorité à un candidat honnête et consciencieux ; si elles sont en moins elles en donnent en plus au candidat ambitieux et sans scrupules, qui a circonvenu ses électeurs par toutes les flatteries possibles.

Le vote doit être libre, consciencieux, éclairé, désintéressé. — *Libre*, l'électeur ne doit céder à aucune influence ni à aucune menace ; *consciencieux*, l'électeur doit voter selon sa conscience, pour le plus honnête candidat ; *éclairé*, c'est-à-dire qu'il faut s'enquérir de la valeur des candidats, et donner sa voix à celui qui s'occupera le mieux du bonheur public ; *désintéressé*, l'électeur ne doit avoir en vue que la chose publique, ne doit pas contribuer au malheur du pays par de brillantes promesses qu'on a pu lui faire et qu'on ne tiendra peut-être pas. Voter par complaisance est une lâcheté, vendre son vote est un crime ; c'est vendre sa conscience.

Il y avait quatre cents ans que l'Irlande était foulée aux pieds par l'orgueilleuse Albion, lorsqu'en 1830, un fait inouï se produisit : les catholique entraient au Parlement dans la personne d'O'Connell, nommé à 1095 voix de majorité. Il serait intéressant de redire ici l'histoire de cette élection, nous ne le pouvons pas; nous voulons citer au moins un fait tout à l'honneur d'un pauvre père de famille. Il avait été emprisonné pour dettes. Son créancier le relâche pour le faire voter et lui promet quittance s'il donne sa voix à Fitz-Gérald, l'adversaire d'O'Connell. Le malheureux va obéir ; tête basse, il s'avance vers l'urne. A ce moment, devant le shérif, les constables et les spectateurs, sa femme s'élance à ses côtés, le retient par son habit, et, lui montrant le ciel : « *Pad*, s'écrie-t-elle, *remember your soul and liberty*, souvenez-vous de votre âme et de la liberté. » L'Irlandais relève la tête, vote pour O'Connell et retourne en prison.

DEVOIR DE L'ÉLÈVE

1. — Quand tous les citoyens peuvent prendre part au vote, c'est le suffrage universel.
2. — Quand certaines catégories seulement sont admises à voter, c'est le suffrage restreint.
3. — Les députés sont nommés par le suffrage universel, les sénateurs par le suffrage restreint.
4. — Voter, c'est donner sa voix, mettre un bulletin dans l'urne.
5. — Bien voter, c'est voter avec connaissance de cause.
6. — C'est un devoir strict d'aller voter, toutes les fois que nous en avons le droit.
7. — Le vote doit être libre, consciencieux, éclairé, désintéressé.

LEÇON LXII

POUVOIR EXÉCUTIF
MINISTÈRE DE L'INTÉRIEUR, DÉPARTEMENT, COMMUNE

Le Président de la République. — Le pouvoir exécutif a reçu ce nom parce qu'il est chargé de faire exécuter les volontés des Chambres ; c'est lui qu'on appelle plus spécialement le *Gouvernement*.

A la tête du Gouvernement est le Président de la République, élu pour sept ans, à la majorité des suffrages par la Chambre des députés et le Sénat, réunis en Congrès ou Assemblée nationale. Il a pour attributions de promulguer les lois régulièrement votées, car une loi n'est obligatoire que lorsqu'elle a été, par une publication générale, portée à la connaissance de ceux qu'elle intéresse. Il veille à l'exécution de ces lois, il représente la France vis-à-vis des nations étrangères, il dispose de la force armée, il nomme à tous les emplois civils et militaires ; il possède le droit de faire grâce et de remettre les condamnations prononcées par les tribunaux, enfin il choisit des ministres qui se partagent les divers services et gouvernent d'accord avec la majorité du Parlement.

Le Cabinet. — L'ensemble des ministres se nomme le Cabinet. En principe, il y a autant de ministres que de grands services publics, c'est-à-dire de branches dans l'administration. Ces branches sont: *Intérieur, Cultes, Instruction publique, Justice, Guerre, Marine, Finances, Postes et Télégraphes, Travaux publics, Travail, Agriculture, Beaux-Arts, Commerce, Colonies, Affaires étrangères.* Cependant, quelques branches, les Cultes, les Beaux-Arts, les Postes, souvent même les Colonies, se rattachent tantôt à un ministère, tantôt à un autre. Le nombre des ministres peut donc légèrement varier.

Fonctionnaires. — On appelle ainsi tous les individus qu'emploie le gouvernement dans ses divers services.

Ministre de l'Intérieur. — Ce fonctionnaire, comme son nom l'indique, est chargé de l'administration intérieure du pays ; il assure l'exécution des lois, il est responsable de l'ordre et de la tranquillité, il a la direction de la police et celle des prisons. La France, vous le savez, est divisée en départements. Eh bien ! pour procéder à son administration le ministre de l'Intérieur nomme à la tête de chaque département un *Préfet* qui réside au chef-lieu de préfecture, et des *sous-préfets* qui résident dans les autres subdivisions du département, ou arrondissements.

Préfets. — Comme représentants de l'Etat, les préfets veillent à l'ordre public, à l'exécution des lois, et renseignent le gouvernement sur ce qui se passe dans leur région. Ils sont assistés d'un Conseil général dont les membres sont nommés pour six ans par le suffrage universel, à raison d'un membre pour chaque canton. Ce Conseil tient deux sessions par an. Chacun de ces membres est de droit électeur sénatorial. Ce Conseil est une epèce de petite Chambre des députés qui discute et vote en public certaines mesures intéressant le département auquel il appartient.

Sous-préfets. — Dans les arrondissements autres que celui de la préfecture siège un sous-préfet. Celui-ci remplace le préfet dans quelques-unes de ses fonctions ; ainsi il préside le tirage au sort, il veille à ce que les lois soient observées par les Conseils municipaux et les maires ; en réalité il a peu d'autorité propre. Il est assisté d'un Conseil appelé *Conseil d'arrondissement*, lequel émet des vœux sur les besoins de l'arrondissement, prépare les affaires qui intéressent la région et fournit des renseignements au Conseil général et au préfet.

Le Maire et la Commune. — Voilà la division de la France dont vous entendez parler le plus souvent. *Etat, département, commune*, cela fait comme trois degrés dans l'administration intérieure de la France. La commune que ce soit une ville ou un village est la plus petite circonscription administrative jouissant de la *personnalité civile*. On entend par là que la commune est regardée comme une personne, qu'elle peut posséder, acquérir, hériter, plaider, si ses intérêts l'exigent. Il y a en France environ 36.000 communes, réparties entre les 362 arrondissements et les 86 départements. Vous connaissez le magistrat qui administre la commune ; je suis sûre que les pères de plusieurs d'entre vous sont *Maires* dans le pays où ils ont des propriétés. La commune est, en effet, administrée par le maire assisté d'un ou de plusieurs *adjoints* et d'un *Conseil municipal* dont les membres, nommés pour quatre ans, varient en nombre selon la population de la commune. Ces membres sont nommés par les électeurs de la commune, et le maire est nommé par le Conseil municipal. Ce conseil discute et décide les questions qui intéressent la commune : construction de mairie, d'écoles, d'églises, de cimetières, lavoirs, fontaines ; entretien de chemins, éclairage de rues, etc. Dans la majorité des cas, les décisions du Conseil doivent être approuvées par le préfet. Le maire et ses adjoints font ensuite exécuter les décisions prises.

Le maire est un *officier de l'état civil*, c'est-à-dire qu'il rédige ou fait rédiger par son secrétaire les actes de naissance, mariage, décès, et il conserve soigneusement à la mairie les registres relatant l'état civil de chaque habitant de la commune. Les fonctions de maire sont très importantes ; le maire est à la fois le représentant du Gouvernement auprès de la commune, et le représentant de la commune auprès du Gouvernement ; il est bon de ne nommer à ce poste que des hommes éclairés et consciencieux.

Remarquons qu'à Paris il y a un maire pour chacun des vingt arrondissements ; à Lyon, il y a une mairie centrale et des adjoints siégeant dans chacun des sept arrondissements.

Cantons. — Le canton n'est qu'une subdivision territoriale ; ce n'est pas une subdivision administrative. Un canton est la réunion d'un certain nombre de communes, et il est lui-même compris avec d'autres cantons, dans l'arrondissement. On compte en France 2908 cantons. Au chef-lieu de canton siège un juge de paix ; c'est là que se fait le tirage au sort et qu'a lieu le conseil de révision.

DEVOIR DE L'ÉLÈVE

1. — Le pouvoir exécutif est chargé de faire exécuter les volontés des Chambres.
2. — A sa tête est le Président de la République, élu pour sept ans.
3. — Il choisit des ministres pour les différentes branches de l'administration ; leur ensemble se nomme le Cabinet.
4. — Le ministre de l'Intérieur est chargé de l'administration intérieure du pays.
5. — La France est divisée en départements, chaque département en arrondissements ; l'arrondissement en cantons ; le canton en communes.
6. — Le ministre nomme à la tête de chaque département un préfet pour le chef-lieu, des sous-préfets pour les autres arrondissements.
7. — Chaque commune est administrée par un maire,

LEÇON LXIII

MINISTÈRE DE L'INSTRUCTION PUBLIQUE ET DES BEAUX-ARTS

Les degrés de l'enseignement et leurs sanctions. — Le ministre de l'Instruction publique a dans ses attributions tout ce qui relève de l'enseignement. L'enseignement comprend trois degrés : primaire, secondaire, supérieur.

L'*enseignement primaire* comprend l'instruction donnée dans les écoles maternelles, les écoles primaires supérieures et dans les écoles normales. Les études qu'il comporte ont pour sanctions le *certificat d'études* et les deux *brevets élémentaire et supérieur*. L'*enseignement secondaire* se donne dans les collèges, les lycées et certaines institutions libres. Depuis 1902, il est divisé en deux *cycles* dont le premier conduit à un certificat et le second au *baccalauréat*. Chaque cycle comprend plusieurs branches : 1º latin-grec, 2º latin-langues vivantes, 3º latin-sciences, 4º sciences-langues vivantes. Enfin l'*enseignement supérieur* qui embrasse les spécialités se donne dans les Facultés de lettres, sciences, de droit, de médecine et de théologie. Ces Facultés dont on ne peut suivre les cours qu'en étant bachelier, donnent les deux grades de la *licence* et du *doctorat*.

Académies. — Pour conférer tous ces grades, pour les examens, les inspections, etc., la France est divisée en dix-sept académies ; chacune d'elles est administrée par un *recteur* assisté d'un Conseil académique. Chaque département est pourvu d'un *Inspecteur d'académie*, lequel se fait suppléer dans chaque arrondissement par un ou plusieurs *inspecteurs primaires*.

Ce qu'on entend par Beaux-Arts. — Le ministre de l'Instruction publique est en même temps ministre des Beaux-Arts. On comprend sous ce nom la peinture, la sculpture, l'architecture et la musique. Le fonctionnaire chargé de ce service dirige et surveille une *Ecole des Beaux-Arts* établie à Paris pour enseigner gratuitement la peinture, la sculpture et l'architecture aux jeunes gens qui ont de l'aptitude pour ces arts ; puis un *Conservatoire de musique et de déclamation* qui forme des artistes pour les théâtres. Il s'occupe aussi de l'administration de certains théâtres appartenant à l'Etat, de l'entretien et de la conservation des musées où sont rassemblés des tableaux et des statues considérés comme des chefs-d'œuvre ; enfin de l'entretien et de la conservation de quelques monuments : églises ou palais qui se trouvent la propriété de l'Etat et qui sont eux-mêmes de véritables musées d'architecture ou de précieux souvenirs nationaux.

DEVOIR DE L'ÉLÈVE

1. — Le ministre de l'Instruction publique a dans ses attributions les trois ordres d'enseignement : primaire, secondaire, supérieur.
2. — L'enseignement primaire conduit au certificat d'études et aux deux brevets élémentaire et supérieur.
3. — L'enseignement secondaire conduit au baccalauréat ; l'enseignement supérieur, à la licence et au doctorat.
4. — Le ministre des Beaux-Arts surveille une Ecole des Beaux-Arts, un Conservatoire de musique ; il s'occupe de l'entretien et de la conservation de certains monuments.

LEÇON LXIV

MINISTÈRES DE LA GUERRE ET DE LA MARINE

Le ministre de la Guerre est le chef de l'armée. — Il en assure le recrutement, fait observer les lois militaires, procède aux changements des grades, est chargé en un mot de la défense du territoire.

Organisation actuelle du service militaire en France. — A partir de vingt ans révolus, ce service est obligatoire pour tout Français. La période d'instruction pour le métier des armes dure 3 ans. On appelle cela l'*armée active*, parce que c'est la première qui, en cas de guerre, fait face à l'ennemi. On passe ensuite dans la *réserve de l'armée active*, et l'on revient pendant 21, 13 ou 9 jours, à certains intervalles, s'exercer au maniement des armes. Cette période dure onze années. Après cela, on est de l'*armée territoriale*, ainsi nommée parce qu'en cas de guerre, les hommes qui en font partie n'iraient pas à la frontière, mais défendraient nos places fortes. Quand on a dépassé 48 ans, on est dispensé de tout service militaire. Un *conseil de révision* décide si les jeunes gens de vingt ans sont propres au service ou s'ils ont de réelles incapacités physiques. On les classe en : 1° bons pour le service armé ; 2° bons pour les services auxiliaires ; 3° ajournés à un nouvel examen ; 4° exempts de tout service.

Nous avons quatre sortes d'armes. — C'est là le terme consacré pour indiquer les catégories de soldats : *infanterie, cavalerie, artillerie, génie*. La première catégorie comprend les soldats qui vont à pied ; c'est ce qu'on appelle aussi *la ligne ;* la seconde comprend ceux qui vont à cheval ; la troisième, ceux qui s'occupent des canons, des mitrailleuses, etc., la quatrième, ceux qui creusent les tranchées, font les redoutes, les ponts, sont spécialement chargés de la défense et de l'attaque des places fortes. Chacune de ces armes est composée d'un certain nombre de régiments.

Corps d'armée et leurs subdivisions. — Au point de vue militaire, la France est divisée en vingt régions formant chacune un corps d'armée. Nous avons dans la région lyonnaise, le XIVe corps d'armée ; l'Algérie forme la XIXe. Chaque corps d'armée comprend deux *divisions* commandées chacune par un *général de division ;* chaque division 2 *brigades* commandées chacune par un *général de brigade ;* chaque brigade 2 régiments commandés chacun par un *colonel*. Les régiments d'infanterie sont divisés en *bataillons* commandés par un *commandant* ou *chef de bataillon*. Les bataillons se divisent en *compagnies* commandées par un *capitaine*, lequel a sous ses ordres des lieutenants, des sous-lieutenants, des *sous-officiers* ou *sergents*, et enfin des *caporaux*. C'est là le premier grade de l'armée. L'organisation de la cavalerie est à peu près la même ; seulement les bataillons s'y nomment *escadrons ;* les grades de caporal et de sergent portent le nom de *brigadier* et de *maréchal des logis*. Quand un général de division a commandé devant l'ennemi et s'est distingué, on le nomme *maréchal de France*. Vous avez certainement entendu ce dicton : « Tout soldat a dans sa giberne le bâton de maréchal ». Cela veut dire que tout soldat, même parti du grade le plus humble, peut arriver à la plus haute dignité militaire qui ait jamais existé chez nous.

Écoles militaires. — On peut, en effet, arriver à être colonel, général, en commençant par être simple soldat, si l'on est brave, intelligent et travailleur ; mais on y parvient aussi d'une autre manière. Le ministre de la Guerre a sous sa direction les écoles militaires de *Saint-Cyr, Saumur, La Flèche, Saint-Maixent*, où se forment les officiers d'infanterie et de cavalerie ; et l'École Polytechnique, d'où sortent les officiers de génie et d'artillerie, ainsi que des fonctionnaires pour d'autres ministères.

Gendarmerie. — C'est un corps à part qui est chargé, non de combattre au dehors, mais de maintenir l'ordre dans le pays.

Ministre de la Marine. — Ce fonctionnaire est le chef de la flotte. Il a sous sa direction les soldats de marine, les vaisseaux de guerre, les ports de guerre, les arsenaux maritimes. Un soldat de marine peut être appelé en temps de guerre de 18 à 50 ans. parce qu'un marin est plus long et plus difficile à former qu'un soldat. Les officiers de marine reçoivent les titres d'*amiral* qui correspond à celui de maréchal de France ; de *vice-amiral*, équivalant à celui de général de division, et de *contre-amiral*, équivalant à celui de général de brigade. Ensuite viennent les capitaines de vaisseau, les *capitaines de frégate*, les *lieutenants de vaisseau* et les *aspirants* *de marine.* Une école navale établie dans la rade de Brest prépare les jeunes gens à ces grades.

C'est une belle mais rude vie que celle du marin. Même en temps de paix, ces gens-là risquent leur vie. Se trouvant constamment en face du danger, ils sont généralement pieux. Quand ils voient leur vaisseau battu par la tempête, seuls entre le ciel et l'eau, ils ne peuvent recourir qu'à Celui qui est le Maître des éléments.

DEVOIR DE L'ÉLÈVE

1. — Le ministre de la Guerre est le chef de l'armée ; il en assure le recrutement ; il est chargé de la défense du territoire.
2. — Tout Français doit le service militaire de 20 à 48 ans ; il passe successivement dans l'armée active, la réserve de l'armée active, l'armée territoriale.
3. — Nous avons quatre sortes d'armes : infanterie, cavalerie, artillerie, génie.
4. — Au point de vue militaire, la France est divisée en 20 régions formant 20 corps d'armée.
5. — La gendarmerie est un corps chargé de maintenir l'ordre dans l'intérieur du pays.
6. — Le ministre de la Marine est le chef de la flotte. Il a sous sa direction les soldats de marine et les vaisseaux de guerre.

LEÇON LXV

MINISTRES DES TRAVAUX PUBLICS, DU TRAVAIL, DU COMMERCE, DES POSTES ET TÉLÉGRAPHES

Ministre des Travaux publics. — Il s'occupe des travaux utiles à la France entière. Il entretient et construit les voies de communication. Il a sous sa dépendance les *ingénieurs des Ponts et Chaussées* qui dirigent la confection et l'entretien des routes ou chaussées, des ponts, des canaux, des ports, puis des *ingénieurs des mines* qui surveillent l'exploitation des mines de houille, de métaux et des carrières. Quant aux chemins de fer français, certaines lignes appartiennent à l'Etat ; le ministre a naturellement le souci de celles-là. Les plus importantes appartiennent à des *Compagnies*, c'est-à-dire à des particuliers qui ont mis leur argent en commun pour cette exploitation. Sur ces dernières, le ministre exerce seulement une certaine surveillance.

Ministre du Travail. — Il ne s'agit plus ici des travaux d'utilité publique, faits pour le compte du gouvernement, mais des diverses industries ou entreprises privées qui contribuent largement aussi à la richesse du pays. C'est une grande question, mes enfants, que la question du travail : écoutez parler vos parents et les amis de vos parents, tous s'entretiennent de salaire, de réglementation des heures de la journée, de ce qu'il faut laisser à l'initiative de chacun et de ce qui a besoin d'une protection légale. Aussi tous les pouvoirs religieux et civils se sont-ils préoccupés de cette importante question. *L'intérêt du travailleur c'est l'intérêt de tous.*

Par un décret en date du 25 octobre 1906, on a réuni en un faisceau des services épars dans les trois ministères du Commerce, de l'Intérieur et des Travaux publics, et on a créé sous le titre : *Ministère du Travail et de la Prévoyance sociale*, un ministère dont voici les principales attributions : 1° la réglementation du travail : heures de travail, de repos, hygiène et sécurité ; 2° les relations entre employeurs et employés, les contrats de travail, associations professionnelles, différends collectifs, conciliations, etc.; 3° les conditions d'existence des travailleurs en cas de maladie, accidents du travail, chômage, vieillesse, et en général les Institutions d'épargne et de prévoyance qui les concernent particulièrement ; 4° des statistiques et enquêtes sur différents objets.

De ce ministère relèvent des *Inspecteurs du travail*, chargés de surveiller si, dans les industries privées, tout se passe conformément aux lois de l'hygiène, de la justice et de l'humanité.

Ministère du Commerce. — Il a dans ses attributions tous les intérêts du commerce et de l'industrie. Il étudie si tels ou tels traités avec les autres nations seraient onéreux pour le commerce français ou lui seraient favorables. Il fixe les droits de douane. De lui dépendent le *Conservatoire des arts et métiers*, qui est tout à la fois une école et un musée, puis d'autres *écoles d'arts et métiers* établies à Aix, Châlons, Cluny, Lille, Angers.

Administration des Postes et Télégraphes. — De 1879 à 1887, cette administration a constitué un ministère spécial. Depuis cette époque, c'est un sous-secrétariat d'Etat, relevant aujourd'hui du ministère des Travaux publics, après avoir relevé de celui du Commerce. Il est chargé d'établir et de diriger le service des communications par la poste ou le télégraphe. Ce service a pris de nos jours une grande importance, car on reçoit beaucoup de lettres, et on envoie beaucoup de journaux. Il faut pour l'assurer, une véritable armée de *commis* et d'*employés*, qui font les triages, inscrivent les objets recommandés, reçoivent les dépêches, et de *facteurs* qui parcourent les villes et les campagnes, portent tout à domicile.

Ah ! les pauvres facteurs ! Donnons-leur en passant un mot de sympathie : ils méritent tout notre intérêt. Quelques-uns d'entre eux ont, en certaines régions, de très longues courses à faire, par le soleil, l'été, dans la neige, l'hiver, sur les flancs des montagnes, pour atteindre aux hameaux reculés. Et ce chemin, il faut le recommencer non pas une fois ou deux par semaine, mais tous les jours de l'année. Les facteurs sont d'humbles et précieux fonctionnaires, car ils apportent à tous la vie de l'intelligence et du cœur, les nouvelles de la famille et celles du pays. Ce sont aussi des fonctionnaires fidèles, car ils accomplissent héroïquement leur tâche ; plus d'un est resté enseveli sous les neiges, plus d'un a payé de sa vie les fatigues qu'il avait endurées.

DEVOIR DE L'ÉLÈVE

1. — Le ministre des Travaux publics s'occupe des travaux utiles à la France entière.

2. — Le ministre du Travail surveille dans les industries privées, la condition des travailleurs.

3. — Le ministre du Commerce étudie et prépare les traités de commerce avec les autres nations ; il fixe les droits de douane.

4. — L'administration des Postes et Télégraphes est confiée à un sous-secrétaire d'Etat qui organise les communications par la poste et le télégraphe.

LEÇON LXVI

MINISTÈRES DE L'AGRICULTURE, DES COLONIES, DE LA JUSTICE, DES FINANCES, DES AFFAIRES ÉTRANGÈRES

L'agriculture est la nourricière de la France. — Sans doute, on ne peut forcer un propriétaire à prendre dans ses domaines telle ou telle mesure ; mais l'agriculture étant une des plus grandes richesses du pays, une branche à laquelle on devrait donner de plus en plus de l'importance, il est bon qu'un ministre veille aux intérêts généraux de cette précieuse branche. Il dirige des écoles où l'on apprend la théorie et la pratique de cette science plus intéressante et plus compliquée qu'on ne croit. Il existe à Paris un *Institut agronomique ;* à Grignon et à Montpellier, des *écoles supérieures*. Beaucoup de départements possèdent des *écoles élémentaires*, nous pouvons citer entre autres, celle d'Ecully, près de Lyon. De plus, à Alfort, Lyon et Toulouse, l'Etat entretient des écoles où l'on apprend la médecine vétérinaire, afin de soigner les animaux utiles à l'agriculture. Le ministre de l'Agriculture fait aussi organiser les comices agricoles, les concours régionaux, les expositions, où chacun amène ses plus beaux bestiaux, ses fruits et ses légumes les plus remarquables, des machines perfectionnées, etc., et on donne des prix aux plus méritants. Enfin il a une troisième chose dans ses attributions, c'est d'administrer les forêts de l'Etat. La nation a conservé une grande étendue de forêts disséminée sur divers points du territoire. Il faut en tirer parti, couper et vendre le bois au moment favorable, empêcher le braconnage et la déprédation. Les fonctionnaires chargés de cette mission apprennent leur métier à l'*Ecole forestière* de Nancy. Je vous dirai en passant que la conservation de nos grandes forêts, surtout dans les régions montagneuses, est très importante au point de vue de l'aménagement des eaux. C'est pour cela qu'on recommande même aux particuliers, de ne pas déboiser complètement un pays.

Colonies. — Il y a peu de temps, le ministre du Commerce s'occupait aussi des colonies, c'est-à-dire des possessions de la France hors d'Europe ; aujourd'hui cette administration est confiée à un ministre spécial. Nos principales colonies sont: en Afrique, le Sénégal, le Soudan, le Congo, Madagascar ; en Asie, l'Indo-Chine, le Tonkin. Nous possédons aussi de nombreuses îles en Océanie et en Amérique. L'Algérie n'est pas traitée comme une simple colonie, mais considérée comme un prolongement de la France. Vous savez qu'on divise ce pays en trois départements. Il a à sa tête un gouverneur général qui dépend du ministre de l'Intérieur.

Ministre de la Justice. — Ce fonctionnaire est appelé aussi *garde des sceaux*, parce qu'il a la charge des sceaux de l'Etat confiés autrefois aux Chanceliers. Il a dans son attribution tout ce qui concerne les tribunaux ; il nomme et surveille les magistrats qui rendent la justice.

Ministre des finances. — Celui-là recueille tous les impôts perçus pour le compte de l'Etat, les droits de douane, d'enregistrement et de timbre, et tient la Caisse où se puise l'argent nécessaire à tous les services. Cette Caisse s'appelle le *Trésor*. C'est ce ministre qui prépare le budget, c'est-à-dire l'état des recettes et des dépenses du pays, puis il le soumet au Parlement. De nombreux agents dépendent de son ministère. Les *percepteurs* qui perçoivent les contributions directes résident aux chefs-lieux de canton ; ils remettent leurs recettes au *receveur particulier* qui siège au chef-lieu d'arrondissement. Tout cela se centralise entre les mains du *trésorier payeur général* du département, lequel envoie ces sommes au ministre.

Nos affaires avec l'étranger. — Un pays ne vit pas sans communication avec le reste du monde. Il a des relations commerciales avec telle contrée, il est plus intimement lié avec telle autre. Plusieurs États peuvent avoir besoin de s'entendre pour empêcher quelque grande injustice, pour mettre à la raison un peuple trop ambitieux. Le ministre des Affaires étrangères veille sur nos relations avec tous les peuples civilisés. Il a sous ses ordres des *agents diplomatiques* qui habitent les capitales des nations étrangères. Ces agents portent le nom d'*ambassadeurs* quand il s'agit d'une grande puissance comme la Russie, l'Italie, l'Allemagne, et celui de *chargé d'affaires* quand il s'agit d'un petit État. Sous leurs ordres se trouvent des *Consuls*, qui résident à peu près dans toutes les villes importantes du pays. Les ambassadeurs représentent surtout les intérêts politiques des nations ; les consuls, vice-consuls, agents consulaires s'occupent plutôt des intérêts commerciaux et sont chargés de protéger nos nationaux. Nous avons des compatriotes que des raisons commerciales ou autres obligent de résider à l'étranger. Eh bien ! la patrie les y suit autant qu'il est possible ; le consul de France les protège, veille à leurs intérêts et prendrait leur défense si quelqu'un leur faisait du tort. Il leur fournit aussi certains renseignements nécessaires, fait venir les papiers, les actes dont ils peuvent avoir besoin.

DEVOIR DE L'ÉLÈVE

1. — Le ministre de l'Agriculture veille aux intérêts de cette branche qui constitue la plus grande richesse du pays.
2. — Il dirige des écoles où on apprend l'agriculture et la médecine vétérinaire.
3. — Le ministre des Colonies veille aux intérêts des Français établis dans nos possessions hors d'Europe.
4. — Le ministre de la Justice nomme les magistrats

qui rendent la justice, et a dans ses attributions les divers tribunaux.

5. — Le ministre des Finances recueille les impôts pour le compte de l'Etat et présente le budget à la Chambre.

6. — Le ministre des Affaires étrangères est chargé des relations de la France avec les autres nations.

LEÇON LXVII

POUVOIR JUDICIAIRE, CODES ET TRIBUNAUX

Le troisième pouvoir. — C'est le pouvoir judiciaire ou pouvoir de rendre la justice, c'est-à-dire de peser, dans telle ou telle circonstance particulière quelle loi il faut appliquer. Les *Juges* sont des magistrats investis d'une autorité légitime, ayant prêté serment d'exercer leur mission en conscience.

Tribunaux. — Il y a deux sortes de tribunaux : les *tribunaux civils* et les *tribunaux criminels*. Les premiers jugent les contestations entre particuliers, les seconds jugent les contraventions, les délits et les crimes. On appelle *contraventions* de légères infractions aux lois, des manquements par exemple à certains règlements de police; *délits*, des infractions plus graves, mais qui ne vont pas jusqu'au crime ; ainsi des vols ordinaires, des escroqueries, des coups et blessures sans gravité ; et *crimes*, les actes qui portent un préjudice grave à la société.

Tribunaux civils. — Ce sont : 1° le *tribunal du juge de paix* qui existe dans tous les chefs-lieux de canton. Ce magistrat règle les conflits peu importants ; 2° le *tribunal de première instance* qui siège au chef-lieu d'arrondissement ; 3° dans vingt-six grandes villes de France se trouvent des *Cours d'appel* révisant soit les jugements civils de première instance, sur l'appel de l'une des parties, soit les jugements correctionnels.

Tribunaux criminels. — Ce sont : 1º les *tribunaux de simple police* qui jugent les contraventions ; 2º *les tribunaux correctionnels* qui jugent les délits et se composent des magistrats formant le tribunal de première instance ; 3º les mêmes Cours d'appel dont nous avons parlé, qui réforment ou confirment les jugements de première instance ; 4º pour la répression des crimes, il y a des *Cours d'assises* qui ne siègent pas constamment, mais se réunissent tous les trois mois au chef-lieu de chaque département, sous la présidence d'un *Conseiller de Cour d'appel*. Les membres des premiers de ces tribunaux se nomment *Juges* ; ceux des Cours d'appel ou de cassation se nomment *Conseillers*.

Magistrature debout et Magistrature assise. — Tout individu accusé d'un délit ou d'un crime, ou tout individu qui intente un procès à un autre, se fait assister, suivant le cas, d'un *avocat* ou d'un *avoué*, qui connaît les lois, défend sa cause et plaide pour lui. Près de chaque tribunal un représentant du ministère public est destiné à faire la contre-partie de cet avocat ; il est pour ainsi dire l'avocat de la loi et de l'intérêt social. C'est selon le cas, un *Procureur de la République*, un *avocat général* ou un *substitut*. Ces magistrats forment ce qu'on appelle la magistrature debout, parce qu'ils sont debout lorsqu'ils parlent dans le Parquet. Ils ne sont pas inamovibles. Les Juges qui écoutent les deux parties et prononcent la sentence, constituent, ainsi que les conseillers, la *magistrature assise*, parce qu'ils restent assis pour rendre leurs jugements. Ils sont *inamovibles*, c'est-à-dire ne peuvent être révoqués ou déplacés arbitrairement par le pouvoir exécutif.

Parquet. — On appelle ainsi l'espace de la salle où siège le tribunal, qui se trouve devant les Juges et qui est séparée du public par une barre. On nomme encore ainsi le lieu où les officiers du ministère public tiennent leurs séances pour recevoir les communications qui les concernent. De là les locutions « être mandé au Parquet du Procureur de la République, comparaître à la barre du tribunal ».

Jury. — Pour ce qui concerne la Cour d'assises, il y a une institution spéciale qui date de 1808. Douze citoyens choisis parmi les gens honnêtes et recommandables du département assistent aux débats ; ils forment le *jury* et se nomment *jurés*. Ce sont eux qui, après avoir écouté attentivement les débats et pesé les raisons du ministère public, celles de l'avocat du prévenu, ainsi que la valeur des preuves, décident si l'accusé est coupable ou s'il ne l'est pas, et s'il y a lieu de lui accorder les circonstances atténuantes. On appelle cet acte rendre son *verdict*, et d'après ce verdict, les juges appliquent la loi en infligeant telle ou telle peine: la réclusion, les travaux forcés ou la mort. Les décisions des juges ne sont pas susceptibles d'appel, mais elles peuvent être déférées à la *Cour de cassation*. On nomme ainsi une Cour unique et suprême qui siège à la capitale. Elle n'entre pas dans le fond des questions, mais peut casser les jugements entachés de quelque vice de forme. Elle peut aussi en réviser d'autres, afin de maintenir l'unité de la jurisprudence s'il arrive qu'un même texte de loi ait reçu des applications différentes dans plusieurs Cours d'appel.

Tribunaux spéciaux. — Voilà déjà bien des institutions, n'est-ce pas ? C'est que la justice est une grande chose, et elle est même bien difficile à rendre en ce monde, à cause des passions petites ou grandes de chacun. Mais il y a encore quelques tribunaux particuliers réservés à certaines classes de personnes. Ce sont : les *Conseils de guerre* pour les militaires, les *Tribunaux de commerce* pour les affaires commerciales; les *Conseils de prud'hommes* pour les différends entre ouvriers et patrons, les *tribunaux maritimes* pour les gens de mer, et les *Conseils de préfecture* pour les contestations entre l'Etat et les particuliers. On en appelle du Conseil de préfecture au *Conseil d'Etat* qui siège à Paris.

Codes. — Le recueil de nos lois se nomme Code. On le divise en cinq parties : *Code civil, Code de procédure civile, Code de commerce, Code d'Instruction criminelle, Code pénal*. Le *Code civil* traite des conditions nécessaires pour être reconnu Français, de l'époque de la majorité pour chaque personne, des mariages, de la propriété et des moyens de l'acquérir comme les donations, les héritages, etc. Il ordonne, entre autres choses, que l'on tienne dans chaque commune des registres de l'état civil où l'on inscrit les naissances, les mariages, les décès. Le *Code de procédure civile* donne les règles que la justice doit suivre si, à propos de ces choses, c'est-à-dire des mariages, partages, successions, il arrive des procès entre particuliers. Le *Code de commerce* règle les affaires des commerçants entre eux. Le *Code d'Instruction criminelle* trace aux magistrats les règles à suivre dans la poursuite des délits et des crimes, dans la recherche et l'arrestation des coupables. Le *Code pénal* indique les peines à appliquer aux diverses infractions de la loi.

Conclusion à tirer des leçons précédentes. — Les lois sont absolument nécessaires. Sans lois ou avec des lois mauvaises, on reviendrait à l'état sauvage, le fort opprimerait le faible, le désordre serait partout ; nous devons donc respecter les magistrats qui composent le gouvernement de notre pays. S'il en était qu'en notre for intérieur nous ne puissions pas estimer en tant qu'hommes, sachons séparer l'homme privé de celui qui détient le pouvoir ; montrons à ce dernier de la déférence et du respect, et sachons attendre patiemment que les choses aillent mieux.

DEVOIR DE L'ÉLÈVE

1. — Le pouvoir judiciaire est le pouvoir de rendre la justice, c'est-à-dire d'appliquer les lois selon les cas qui se présentent.

2. — Il y a deux sortes de tribunaux : les tribunaux civils pour les contestations entre particuliers, les tribunaux criminels pour les contraventions, les délits et les crimes.

3. — Les Cours d'assises pour la répression des crimes siègent quatre fois par an aux chefs-lieux.

4. — On appelle jurés douze citoyens chargés de suivre les débats et de prononcer sur la culpabilité ou la non culpabilité d'un accusé.

5. — Le recueil de nos lois se nomme Code.

6. — Nous devons le respect aux magistrats et obéissance aux lois.

LEÇON LXVIII

LE SERVICE MILITAIRE, LA PAIX ET LA GUERRE

La paix est un bien. — Incontestablement une nation doit rêver de vivre en paix avec ses voisins C'est dans la paix seulement que s'épanouissent les sciences et les arts, que le commerce est florissant, que les fortunes prospèrent. Si l'on pense aux larmes des pauvres mères et aux vides douloureux qui se font à certains foyers, il n'est pas besoin de longs raisonnements pour prouver que la paix est un bien, que la guerre est un mal.

La guerre est un mal qui devient parfois nécessaire. — Vous savez, mes enfants, qu'il est des maux nécessaires ; des orages, par exemple, qui purifient l'atmosphère, des opérations qui font couler votre sang ou vous privent d'un membre pour vous conserver la vie. Vous savez aussi que, de deux maux, il faut choisir le moindre. Si donc notre honneur est attaqué par quelqu'un il faut le défendre ; si notre territoire est menacé, il faut repousser l'invasion. Et même si nous voulons justement que nos voisins n'aient pas l'idée de nous attaquer, il faut montrer que nous serions en état de nous défendre ; il faut entretenir une *armée permanente*, une armée bien disciplinée. Un vieux proverbe le dit : « *Si vis pacem, para bellum. Si vous voulez la paix, préparez-vous à la guerre* ». En nous voyant forts et vaillants, l'étranger nous respecte.

Il y a donc des guerres justes et légitimes ; telles sont les guerres défensives, quand il faut repousser une invasion étrangère ; telles sont les guerres de réparation quand on demande justice d'une insulte ou d'un dommage. Il en est d'injustes et de coupables, quand elles ont pour but l'écrasement d'un peuple déjà faible, le morcellement d'une nation. Mais alors, me direz-vous, que faire quand la guerre est injuste ? Un soldat ne peut pas être juge de ces choses-là. Du moment que le fait existe, que notre drapeau est en présence d'un drapeau ennemi, nous devons tout faire pour lui conserver son vieux renom de gloire.

Comment se commence une guerre. — Lorsque des difficultés se présentent entre deux nations, la Chambre des députés et le Sénat discutent pour savoir si c'est un cas de guerre. A-t-on voté pour l'affirmative, on déclare officiellement la guerre à la nation ennemie avant de commencer les hostilités.

Convention de Genève. — On nomme ainsi un acte de droit international qui date de 1867. Ce sont des règles que les nations civilisées doivent suivre en cas de guerre et qui sont destinées à adoucir ce que la guerre a d'affreux, à sauvegarder les droits de l'humanité. Voici les principales :

« La guerre doit être déclarée en forme avant d'être commencée en fait. On n'emploie que des troupes régulières ou du moins reconnaissables à un uniforme. On ne tire que sur ces troupes, et on cesse le feu dès qu'elles posent les armes, afin d'épargner toute personne désarmée : les femmes les enfants, les vieillards. On doit respecter les propriétés. S'il faut prélever sa subsistance sur les terres de l'ennemi, on procède par réquisitions régulières afin qu'il puisse en être tenu compte quand la paix sera signée. On relève tous les blessés sans distinction de nationalités et on donne à tous les mêmes soins. Toute violence est défendue à l'égard des infirmiers et des médecins. La vie et l'honneur des prisonniers doivent être respectés ; on doit leur rendre la liberté quand la paix est signée. »

Les devoirs du soldat. — Le soldat doit une obéissance scrupuleuse à la discipline militaire ; les différentes manœuvres ne s'apprennent pas en un jour, et des soldats inexpérimentés seraient en cas de guerre un embarras plus qu'une ressource. Des levées en masses comme en 1792 et 1793 ne suffiraient plus aujourd'hui parce que les conditions ont changé. Il faut maintenant l'étude des choses de la guerre, le maniement des armes, il faut de plus un certain entraînement pour s'habituer aux marches, à la fatigue. L'endurance de nos soldats, la crâne bravoure et la constante gaieté de nos petits Alpins, font l'admiration du monde, mais pour tout cela il faut du temps et il faut s'être rompu à la discipline militaire. Que pour supporter ces fatigues, le jeune soldat pense à la haute mission qui lui est confiée ! *Il est la vigie qui permet à la France de vivre tranquille et prospère.*

L'armée est une grande famille. — Les supérieurs doivent respecter dans leurs inférieurs la dignité humaine et ne pas les brutaliser, le soldat doit en toutes circonstances le respect à ses chefs. L'armée est une grande famille, et le mauvais exemple donné par l'un pourrait en entraîner d'autres à la révolte. Mais c'est une famille où l'on s'aime. Dans un régiment où règne un bon esprit, le service commun de la patrie établit véritablement le lien familial dont nous parlons.

Vaillance et discipline. — Ce n'est pas aux soldats français qu'il faut recommander le courage ; il faut plutôt leur prêcher la discipline, car le courage sans la soumission n'arriverait à produire que des élans désordonnés. Mais tout le long de notre histoire on rencontre des cœurs vaillants qui oublient leurs souffrances pour ne songer qu'à la patrie.

A la bataille de Gravelotte, le lieutenant Antoine de Vésins commandait une compagnie. Il s'élance la tête haute vers l'ennemi. « Lieutenant, prenez garde on vous vise, crient ses hommes. » Brandissant toujours son sabre sans s'inquiéter du danger, il commande : « En avant ! » Mais, en effet, une des premières balles vient le frapper au côté gauche. On s'empressa autour de lui. » Non ! dit-il, allez ! reprenez votre rang de bataille et conduisez-vous en bons Français comme si j'étais à votre tête. » Quelques soldats insistent pour le porter à l'ambulance. « Ce serait perdre du temps, répond-il, vous direz à mon père et à ma mère que je suis mort en soldat et en chrétien. » Comme il cherchait à se retourner un peu sur le côté, il survint un éclat d'obus qui lui brisa la jambe droite. « Tournez-moi seulement du côté du combat, dit-il à ses hommes, pour que je sache avant de mourir si nous sommes victorieux. »

Voici un autre trait d'héroïsme signalé en 1916, dans un journal du front. Dans une tranchée de première ligne tenue par des zouaves, une émission de gaz asphyxiants est signalée. Il s'agit de donner l'alarme aux unités qui se trouvent à l'arrière. Mais hélas ! l'appel téléphonique reste sans réponse, les fils ayant été coupés par les obus. Que faire? Envoyer quelqu'un? Impossible ; la nappe ira atteindre les tranchées avant l'homme de communication. Aux côtés du capitaine se tient le clairon de la compagnie ; le chef va faire une demande, mais avant qu'elle soit formulée, le zouave a défait son masque et, de tous ses poumons, il sonne l'alerte. Deux ou trois appels déchirent l'air, puis quelques notes qui traînent en mourant. Et c'est tout. Le clairon est tombé empoisonné.

Saluons les cœurs vaillants semblables à ceux-là, et, comme on jette des lauriers sur la tombe des braves, jetons à leur souvenir les passages suivants de deux poètes français.

Parmi des tourbillons de flamme et de fumée,
O douleur, quel spectacle à mes yeux vient s'offrir?
Le bataillon sacré, seul devant une armée,
    S'avance pour mourir.
C'est en vain que, surpris d'une vertu si rare,
Les vainqueurs dans leurs mains retiennent le trépas ;
Fier de la conquérir, il court, il s'en empare :
« La Garde, avait-il dit, meurt et ne se rend pas ».
On dit qu'en les voyant couchés sur la poussière,
D'un respect douloureux frappé par tant d'exploits,
L'ennemi, l'œil fixé sur leur face guerrière,
Les contempla sans peur pour la première fois.
                      Casimir DELAVIGNE.

Ceux qui pieusement sont morts pour la patrie,
Ont droit qu'à leur cercueil la foule vienne et prie.
Entre les plus beaux noms leur nom est le plus beau,
Toute gloire, près d'eux, passe et tombe éphémère,
    Et, comme ferait une mère,
La voix d'un peuple entier les berce en leur tombeau.
                      Victor HUGO.

DEVOIR DE L'ÉLÈVE

1. — La paix est un grand bien pour une nation ; la guerre est un mal qui devient parfois nécessaire.

2. — Il y a des guerres justes et légitimes, quand il s'agit, par exemple, de conserver l'intégrité du territoire, ou de venger l'honneur de la patrie.

3. — Le meilleur moyen de conserver la paix, c'est de se préparer à la guerre : on respecte les peuples forts.

4. — La discipline est indispensable dans l'armée ; il n'est pas sans elle de formation possible.

5. — Le soldat doit obéir à la discipline militaire et respecter ses chefs.

LEÇON LXIX

LE DRAPEAU DE LA FRANCE

Le drapeau représente une idée : c'est l'emblème de la patrie. — Vous le connaissez bien, chers enfants, notre étendard aux trois couleurs, vous le saluez du regard quand vous l'apercevez, parce que le drapeau ce n'est pas seulement une hampe de bois et un carré d'étoffe qui flotte au gré du vent; c'est un signe qui représente une idée, c'est l'emblème de la patrie; il tient son honneur dans ses plis, et de cet honneur nous sommes tous responsables ; il faut que notre drapeau ne soit jamais ni souillé ni déchiré. On lui rend des honneurs, on se découvre quand il passe ; la musique joue des « Salut au drapeau », et celui qui le porte est toujours fier de son emploi.

Dès les temps les plus reculés les peuples ont eu des étendards. — D'abord nous sommes tous portés à incarner nos sentiments dans des signes extérieurs. Puis, la nécessité de distinguer deux armées quand elles combattent entre elles, a contribué à faire adopter des insignes particuliers. Les Anciens portaient au bout d'une pique l'image de leurs dieux ou celle de leurs rois. Chacune des tribus juives avait un signe particulier : un aigle, un lion, un navire, etc. Longtemps les Romains placèrent un aigle de métal au sommet d'une pique.

Les étendards au Moyen Age. — Le Moyen Age substitua à ces emblèmes des images de saints ou de guerriers célèbres ; on porta même ainsi la chape de saint

Martin. Sous les premiers rois de France on se servit d'une sorte de bannière terminée en pointe et qu'on appelait *pennon* ou *gonfalon*. Louis VI adopta la célèbre *oriflamme* de Saint-Denis, qui était de couleur rouge, fendue par le bas, et suspendue au bout d'une lance dorée. Sous Charles VI, l'oriflamme fut bleue avec une croix blanche au milieu. Jeanne d'Arc se fit faire une bannière blanche avec les mots *Jésus / Maria /* L'oriflamme fut également blanche de Charles IX à Henri IV. Louis XIII adopta le drapeau carré ou rectangulaire, il était blanc et portait les armes de France, c'est-à-dire les fleurs de lis. Chaque bataillon avait le sien.

Nos trois couleurs. — Lorsqu'en 1789 on organisa la garde nationale, ces légions improvisées reçurent une cocarde bleue et rouge : c'étaient les couleurs de la ville de Paris. On porta la cocarde ainsi dix-huit jours seulement ; puis Lafayette qui avait été nommé commandant de la garde nationale, y ajouta le blanc, couleur des rois de France. En proposant à la Commune un règlement pour la garde nationale parisienne, il présenta ainsi sa cocarde : « Je vous apporte une cocarde qui fera le tour du monde ». Ces trois couleurs, en effet, furent choisies pour le nouveau drapeau français ; elles représentaient l'union de tous les enfants de la France, quels que fussent leur passé ou leurs opinions. Ce drapeau portait d'un côté les mots : « *Discipline et obéissance* », de l'autre, le numéro du régiment auquel il appartenait et le nom des batailles où il s'était distingué. « Faire le tour du monde », cela veut dire qu'on a vu nos couleurs victorieuses dans bien des pays. Le drapeau tricolore en effet, a été illustré par les armées républicaines, puis par les troupes de Napoléon. La Restauration reprit le drapeau blanc ; 1830 vit reparaître le drapeau tricolore mais le coq gaulois fut substitué à l'aigle dont on l'avait surmonté sous Napoléon. Le Second Empire, avec le même drapeau, revint à l'aigle impériale, et nous avons toujours aujourd'hui nos trois belles couleurs.

Honneurs rendus au drapeau. — Partant de ce principe que le drapeau n'est pas seulement un signe de ralliement, mais bien la personnification de l'idée patriotique, on lui a toujours rendu de grands honneurs. À partir du IXe siècle, on appela sur lui les bénédictions du ciel dans une cérémonie qui avait lieu en présence de l'armée, et les drapeaux n'étaient déployés qu'après avoir été bénits. On a conservé un très beau discours prononcé par Massillon à la bénédiction des drapeaux de Catinat. Quand on fait à un régiment la remise du drapeau, c'est toujours une importante solennité : on lui confie une parcelle de l'honneur du pays. Lorsqu'un colonel quitte son régiment, c'est avec émotion qu'il salue le drapeau et lui fait ses adieux.

La garde du drapeau. — Elle est confiée à un sous-lieutenant qui prend le nom de *porte-drapeau* ou *porte-enseigne*. C'est là une mission de confiance. Dans une bataille un drapeau pris sur l'ennemi est un trophée glorieux. Vous vous souvenez qu'après la campagne des Pays-Bas sous Louis XIV, le maréchal de Luxembourg envoya tant de drapeaux ennemis, lesquels drapeaux furent suspendus dans la cathédrale de Paris, qu'on le surnomma le *tapissier de Notre-Dame*. Mais pour le régiment qui laisse prendre son drapeau, c'est une honte : aussi on se fait tuer plutôt que de la risquer. Quelques-uns se voyant sur le point d'être faits prisonniers, l'ont brûlé et réduit en cendres ; d'autres, l'enroulant autour de leur corps, sont parvenus à fuir pendant la nuit, à regagner le camp français. Ils tombaient épuisés de fatigue et de faim, mais ils rapportaient le drapeau troué par les balles : l'étranger ne l'avait pas pris. On a vu, après la capitulation de Metz, de vieux soldats pleurer parce qu'il fallait porter en un monceau à la mairie les drapeaux de tous les régiments ; ils auraient mieux aimé donner leur vie.

DEVOIR DE L'ÉLÈVE

1. — J'aurai le culte du drapeau, et je serai toujours plein de respect pour le drapeau français.

2. — Je verrai en lui, non un morceau d'étoffe, mais une grande idée.

3. — S'il m'est donné un jour de le porter moi-même, je me ferai tuer plutôt que de le rendre.

LEÇON LXX

LA DEVISE DE LA FRANCE RÉPUBLICAINE
LES DROITS DU CITOYEN

Droits et devoirs. — Sur notre drapeau quelquefois, sur le fronton de certains monuments, en tête des actes administratifs, on inscrit trois mots qui sont notre devise : *Liberté, Égalité, Fraternité*. Cette devise est belle parce que chacun de ses mots représente une beauté morale ; elle est belle et fructueuse quand des mots elle passe dans les choses et qu'elle inspire nos actes. Elle exprime ce que nous pouvons attendre du pays en retour de notre dévouement, elle fixe les droits correspondant aux devoirs que nous accomplissons, puisque le devoir des uns est toujours le droit des autres.

Liberté. — Nous sommes un peuple libre. La France a toujours été un peuple plus libre qu'aucun autre ; les Francs, nos ancêtres, étaient ainsi nommés parce qu'ils vivaient en *franchise*, c'est-à-dire en liberté. C'est la France qui, la première, a défendu la communauté des races chrétiennes contre les invasions barbares. Eh bien ! aujourd'hui même nous ne voulons pas être asservis ni par un peuple étranger ni par des tyrans. Voilà la première signification de ce mot liberté, celle qui regarde le pays tout entier. Par rapport à chaque individu on peut considérer la liberté individuelle, la liberté civile, la liberté politique. Nous ne parlons pas ici de la liberté morale puisque c'est Dieu qui nous l'a donnée et que tous les tyrans de la terre ne sauraient nous l'ôter.

Liberté individuelle. — C'est le droit pour chacun de faire ce que bon lui semble, pourvu que l'exercice de sa liberté ne gêne pas celle des autres. Puisque tous possèdent cette liberté, il faut pour que chacun en jouisse qu'on lui impose pour limite la liberté des autres. C'est donc le droit d'aller, de venir, de demeurer où il nous plaît. C'est le droit de n'être point arrêté arbitrairement ou emprisonné sans jugement. Le domicile d'un citoyen est inviolable ; nul n'y peut pénétrer sans autorisation, excepté lorsque des raisons majeures intéressant la société entière, un crime commis par exemple, dans la localité, nécessiteraient une enquête. La propriété du citoyen est également inviolable et ne peut être confisquée. Si un travail d'intérêt public, route à construire, chemin de fer, etc., amène une expropriation, il faut une loi pour autoriser cette expropriation, et l'Etat doit indemniser le citoyen de ce qui lui est enlevé. De la liberté individuelle découlent la *liberté de conscience* et la *liberté du culte*, c'est-à-dire que chacun de nous doit pouvoir pratiquer sa religion comme sa conscience le lui ordonne, et il a le droit de choisir pour ses enfants le mode d'éducation qui lui convient.

Liberté civile. — C'est la liberté de l'homme dans la société. A cette liberté civile se rattache la *liberté du travail ;* nous sommes libres, à nos risques et périls, de travailler ou de ne pas travailler, pourvu que nous n'empêchions pas de travailler ceux qui veulent le faire ; nous sommes libres de choisir le métier qui nous convient, de livrer notre travail au prix que nous jugeons rémunérateur, de travailler seuls ou de nous joindre à d'autres, ce qui constitue le *droit d'association*.

Liberté politique. — C'est la liberté du citoyen dans l'Etat. Elle donne au citoyen le droit de s'occuper des affaires de son pays, de voter, d'être électeur, éligible, de remplir certaines fonctions. Payant tous l'impôt, nous avons le droit de contrôler l'emploi de cet impôt et de profiter des avantages qu'il procure. Un homme qui a failli gravement, qui a subi des condamnations infamantes, est déchu de ses droits politiques.

Egalité. — Vous avez déjà assez vécu, chers enfants, pour savoir que la variété est une loi de la nature ; nous n'avons pas tous la même taille, la même santé, la même intelligence, la même fortune ; il y a des inégalités entre les hommes, et il ne saurait en être autrement dans la société. Où donc allons-nous être égaux ?

1º **Nous sommes égaux devant Dieu** puisque la vertu du plus humble d'entre nous a autant de prix aux yeux de Dieu que celle du plus grand personnage.

2º **Nous sommes égaux devant la loi**, c'est-à-dire qu'elle doit être la même pour tous, ne point faire acception de personnes, juger équitablement, s'il y a conflit, le pauvre comme le riche, admettre à une fonction, à une dignité, le plus capable et non le plus recommandé. Tous les Français sont électeurs, tous doivent être éligibles. Tous ceux qui possèdent quelque chose paient l'impôt. Il n'y a chez nous ni castes privilégiées, ni castes méprisées. La seule distinction qui établisse une ligne de démarcation entre les individus, c'est une distinction personnelle ; c'est l'éducation, le développement moral et la culture intellectuelle.

Qu'entend-on par communisme ou socialisme? — C'est la doctrine des gens qui voudraient mettre tous les biens en commun pour rendre toutes les fortunes égales. Eh bien ! mes enfants, cela est impossible. D'abord il ne serait pas juste de priver de leur propriété, c'est-à-dire du fruit de leur travail ou du travail de leurs parents, ceux qui ont acquis quelque chose à grand'peine ; mais je suppose que tous y consentiraient et que le partage aurait lieu ; huit jours après il y aurait de nouveau des inégalités ; les paresseux, les incapables, les gens de mauvaise conduite auraient tout mangé, les travailleurs intelligents auraient fait fructifier le peu qu'on leur aurait laissé. Faudrait-il donc recommencer sans cesse le partage et faire vivre les paresseux aux dépens de ceux qui s'épuiseraient pour eux ? Aucun peuple ne pourrait tenir avec ce système parce que nul n'aurait plus de goût au travail, nul ne se soucierait d'atteindre un résultat dont il ne profiterait pas ; l'industrie, le commerce, la fortune publique, tout disparaîtrait, et le pays entier serait dans la misère. Ce n'est pas là, n'est-ce pas, l'égalité qu'il peut rêver. Souvenez-vous donc que les communistes, les socialistes sont ou des rêveurs ou des paresseux qui cherchent à vivre aux dépens d'autrui. La *propriété est un droit*, elle est une des bases sur lesquelles repose toute société. Contentons-nous de l'égalité devant Dieu et devant la loi : les fortunes ne peuvent pas plus être égales que les arbres ne peuvent porter les mêmes fruits, que les intelligences ne possèdent la même subtilité.

Fraternité. — Nous sommes tous frères en tant qu'enfants de Dieu ; nous devons l'être aussi comme fils d'un même sol, citoyens d'une même patrie : c'est pourquoi nous avons parlé déjà de solidarité. Nous devons nous intéresser les uns aux autres. Et alors la fraternité bien comprise adoucira ce que l'inégalité des fortunes pourrait avoir de choquant pour quelques-uns ; par elle le riche viendra en aide au pauvre, l'ouvrier moins intelligent acceptera sans révolte, sans envie, et sans jalousie, le travail que lui procurera son frère doué de plus d'initiative. La fraternité, faite d'amour, de support, de confiance, comporte toute l'égalité qui est possible. Dans une famille les enfants sont différemment doués, mais les parents les confondent dans un égal amour, et les frères et sœurs, même arrivés à des positions différentes, se soutiennent les uns les autres. « La fraternité, dit M. de Gérando, c'est une chaîne universelle qui descend du ciel et nous unit tous ici-bas pour nous rattacher au Créateur. » En effet, tous les hommes sont frères, mais un lien plus étroit unit les enfants d'une même patrie ; notre fraternité française est faite à la fois de sentiment patriotique et d'amour de l'humanité.

DEVOIR DE L'ÉLÈVE

1. — Liberté, égalité, fraternité, c'est la devise de la France républicaine.
2. — Elle exprime à la fois nos devoirs et nos droits.
3. — La France est un pays libre, le mot Franc signifie franchise.

4. — La liberté est le pouvoir d'exercer tous ses droits en respectant la liberté d'autrui.

3. — Nous avons droit à la liberté individuelle, à la liberté civile, à la liberté politique, à la liberté de conscience et à la liberté du travail, qui se trouvent comprises dans les premières.

6. — Nous sommes tous égaux devant la loi, elle ne doit pas faire acception de personnes.

7. — L'égalité des fortunes n'est pas plus possible que celle des santés ou des intelligences.

8. — Nous devons considérer comme des frères tous les enfants de la grande famille française, et nous aider les uns les autres.

CHAPITRE VI

DEVOIRS ENVERS L'HUMANITÉ

Devoirs de Justice.

LEÇON LXXI

DIFFÉRENCE ENTRE LES DEVOIRS DE JUSTICE ET LES DEVOIRS DE CHARITÉ

Nous ne sommes pas sur la terre indépendants les uns des autres. — Nous avons parcouru le cercle intime de la *famille*, le groupe déjà plus extérieur de l'*école*, puis la collectivité plus étendue qu'on nomme la *patrie*, en cherchant quelles sont nos obligations dans ces diverses sociétés ; il nous faut agrandir encore notre horizon et embrasser d'un coup d'œil l'humanité entière, car nous avons des devoirs à remplir envers tous les hommes. Tous ceux avec qui les hasards de la vie peuvent vous mettre en relations ont droit d'attendre de vous quelques égards. Un poète latin disait déjà :

Je suis homme, et rien d'humain ne m'est étranger. A plus forte raison, le chrétien se sent des obligations envers les autres hommes. Remarquez que nous disons envers tous, et non pas seulement vis-à-vis des chrétiens. Puisque Dieu nous a tous fait descendre d'un premier père, nous avons tous ce lien commun d'être créatures d'un même Dieu, d'être frères en Adam. Nous savons de plus que Jésus-Christ nous a rachetés, qu'il a souffert, est mort pour tous les hommes, que, prenant notre nature, il nous réunit tous dans une même adoption qui nous rend la qualité d'enfants de Dieu, héritiers du royaume céleste ; nous sommes donc aussi bien frères par la vie surnaturelle que par la vie naturelle, et cette fraternité suppose entre nous des obligations réciproques.

Un évêque de Montpellier, Mgr de Villeneuve, écoutait un jour les confidences d'un protestant que des revers de fortune avaient jeté dans la misère et qui cherchait le moyen de relever son commerce. Il dit à son domestique d'apporter un rouleau de vingt-cinq louis qui se trouve dans son secrétaire. Le domestique se permet de faire observer à mi-voix : « Mais, Monseigneur, vous savez que c'est un protestant? — Et quand ce serait un Turc, répondit le prélat, ne suffit-il pas qu'il soit malheureux? »

Certainement, il y a des degrés dans nos obligations vis-à-vis de nos semblables, et un certain ordre à garder dans la pratique de ces devoirs. Nous établirons d'abord deux grandes divisions dans ces obligations : les devoirs de justice et les devoirs de charité.

Justice et charité ces deux mots renferment tout et se complètent l'un l'autre. — La justice est le respect des droits de chacun ; la charité va jusqu'au désintéressement, elle fait souvent passer les autres avant nous. La justice a des bornes : la charité n'en connaît pas. La première impose des devoirs exacts, précis, l'administration de la justice dans la société a pour emblème une balance ; c'est qu'elle doit établir un parfait équilibre entre les droits des uns et les devoirs des autres. La seconde ne procède pas ainsi par poids et par mesure, car il n'est pas toujours bon en ce monde, d'exiger des autres tout ce qu'ils nous doivent, et il n'est pas bon non plus de ne leur donner que juste ce qu'on leur doit ; elle agit largement, généreusement ; elle peut aller jusqu'au dévouement, au sacrifice, à l'abnégation la plus absolue. La loi civile sévit généralement contre l'injustice ; la charité est libre et volontaire ; elle ne relève que de Dieu et de notre conscience.

Par la justice, nous devons :

Ne pas rendre le mal pour le bien, c'est-à-dire éviter l'ingratitude ; ne pas faire de mal à ceux qui ne nous en font pas, ou éviter la cruauté ; ne pas rendre le mal pour le mal, c'est-à-dire éviter la vengeance ; rendre le bien pour le bien, c'est-à-dire pratiquer la reconnaissance.

La charité s'élève plus haut.

Elle fait du bien à ceux qui ne nous font ni bien ni mal en pratiquant le dévouement.

Elle rend le bien pour le mal en pratiquant le pardon des injures.

La charité est le couronnement de la justice.

Les devoirs de justice correspondent toujours à quelques droits du prochain, il n'en est pas de même des devoirs de charité. Dans une certaine mesure, comme nous le verrons, vous êtes tenus d'exercer la charité envers votre prochain, sans que celui-ci puisse cependant vous forcer à le faire. Vous devez cela à Dieu, qui vous a donné la fortune, la santé, le talent, non pour vous seul, mais pour le bien de tous ; mais aucun homme ne peut vous dire que vous lui devez à lui en particulier, telle part de vos biens ou de vos peines.

Sur quelle base reposent ces devoirs de justice ? — Ils reposent sur l'identité de nature et de destinée. Je vois un être qui est mon semblable ; Dieu en lui donnant la même nature qu'à moi, lui prépare la même destinée, et il a autant de droits d'atteindre la sienne que j'en ai d'atteindre la mienne ; je ne dois donc rien faire qui l'en empêche. Je ne dois être cause pour lui d'aucune incapacité matérielle ou morale l'empêchant de conserver et de perfectionner en lui la dignité humaine. Je dois en un mot respecter l'humanité dans autrui comme je veux qu'on la respecte en moi ; cela s'appelle indifféremment l'*équité* ou la *justice* ; cela s'exprime en une maxime populaire connue depuis longtemps : « *Ne fais pas à autrui ce que tu ne voudrais pas qu'on te fît.* »

Pourquoi ces devoirs de justice ou d'équité ne suffisent-ils pas ? — Ils suffiraient si l'homme pouvait remplir seul sa destinée, mais cela ne lui est pas possible. Il a constamment besoin du secours des autres pour vivre et se développer. On dirait que Dieu a voulu nous obliger à nous aider mutuellement, et nous devons le faire en effet. C'est appuyés les uns aux autres, c'est en profitant des ressources et de l'expérience les uns des autres, que nous atteignons le développement complet de notre être et que nous devenons des sociétés civilisées ; de là des devoirs de charité, de bonté, de bienfaisance, compris dans cette autre maxime, sœur de la première : « Fais à autrui ce que tu *voudrais qu'on te fît.* »

DEVOIR DE L'ÉLÈVE

1. — Nous avons des obligations envers tous les membres de la grande famille humaine.
2. — Les devoirs de justice consistent à rendre à chacun ce qui lui est dû, à ne faire aucun tort à personne.
3. — La charité va plus loin : elle pratique le désintéressement, le dévouement, l'abnégation.
4. — La justice a des bornes : la charité n'en connaît pas.
5. — Les devoirs de justice correspondent toujours à quelques droits du prochain. Dieu et notre conscience peuvent seuls nous imposer la charité.

LEÇON LXXII

NOUS DEVONS RESPECTER LA VIE DE NOS SEMBLABLES

Comment on trouve les devoirs de justice. — Rappelons-nous que les devoirs de justice correspondent toujours à des droits. Nous trouverons donc nos devoirs de justice envers les autres hommes en nous demandant quels sont nos propres droits. Le premier que nous ayons est incontestablement le droit de vivre quand Dieu nous a donné l'être ; c'est donc un devoir de justice de respecter ce droit dans les autres et de ne pas attenter à leur vie.

Vous ne tuerez point. — Ainsi parle le Décalogue ; et tous les peuples civilisés ont écrit également cette formule dans leurs lois. L'homicide est un crime contre Dieu, seul maître et dispensateur de la vie ; c'est un crime contre notre semblable dont nous tranchons l'existence. Puisque nous ne devons nous opposer en aucun point à ce que chacun accomplisse sa destinée, que penser de l'acte qui arrête subitement cette destinée ? En trois circonstances seulement il est permis d'ôter la vie à son semblable.

Cas de légitime défense. — Le devoir de respecter l'existence de notre semblable suppose, n'est-ce pas, qu'il respectera la nôtre. Si donc on venait à nous attaquer, nous pourrions nous défendre, et il nous serait permis de tuer pour empêcher qu'on ne nous tue. Entre deux hommes qui luttent, qui sont aux prises, il est clair que si l'un des deux doit périr, il vaut mieux que ce soit le coupable que l'innocent, celui qui avait de mauvais desseins, et non celui qui ne cherchait dispute à personne.

La société a le droit de se défendre. — Celui qui a commis des crimes, qui a fait preuve d'instincts pervers, est un danger pour ses semblables, et la société a le droit de le condamner à mort, non point tant pour le punir du mal accompli, car Dieu seul peut châtier d'une manière efficace, mais par prudence, pour empêcher des maux plus grands, des crimes plus nombreux. Les chefs d'Etat ont le droit de faire grâce, mais ils doivent user de ce droit avec modération, dans les cas seulement où des considérations d'un grand poids viennent excuser le coupable, et où l'on n'a pas à craindre qu'il renouvelle son forfait. Dans les cas contraires, la pitié devient une faiblesse nuisible. Quelqu'un demandait que la peine de mort fût abolie chez les peuples civilisés. — Je veux bien, répondit-on, pourvu que ce soient les assassins qui commencent.

Meurtres commis en temps de guerre. — Certainement, il y a des guerres justes et des guerres injustes ; mais, en principe, il est à présumer qu'une guerre, c'est le droit de défense accordé non plus à un seul individu, mais étendu à la patrie. Cette patrie est menacée en quelque chose : dans son honneur national, ses institutions, dans l'intégrité de son territoire ; tous les hommes valides se lèvent pour la défendre, la conscience du soldat peut être en paix quand son bras abat les ennemis ; son devoir est d'en mettre beaucoup hors d'état de combattre, soit en tuant, soit en faisant des prisonniers, afin de faire triompher l'honneur de son pays. Là encore cependant il y a des précautions à prendre ; les grands capitaines ont toujours tâché d'épargner autant que possible la vie de leurs hommes et même celle de l'ennemi, en faisant plutôt des prisonniers. Turenne était aussi économe du sang de ses soldats qu'habile tacticien. Il ménageait leur vie avec la plus grande attention et blâmait hautement les généraux qui les sacrifiaient sans nécessité dans des batailles que les circonstances ne rendaient pas indispensables

Ne frappez personne ; ne jouez pas à des jeux dangereux. — Le respect de la vie s'étend aussi à la santé de chacun ; or, sans avoir l'intention de tuer, on peut compromettre par imprudence la vie d'une personne. Il ne faut jamais frapper ni blesser volontairement ;

ce sont des actes défendus, mais ne jouez pas non plus à des jeux dangereux ; faites attention à ces escarpolettes d'où l'on peut s'assommer si elles sont lancées très fort ; n'excitez pas un enfant un peu vantard à monter à un arbre trop haut : il pourrait se casser un membre ; ne frappez pas vos campagnes ou vos camarades dans des moments de colère ; on a vu des enfants défigurés ou estropiés pour la vie parce qu'ils avaient reçu une pierre lancée imprudemment, ou qu'ils avaient été jetés violemment par terre dans une course folle.

DEVOIR DE L'ÉLÈVE

1. — Nous avons tous le droit de vivre : tuer son semblable est un grand crime.

2. — Dans trois circonstances il est permis d'ôter la vie à un individu : en cas de légitime défense, en cas de guerre pour la patrie, et pour préserver la société de nouveaux attentats.

3. — Il est défendu aussi de blesser ou de frapper le prochain.

4. — Soyons très prudents dans nos jeux, afin de ne pas causer des accidents, des infirmités à nos camarades.

LEÇON LXXIII

NOUS DEVONS RESPECTER LA LIBERTÉ DE NOS SEMBLABLES

Ce qu'on appelle esclavage. — Bien que nous donnions le premier pas à la morale pratique, nous ne pouvons passer sous silence une question de morale générale aussi importante que celle-là. On appelle *esclavage* l'état par lequel un homme appartient à un autre, par lequel sa vie, ses forces, ses facultés sont la propriété de cet autre qui peut en disposer à son gré sans que l'esclave ait le droit de résister et de rien dire. Or Dieu nous a créés êtres raisonnables, il nous a donné une volonté libre, nous avons le droit de conserver notre liberté d'action, notre qualité d'êtres libres, et nous avons le devoir de ne pas aliéner la liberté des autres, de ne pas traiter une personne morale ayant ainsi que nous d'immortelles destinées comme la bête de somme créée pour notre usage.

L'esclavage ancien. — Dans l'histoire ancienne on parle beaucoup d'esclaves. Il y avait alors des prisonniers de guerre qu'on réduisait en esclavage, et il y avait aussi des hommes, des femmes, des enfants enlevés sur les côtes de l'Ionie, de la Grèce, de l'Afrique qu'on vendait comme un vil bétail, séparant les enfants de leur mère, les femmes de leur mari. C'était un spectacle horrible et contre nature que celui de ces marchés d'esclaves où l'on achetait la liberté d'un être humain, le droit de vie et de mort sur sa personne, ces marchés

Où l'homme vend à l'homme un autre homme aussi grand
Que celui qui l'achète et celui qui le vend.

Que fit le christianisme devant cet odieux trafic? — Ne voulant heurter les institutions existantes qu'autant qu'il était nécessaire pour régénérer l'humanité, le christianisme, se fia surtout à son esprit d'amour, de douceur et de charité pour arrêter ce mal. Il ne fit pas une interdiction spéciale pour abolir l'esclavage, car saint Paul recommande aux esclaves d'obéir à leurs maîtres, saint Augustin leur prêche aussi la résignation et la patience dans un état douloureux qui doit leur mériter le ciel. Mais il arriva que le grand principe de la fraternité humaine et de la charité chrétienne que le christianisme fit entrer dans les mœurs, agit peu à peu sur les esprits ; les riches comprirent que les esclaves avaient une âme comme la leur, qu'ils n'étaient point une chose dont on pouvait disposer à son gré, et on vit beaucoup de nouveaux convertis donner la liberté à leurs esclaves, n'avoir plus à leur service que des *affranchis*, c'est-à-dire des êtres libres et salariés.

N'y a-t-il plus d'esclaves depuis longtemps? — Vous remarquerez d'abord que la lumière du Christiainsme n'a point encore éclairé tous les esprits ; ensuite l'intérêt, la passion de l'argent fait souvent plier les principes de ceux chez qui ils ne sont pas assez forts. Au Moyen Age, des pirates barbaresques venaient enlever des jeunes gens sur les côtes des pays méditerranéens et ils les vendaient aux Musulmans comme esclaves pour le travail des champs. Des ordres religieux furent établis exprès pour recueillir de l'argent et aller en Afrique racheter ces malheureux, entre autres l'Ordre de Notre-Dame de la Merci. Quand Christophe Colomb découvrit l'Amérique, lui qui ne songeait qu'à en civiliser les habitants, à leur faire connaître le bienfait de la Rédemption, il vit avec douleur que ses compagnons opprimaient les malheureux Indiens et les réduisaient en esclavage pour retirer tout le profit de leur travail. Ce fut une des peines les plus cruelles qui déchirèrent le cœur de ce grand homme et hâtèrent sa fin. Plus tard, pour cultiver ces immenses terres d'Amérique où croissent la canne à sucre, le caféier, le cotonnier, les planteurs européens firent venir d'Afrique des quantités d'esclaves achetés à prix d'argent et menés à coups de fouet, car c'est surtout à la race nègre qu'on demande ces malheureux êtres.

La vente des esclaves se fait-elle encore aujourd'hui ? — Beaucoup moins qu'autrefois et elle tend à disparaître, mais il n'y a pas très longtemps que d'héroïques efforts ont amené ce résultat.

Celui qu'on appelle le grand apôtre de l'Afrique, Mgr Lavigerie, archevêque d'Alger, ayant fait faire de nombreuses missions dans le centre de l'Afrique, dans l'Ouganda, dans le Tanganyika, avait été frappé des horreurs qui s'y commettaient. D'infâmes marchands d'hommes enlevaient les populations de villages entiers, allaient les vendre en Asie et en Amérique : c'était un gaspillage de vies humaines à faire trembler. Il entreprit alors une grande croisade contre l'esclavage, parcourut l'Europe presque entière pour demander à chaque gouvernement de ne coopérer à ce honteux trafic ni par ses vaisseaux, ni en achetant des esclaves pour ses colonies. Des comités furent fondés dans les grandes villes d'Europe pour aviser aux moyens de continuer son œuvre et d'éteindre complètement l'esclavage à la surface du globe. Cela date de 1890, vous voyez que ce n'est pas très ancien. La plupart des nations civilisées se sont engagées à ne pas favoriser la *traite des nègres*, une honte pour l'humanité.

Remarque pratique. — Ne traitons pas en esclaves les domestiques que nous payons pour des services rendus. Respectons en eux la liberté, la dignité morale ; laissons-leur du temps le dimanche pour la vie de l'âme, de l'intelligence et du cœur.

DEVOIR DE L'ÉLÈVE

1. — L'homme est un être raisonnable ; il faut respecter sa dignité et ne pas l'asservir comme une bête de somme.
2. — L'esclavage ancien était un état contre nature ; l'esclavage moderne était un reste de barbarie qui disparaît heureusement.
3. — Les nègres ont une âme comme la nôtre.
4. — Nous devons respecter dans nos domestiques la liberté humaine et ne pas les traiter en esclaves.

LEÇON LXXIV

LIBERTÉ DE PENSER, LIBERTÉ DE CONSCIENCE
TOLÉRANCE

Nous avons le droit de penser et nous devons respecter ce droit de penser chez les autres. — Mais, direz-vous, la pensée est une chose tout intérieure ; on ne peut empêcher personne de penser. Cela est vrai si on prend le mot au pied de la lettre ; mais quand on parle de la liberté de penser, cela s'entend également de la liberté de manifester sa pensée. Or, il y a des pressions morales qui s'exercent sur les âmes, elles sont aussi coupables que celles qui attentent à la liberté du corps. Ainsi un propriétaire qui obligerait son fermier à n'avoir pas d'autres fournisseurs que les siens, à n'envoyer ses enfants qu'à la seule école par lui désignée, à ne pas fréquenter l'église parce que lui n'y met pas les pieds, tout cela sous peine de se voir enlever sa ferme et par conséquent ses moyens d'existence, ce propriétaire attenterait à la liberté du fermier. Ainsi, poursuivre un homme de son mépris, le persécuter, l'exclure de certains emplois, le priver de sa place, uniquement parce qu'il a d'autres opinions que nous, si cet homme est d'ailleurs honnête et ne fait tort à personne, ce sont des mesures injustes. Chacun est maître de son for intérieur et connaît les raisons de famille, d'éducation, de sympathie ou de reconnaissance qui le portent à juger des choses comme il en juge. Toutes les opinions sont respectables quand elles sont sincères. Je ne dis pas qu'elles soient toutes bonnes, je dis « respectables », cela signifie que nous ne devons pas les heurter, les froisser, quand celui qui les exprime est convaincu de leur excellence.

Cette liberté de penser a-t-elle des limites? — Oui elle est respectable tant qu'elle ne fait tort à personne. S'il lui arrivait dans ses manifestations de troubler la paix publique, de porter préjudice à des intérêts privés, elle serait blâmable car notre liberté doit avoir pour limite la liberté d'autrui. Si, pour soutenir mes opinions, par exemple, ou pour les imposer aux autres, j'excite des émeutes, je suis répréhensible.

Liberté de conscience — Le plus grand et le plus noble usage que nous puissions faire de notre intelligence, c'est de chercher la vérité. Or, la vérité absolue et par essence, c'est Dieu. Nos croyances religieuses sont donc ce que nous avons de plus sacré ; nous devons les conserver avec un soin précieux, ainsi que les principes de morale qui en découlent, principes d'après lesquels s'est formée notre conscience. Mais aussi nous devons respecter les croyances des autres.

On les respecte en ne cherchant pas à ruiner la foi dans les âmes qui la possèdent. Celui qui agit ainsi peut jeter l'homme dans le désespoir en lui enlevant tout soutien ; il peut faire de l'enfant un être dévoyé et profondément malheureux.

On les respecte en ne pas se moquant des pratiques religieuses de tel ou tel.

On respecte encore les croyances des autres en ne pas les persécutant pour ces mêmes croyances.

Pratiquons la tolérance. — Certaines personnes prétendent que toutes les religions sont bonnes. Ce n'est pas là notre pensée. Dire que toutes les religions sont bonnes équivaudrait à dire qu'il n'y en a aucune de vraie, parce que Dieu n'a pas pu nous laisser le choix dans la manière de le servir ; il faut donc connaître sa volonté là-dessus. Mais, bien que nous, catholiques, nous sentions dans la bonne voie, et soyons heureux d'y être, nous devons être corrects et tolérants avec les adeptes de toutes les religions si ces personnes se conduisent bien et ne risquent pas de nous entraîner au mal. Beaucoup d'entre elles peuvent être de bonne foi dans leurs croyances, elles y ont été élevées, elles n'ont point eu peut-être le temps ou l'ouverture d'esprit nécessaire pour étudier à fond les questions religieuses ; elles s'en tiennent à ce qu'on leur a enseigné. Laissons Dieu faire la part des choses et des intentions, et pratiquons la *tolérance*, c'est-à-dire le *respect des opinions d'autrui*. Si donc vous rencontrez autour de vous des enfants qui soient protestants, juifs, schismatiques, ne vous moquez jamais d'eux ni de leur culte ; soyez respectueux de leurs pratiques religieuses comme vous voulez qu'ils le soient des vôtres.

Vis-à-vis des libres penseurs que devez-vous faire ? — Ceux qui n'ont aucune croyance sont bien à plaindre, car ils ont perdu ce qui fait la consolation et la grandeur de l'humanité, c'est-à-dire son lien avec Dieu ; ils vivent comme des bêtes et meurent de même ; il faut donc les plaindre ; ne les méprisez pas. C'est peut-être par la faute de ceux qui les ont élevés qu'ils se trouvent dans cet état de dégradation, et non par leur propre faute. Priez Dieu de les éclairer, donnez-leur par votre conduite une haute idée de notre foi, dans l'espoir que leurs yeux s'ouvriront un jour. Ne parlez pas mal d'eux ; ne les mettez pas hors la loi, uniquement à cause de leur manière de penser ; pratiquez la tolérance envers eux, mais n'en faites pas vos amis. Si solides que soient vos principes religieux, qui sait si ces malheureux ne seraient pas assez adroits pour les ébranler, et pour vous attirer dans l'abîme où ils sont tombés. Notre âme doit chercher les hauteurs et non pas les bas-fonds.

DEVOIR DE L'ÉLÈVE

1. — Chacun de nous a le droit de penser librement, et nous devons respecter ce droit de penser chez les autres.
2. — La tolérance consiste à ne pas persécuter ceux qui ne pensent pas comme nous en religion ou en politique.
3. — Toutes les opinions sont respectables quand elles sont sincères, nous ne devons pas les froisser.
4. — La liberté de conscience est le plus précieux des biens, celui qui étouffe la foi dans les âmes des autres, commet un crime.
5. — Plaignons ceux qui ne croient à rien ; ne les méprisons pas, mais n'en faisons pas nos amis.

LEÇON LXXV

RESPECT DE L'AME D'AUTRUI
SCANDALE, BON EXEMPLE

Nous possédons un autre bien dans lequel il y a plus de nous-mêmes que dans la vie, la liberté et l'intelligence : ce bien c'est la vertu. — Oui, les premières viennent uniquement de Dieu ; la seconde suppose des efforts de notre part et par elle nous pouvons acquérir des mérites. Si quelqu'un cherchait à ruiner la vertu dans une créature humaine, à l'entraîner au mal, il commettrait une faute plus grande peut-être que de lui ôter la vie, car il dégraderait son âme, le plus noble des deux éléments dont nous sommes formés. — Mais, me direz-vous, celui qu'on voudrait entraîner au mal, peut bien résister. Sans doute ; mais il faut tenir compte de la faiblesse de notre nature ; nous avons déjà souvent à triompher de nous-mêmes et de quelques-uns de nos instincts pour accomplir le bien ; si des influences parfois puissantes viennent s'ajouter à nos propres difficultés, est-il étonnant que nous succombions ? Celui qui fait le mal est toujours coupable ; celui qui l'y a poussé peut l'être davantage.

On porte son prochain au mal par la parole et par l'exemple. — Donner de mauvais conseils est coupable ; rendre témoin de ses vices quelqu'un qui les imitera ensuite est plus coupable encore, car les exemples entraînent plus que les paroles. C'est ce qu'on appelle le *scandale*. Une mauvaise action commise en secret, à l'insu de tout le monde, est toujours une mauvaise action pour vous, mais elle s'aggrave d'une autre faute si elle a des témoins et surtout si ces témoins y participent.

Le plus haut degré du mal qui nous occupe serait de corrompre les mœurs des enfants. — Avec sa jeunesse et son inexpérience, l'enfant a moins la force de résister aux tentations et aux conseils ; il n'est pas encore armé pour la lutte de la vie. En attendant que sa volonté soit formée, ses parents et ses maîtres lui donnent de bonnes habitudes parce que ces habitudes une fois prises rendent plus facile le travail de la raison et de la volonté. Mais si quelqu'un vient à la traverse de ce sage système, s'il apprend le mal à l'enfant et le lui fait voir sous un jour trompeur, c'est un malheur très grand ; une existence tout entière peut être compromise si la conscience est faussée et la moralité perdue. Notre-Seigneur a dit : « Pour celui qui scandalise un de ces petits, il eût mieux valu qu'on lui attachât au cou une meule de moulin et qu'on le jetât à la mer. »

Ne donnez jamais de mauvais conseils à vos camarades. — A votre âge, mes enfants, vous n'avez pas l'occasion de manquer dans ses grandes lignes au devoir dont nous parlons, cependant vous devez éviter de donner de mauvais conseils à vos camarades, même dans les choses légères. Beaucoup d'enfants qui commencent par de petites fautes s'y habituent et deviennent des vauriens. Porter un enfant par exemple, à dérober des fruits dans un jardin ce serait très mal quand même vous ne profiteriez pas du larcin. Engager un camarade à faire l'école buissonnière et à mentir pour cacher son équipée serait également coupable. Selon les instincts qu'il avait déjà, selon les circonstances qui se présenteront plus tard, celui qui aura débuté par de légers manquements peut devenir voleur, menteur, faussaire, et vous auriez dans ce mal votre part de responsabilité. On ne pense pas assez aux résultats que peuvent avoir les choses.

Ne porter personne au mal est quelque chose : porter au bien est mieux encore. — Eviter soigneusement tout ce qui pourrait blesser ou souiller l'âme du prochain est déjà beaucoup ; nous pouvons faire plus ; après nous être abstenus de donner de mauvais exemples, nous sommes tenus dans beaucoup de circonstances, d'en donner de bons.

Ceux qui doivent surtout donner le bon exemple. — L'obligation la plus étroite regarde les supérieurs ; ainsi les parents sont strictement tenus de donner de bons exemples à leurs enfants. On voit parfois de tristes choses à ce sujet. Un père, une mère, mettront sous les yeux de leurs enfants le spectacle de leur paresse ou de leur inconduite ; ils leur enseignent à marauder, à dérober le bien d'autrui ; ils arrachent ainsi les sentiments d'honnêteté qui auraient germé dans ces jeunes âmes si on les eût développés. Les conseils et les exemples venant de haut nous entraînent plus facilement que ceux de nos égaux ; ils sont donnés par des personnes en qui nous avons plus de confiance : nous sommes flattés d'agir comme elles. — Si mon père fait cela, dira un enfant, pourquoi ne le ferais-je pas? Cette vérité s'étend à la société tout entière. Vous ne savez peut-être pas ce qu'on appelle les *classes dirigeantes*. Ce sont des catégories de gens plus instruits, à l'intelligence plus cultivée, et qui, par leur position, leur industrie, leurs talents, leur fortune, exercent une certaine influence autour d'eux. Eh bien ! si ces personnes, qui doivent être l'élite de la société, donnent de mauvais exemples, le peuple les suit bientôt, et si elles ont la conscience éclairée elles ne doivent pas songer sans frémir à la part de responsabilité qui leur incombe. Leur devoir est de donner le bon exemple; ce bon exemple, le patron le doit à l'ouvrier, l'instituteur à ses élèves.

Mais on se doit le bon exemple même entre égaux. Sans être précisément chargés les uns des autres, nous ne saurions nous désintéresser les uns des autres. Nous ne devons pas nous cacher pour remplir nos devoirs et laisser croire autour de nous que nous ne les remplissons pas. Un caractère timide, hésitant, peut se sentir encouragé quand il verra son voisin, un homme généralement estimé, accomplir tel devoir, résister à telle tentation : il sera amené à faire de même. Et c'est une grande consolation pour un bon cœur de sentir qu'on est pour quelque chose dans la bonne conduite d'autrui.

Un poète persan, Saadi, exprime par l'apologue suivant, l'heureuse influence qu'exerce sur nous la société des gens de bien. « Je me promenais, dit-il; je vois à mes pieds une feuille à demi-desséchée qui exhalait une odeur suave. Je la ramasse et la respire avec délices. — Toi, qui exhales un parfum si doux, lui dis-je, es-tu la rose? — Non, mais j'ai vécu quelque temps avec elle ; de là vient l'odeur que je répands.

N'aimeriez-vous pas, chers enfants, être celui ou celle qui joue vis-à-vis de ses camarades le rôle de la rose ? Eh bien ! si vous vous montrez toujours dociles et obéissants, sages et pieux, gracieux et complaisants, si vous prenez la défense des absents attaqués, vous créerez autour de vous une atmosphère dans laquelle tous se trouveront si bien que peu à peu on vous imitera. L'influence du bon exemple est considérable, et le plus simple individu, dans la plus infime position, peut exercer par là un véritable apostolat dans la société.

DEVOIR DE L'ÉLÈVE

1. — Notre plus grand bien, c'est la vertu ; celui qui cherche à la ruiner dans les âmes, commet un crime plus grand que d'ôter la vie à quelqu'un.
2. — On peut porter au mal par de mauvais conseils et par de mauvais exemples.
3. — Celui qui fait le mal est toujours coupable ; celui qui l'y pousse peut l'être davantage.
4. — S'abstenir de mauvais exemples ne suffit pas ; nous devons dans certaines cas en donner de bons.
5. — L'exemple est une grande puissance ; on fréquente rarement les bons sans devenir meilleurs.

LEÇON LXXVI

NOUS DEVONS RESPECTER LA RÉPUTATION DU PROCHAIN

Faut-il tenir à sa réputation? — Nous avons un autre bien, qui, tout en étant plus extérieur, en dépendant moins de nous que la vertu, ne laisse pas d'avoir son prix : c'est l'honneur et la réputation. Faut-il tenir, dites-moi, à sa réputation ? Les uns répondent : Oui. Les autres disent : mais nous croyions qu'on ne devait pas faire le bien pour être estimé des hommes. C'est vrai ! Il ne faut pas faire le bien uniquement en vue de nous attirer l'estime et l'admiration. Notre but est plus relevé. Nous avons en vue l'accomplissement de la loi divine, la dignité de notre nature, notre perfectionnement moral ; mais, bien que l'opinion des hommes ne soit pas notre premier objectif, nous ne devons pas en faire fi. Ce serait là un mépris de l'humanité, un certain genre d'orgueil qui aurait quelque chose de coupable. Si vous voyez vos bonnes intentions méconnues, vos actions mal interprétées, si vous êtes en butte à l'injustice et à la calomnie, certainement vous devez vous résigner, dire : J'ai fait mon devoir, ma conscience est en paix, c'est là le principal ;

le reste est secondaire. Mais si vous supportez cela comme un malheur inévitable, vous pouvez regarder comme un bonheur que le contraire arrive, vous devez être contents quand vous possédez une bonne réputation. Par estime pour nos semblables, nous devons faire cas de leur estime.

La bonne réputation est un bien. — Un proverbe dit : *Bonne renommée vaut mieux que ceinture dorée*, c'est-à-dire une bonne réputation est préférable à la richesse. Se sentir apprécié, encouragé, pour certains caractères faibles, c'est un soutien moral, c'est déjà une sanction de leur bonne conduite qui, sans être la sanction suprême, les aide à rester dans le droit chemin, car enfin l'injustice est encore l'exception en ce monde, et ordinairement le bon renom suit la vertu comme l'ombre suit le corps.

Tout le monde a besoin de sa réputation. — Puisque la bonne réputation est un bien, nous devons faire notre possible pour acquérir ce bien et pour le conserver, et nous avons par conséquent le devoir de le respecter dans les autres. Il ne faut dire du mal de personne. Tout le monde a besoin de sa réputation. Un commerçant a besoin pour faire face à ses affaires, d'un bon renom d'honnêteté ; si vous faites courir des bruits injurieux sur son compte, vous pouvez ruiner son commerce. Un médecin, un magistrat ont besoin de la confiance du public ; si, par quelque méchant bavardage, vous portez atteinte à la considération dont ils jouissent, vous leur enlevez tout pouvoir de faire le bien. Les enfants mêmes ont besoin de la bienveillance de ceux qui les entourent ; si vous révélez quelque défaut d'un camarade vous l'empêchez d'avoir des amis ; et puis, cela peut lui faire tort plus tard dans la vie, alors qu'il se sera corrigé et aura acquis la vertu contraire. Les mauvais rapports restent longtemps dans l'esprit; ceux qui auront écouté les vôtres en conserveront toujours quelque chose, et ils ne seront pas au courant des efforts que l'enfant incriminé aura faits pour se corriger. Mal parler du prochain est donc une grande faute contre la justice et contre la charité.

Diffamation. — A moins que l'intérêt général de la société ne nous oblige de découvrir un crime resté impuni, nous n'avons pas le droit de fouiller dans la vie privée d'un individu et de le déshonorer. La loi civile punit les diffamateurs. On appelle *diffamation* l'acte qui consiste à attaquer publiquement la réputation de quelqu'un, soit par ses discours, soit par ses écrits. La loi punit aussi celui qui porte un faux témoignage, car il contribue à faire punir un innocent.

Attaquer quelqu'un qui ne peut se défendre, c'est une lâcheté. — Le plus souvent, quand on parle mal du prochain, ce n'est pas en sa présence ; de là le proverbe : « Les absents ont tort. » Eh bien ! attaquer quelqu'un qui ne peut se défendre, c'est une lâcheté. Si j'ai quelque chose à reprocher à une personne de ma connaissance, soit que mon devoir m'oblige à parler, soit que je n'aie pas le courage de supporter la peine qu'elle m'a faite, je puis exposer à la personne même ce que j'ai sur le cœur. Quelques mots un peu vifs s'en suivront peut-être, mais c'est un mal moindre que de dénigrer une personne par derrière, alors qu'elle ne peut vous expliquer ses raisons d'agir, et de lui nuire dans l'esprit des autres.

Fuyez les conversations inutiles. — Les oisifs et les bavards parlent souvent pour le plaisir de parler ; or, on ne saurait parler beaucoup sans s'occuper des absents et sans en dire du mal. On commence par des choses insignifiantes ; on arrive bientôt aux nuisibles. Ou bien, on a l'air de reconnaître des qualités à une personne et on ne tarde pas à y ajouter des défauts. Mille petites insinuations font leur chemin et causeront plus de mal qu'on ne pense. Méfiez-vous des bavardages, des commérages, des cancans. Travaillez, jouez, lisez, mais fuyez les conversations inutiles : voilà ma première conclusion. En second lieu, ne vous mêlez jamais de ce qui ne vous regarde pas : être curieux et bavard conduit à la médisance. Enfin, ne dites de vos camarades en leur absence que ce que vous diriez devant eux. Ces trois règles vous empêcheront de tomber dans le clan des *mauvaises langues*.

DEVOIR DE L'ÉLÈVE

1. — Une bonne réputation est une richesse ; on doit tenir à la conserver et ne pas l'attaquer chez les autres.
2. — Mal parler du prochain est une faute contre la justice et la charité ; mal parler des absents est une lâcheté.
3. — Fuyons les bavardages, les commérages qui finissent toujours par nuire au prochain.
4. — La diffamation consiste à attaquer publiquement la réputation de quelqu'un, soit par des discours, soit par des écrits.

LEÇON LXXVII

DE LA DISCRÉTION

Chacun a le droit de tenir sa vie intime close et cachée aux yeux du public. — Ce droit rentre dans les biens qui appartiennent au prochain et nous devons le respecter. Il y a des affaires de famille, d'intérêt, de santé, de conscience, que l'on tient à garder pour soi. C'est par la discrétion que nous respectons ce droit-là.

1° **Il faut s'abstenir de toute curiosité**, ne pas faire comme certaines personnes qui s'occupent toujours de ce qui se passe chez les voisins, ne pas nous immiscer dans les affaires d'autrui ; ne pas écouter aux portes afin de surprendre ce qui se dit à côté de nous. Surprendre un secret, c'est comme si on volait quelqu'un parce que le secret est la propriété de la personne que vous écoutez. On ne doit non plus jamais lire une lettre qui ne vous est pas destinée.

2° **Si le hasard vous a livré le secret d'une personne, vous êtes tenu de le garder.** — La curiosité n'est pas seulement un vilain défaut parce qu'elle est basse et dégradante ; elle est dangereuse parce que le curieux garde rarement pour lui ce qu'il a appris. Il peut ainsi causer de grands malheurs. Un bavard racontait à un de ses amis une chose qui lui avait été dite sous le sceau du secret et lui recommandait de n'en point parler. « Soyez tranquille, lui dit-on, je serai aussi discret que vous. » C'est ce qui arrive toujours. Si vous avez eu la faiblesse de parler, d'autres l'auront, et ce qu'on avait des raisons de taire sera largement divulgué. *Ne pas chercher à savoir, ne pas parler si vous savez: en deux mots, voilà toute la discrétion.*

Le secret professionnel. — Il y a des gens qui, par état, sont destinés à recevoir des confidences de diverses natures : les médecins, par exemple, les avoués, les notaires. Ils sont tenus d'une manière plus étroite encore que les autres à ne pas révéler ce qui leur est confié. Le médecin reçoit la confidence de certaines infirmités ; le notaire, l'avoué, de certaines difficultés de famille ou de fortune qu'il n'est pas bon de faire savoir au public, cela pourrait porter préjudice à leurs clients ; aussi sont-ils obligés au secret, presque autant qu'un confesseur.

DEVOIR DE L'ÉLÈVE

1. — Par la discrétion nous respectons le droit que possède chacun de tenir sa vie intime cachée aux yeux du public.

2. — Chacun est maître chez soi : la curiosité est un vilain défaut.

3. — Ne lisons jamais une lettre qui ne nous est pas adressée, quand même elle serait ouverte.

4. — Ne cherchons pas à savoir ce qu'on veut nous cacher, et ne répétons pas ce que nous avons appris.

LEÇON LXXVIII

NOUS DEVONS RESPECTER LE BIEN D'AUTRUI

La propriété du prochain. — Sortons maintenant des choses intimes et arrivons aux biens plus extérieurs. Nous devons respecter la propriété du prochain, c'est-à-dire tous les objets qui lui appartiennent. Vos camarades peuvent avoir des livres, des crayons, des instruments quelconques que vous trouvez à votre goût ; vous ne devez pas les leur prendre, parce que ces objets sont à eux ; on les leur a donnés, ou bien ils les ont achetés avec l'argent qu'on leur avait donné, ils leur appartiennent *en propre*, c'est ce que signifie le mot *propriété*. Un homme a fait des économies sur son travail, il a amassé une petite fortune, ou bien ses parents ont travaillé beaucoup et lui ont légué le fruit de leurs économies, cela lui appartient légitimement et nul ne doit le lui ravir.

Du vol ou larcin. — Posons d'abord ce grand principe : *Tout ce qui peut nuire au prochain dans ses biens est défendu par la justice*, nous passerons ensuite en revue les différentes manières de faire tort à autrui.

Il y a en premier lieu le vol ou larcin, qui consiste à dérober ce qui ne nous appartient pas. Et on vole de beaucoup de façons différentes. Qu'on dérobe de l'argent par force comme les voleurs de grand chemin qui vous demandent la bourse ou la vie, comme les cambrioleurs qui s'introduisent dans les maisons et crochètent les meubles ; ou bien qu'on s'approprie le bien d'autrui par ruse comme un enfant, un domestique un employé qui prendraient en cachette dans la maison où ils sont les pièces de monnaie se trouvant à leur portée, c'est toujours cette affreuse chose qu'on appelle le vol. S'emparer d'une somme d'argent, de bijoux, de meubles, de vêtements, de papiers représentant des valeurs, tout cela est voler. Et quand même le maître de l'objet ne s'apercevrait jamais de son absence, on n'en serait pas moins coupable. Je suppose que pendant la nuit, Pierre, propriétaire d'un champ, aille reculer la borne qui limite le champ de son voisin Jacques ; celui-ci n'y fait pas attention ; pensez-vous que Pierre ne soit pas coupable pour cela ? Certainement si. Il a volé à son voisin quelques mètres carrés de terrain ; il aura volé la récolte qui poussera dans cet espace autant d'années qu'il laissera s'écouler sans remettre la borne à sa place.

Je suppose encore que dans une commune un riche propriétaire permette aux pauvres gens, comme cela se fait généralement, de ramasser le bois mort dans sa forêt. Ceux-ci profitent de ce qu'ils ne sont pas vus pour couper de bonnes branches pleines de sève et de vie, et même pour arracher de jeunes arbres, comment faut-il qualifier leur action ? C'est encore un vol. Parmi ces différents genres de voleurs, on donne le nom de *maraudeurs* à ceux qui rôdent dans les campagnes pour attraper ce qu'ils peuvent : fruits, volailles, légumes, etc., et le nom de *braconniers* à ceux qui qui chassent dans les endroits défendus. Un individu aura fait des frais pour peupler son parc ou ses bois, de gibier, il réserve ce gibier pour certaines occasions, car il en est légitimement propriétaire ; celui qui vient chasser là sans autorisation et s'emparer de ce gibier est un voleur. Il y a des endroits où la chasse est permise, d'autres où elle ne l'est pas.

Réparation du tort causé au prochain. — Si quelqu'un ayant eu le malheur de s'approprier le bien d'autrui, se repent de sa faute, il ne suffit pas qu'il ne commette plus de larcin, la loi divine comme les lois humaines lui ordonnent de restituer et de réparer le tort qu'il a fait au prochain. Restituer, c'est rendre ce qu'on a pris ; si on n'a plus l'objet dérobé, il faut en rendre l'équivalent ; c'est-à-dire on fait estimer cela par des personnes qui s'y connaissent, et on rend ou un objet analogue ou une somme d'argent qui en représente la valeur. La restitution pure et simple ne suffit pas toujours. Ainsi je vous parlais tout à l'heure d'un propriétaire reculant la limite du champ de son voisin ; ce n'est pas assez qu'il rétablisse la borne à sa place et rende le terrain à son maître ; il doit donner en nature ou en argent l'équivalent des récoltes qu'il a faites dans ce morceau de terrain depuis qu'il s'en est emparé. Je suppose encore qu'un ouvrier aurait dérobé un outil à un camarade et qu'il l'aurait gardé pendant plusieurs jours, empêchant ainsi ce camarade de travailler ; il ne lui suffirait pas, pour tranquilliser sa conscience, de rendre l'outil, il devrait donner une somme égale au montant des journées qu'il a fait perdre.

DEVOIR DE L'ÉLÈVE

1. — La propriété du prochain doit être sacrée pour nous.
2. — Tout acte qui fait tort à autrui dans ses biens est injuste et coupable.
3. — Toutes les manières de voler sont coupables, quand même celui à qui on a fait tort ne s'en apercevrait pas.
4. — Si on a pris le bien d'autrui, on doit restituer ce qu'on a pris ou l'équivalent, et on doit réparer le préjudice causé au prochain pendant le temps qu'on a gardé l'objet.

LEÇON LXXIX

DIFFÉRENTES MANIÈRES DE FAIRE TORT AU PROCHAIN

Tout ce qui peut nuire au prochain dans ses biens est défendu par la justice. — Que de choses vont rentrer là-dedans !

Tromperies dans les marchés. — Un commerçant qui, par une ruse quelconque, fait croire qu'un tel poids de marchandise est dans la balance quand il n'y est pas, vous fait tort puisque vous payez pour un poids supérieur ; il vous est redevable de ce que vous payez en plus. Il en serait de même s'il trompait sur la qualité de la marchandise.

Falsification des denrées. — Mettre de l'eau dans le vin ou le lait, du plâtre dans le sucre, des substances plus nuisibles ailleurs, toutes les altérations qu'on fait subir aux denrées et qu'on appelle frelater la marchandise, la dénaturer, la changer, tout cela, ce sont des vols, à moins que le client ne sache vraiment ce qu'il achète et n'accepte ces mélanges comme tels.

L'anse du panier. — C'est le genre de vol de certaines domestiques peu scrupuleuses qui, allant aux provisions, comptent plus cher les denrées qu'elles ne les ont payées.

Détournement des matières premières. — Les ouvriers et ouvrières qui gardent en cachette une partie des étoffes ou autres matériaux à eux confiés, se rendent coupables de vol.

Escroquerie. — User de certains artifices, raconter des choses fausses pour se faire donner de l'argent qu'on ne vous donnerait pas sans cela, c'est de l'escroquerie.

La mauvaise foi. — Quelqu'un vous a confié un dépôt pendant un certain temps ; quand on vient le réclamer, vous niez l'avoir reçu ; c'est un vol fait par mauvaise foi, par abus de confiance. Vous empruntez de l'argent, sachant que vous ne pourrez pas le rendre, c'est de la mauvaise foi. En jouant de l'argent, vous trichez au jeu : vous volez votre partenaire.

Usure. — L'usure consiste à demander un taux exagéré de l'argent que l'on prête. Vous savez que pour l'argent placé dans un commerce, une entreprise quelconque, et qui s'appelle *capital*, on a le droit de réclamer tous les ans une certaine somme qui se nomme *intérêt*. Vous entendez vos parents dire qu'à la *Caisse d'épargne*, l'intérêt est de 3 % que dans telle entreprise il est de 4, c'est-à-dire que pour 100 francs prêtés, on vous donne 3 à 4 francs chaque année. Eh bien ! quelqu'un qui profiterait du besoin extrême où serait une personne pour lui prêter de l'argent à un taux exorbitant, à 10 ou 12 %, par exemple, serait coupable; il serait usurier.

Les procès injustes. — Pour les procès, allez-vous dire, ce sont les magistrats qui jugent et non les particuliers. C'est vrai, mais les magistrats peuvent se tromper, la justice humaine n'est pas infaillible. Eh bien ! je suppose que vous êtes de mauvaise foi et que, vous sachant redevable de telles sommes à votre voisin, vous profitez de ce qu'il n'a pas de preuves de votre dette, ou de ce que certaines apparences tournent contre lui pour intenter un procès. Je suppose encore que les juges, trompés par les apparences, lui donnent tort et vous donnent raison, cela ne décharge pas votre conscience ; vous demeurez coupable malgré leur décision, vous volez votre voisin, et si vous vous repentez un jour, vous devrez lui tenir compte, non seulement de ce qui faisait l'objet du procès, mais du temps et de l'argent que ce procès lui a fait perdre.

Ce que je dois et ne paye pas, je le prends à quelqu'un. — Revenons à notre maxime fondamentale : Il faut se garder de tout ce qui fait tort au prochain. Eh bien ! il y a encore une manière de lui faire tort. Si vous ne payez pas vos dettes, c'est comme si vous dérobiez quelque chose. A un domestique, vous avez pris son temps, ses peines, sa santé ; à une ouvrière vous avez pris son temps, son talent et souvent des fournitures qu'elle a payées ; pour tout cela vous devez une compensation pécuniaire, et si vous ne donnez pas cet argent, c'est comme si vous voliez tout le montant du gage ou de la facture. Ne tardons même pas longtemps à payer nos dettes. Celui qui, par insouciance, par négligence, fait attendre l'argent à de pauvres ouvriers en ayant grand besoin, est certainement coupable.

Puis-je garder ce que je trouve ? — On ne peut garder des objets trouvés qu'après avoir fait de sincères et sérieuses démarches pour en découvrir le propriétaire. Vous n'êtes pour rien, il est vrai, dans la perte qu'il a faite, vous n'êtes pas cause du tort qu'il éprouve mais si vous gardez l'objet sans rien dire, ce tort persiste par votre faute, tandis que c'est au contraire un acte de probité et de charité, que de tirer une personne d'embarras, en lui rendant son bien.

DEVOIR DE L'ÉLÈVE

1. — Les marchands ne doivent pas tromper sur le poids ou la qualité des marchandises.

2. — Falsifier les denrées est une fraude coupable.

3. — Les domestiques qui comptent les provisions plus cher qu'ils ne les achètent, font tort à leurs maîtres.

4. — Si on abîme la récolte d'un champ en le traversant, on fait tort au propriétaire.

5. — Ne pas rendre un dépôt qu'on nous a confié est un acte de mauvaise foi.

6. — Emprunter en sachant qu'on ne pourra pas rendre, tricher au jeu quand ce n'est pas par plaisanterie, c'est voler.

7. — Les usuriers, c'est-à-dire ceux qui prêtent de l'argent à un taux très élevé, sont coupables.

8. — Si, étant de mauvaise foi, nous trompons les juges dans un procès qui tourne à notre avantage, notre conscience reste engagée malgré les décisions de la justice.

9. — Ne pas payer ceux à qui l'on doit, c'est un vol.

10. — On doit faire des démarches pour connaître le propriétaire d'un objet trouvé.

LEÇON LXXX

LA PROBITÉ

Il faut s'habituer jeune à ne rien dérober. — Le vol, défendu à la fois par la loi divine et par les lois humaines, est, comme vous le savez, puni par les tribunaux. Mais, mes enfants, beaucoup d'hommes qui sont ainsi tombés sous les coups de la justice, ont commencé par de petites indélicatesses, de petits larcins ; c'est pourquoi je veux vous recommander à cet égard une grande délicatesse de conscience. On commet parfois des fautes de ce genre par enfantillage et on ne réfléchit pas où l'enfantillage peut conduire. On a vu une jolie image dans le livre de sa compagne, un porteplume original dans le bureau d'un camarade, on se dit : Ça n'a pas d'importance ! et si une occasion favorable se présente, peut-être glissera-t-on l'objet dans sa poche. Eh bien ! je veux attirer votre attention sur les conséquences de pareils actes, ils endorment la conscience et vous habituent à ne pas respecter le bien d'autrui, celui qui se les permet peut arriver à des actes plus graves.

La probité est délicate et scrupuleuse. — On appelle probité, la qualité de celui qui fait preuve d'une grande délicatesse de conscience à l'égard du bien d'autrui. C'est un bel éloge à faire d'un homme que de dire : « Il est la probité même ». Chacun a confiance en lui, l'ombre d'un soupçon ne l'effleure jamais. Voici un bel exemple de probité.

Un fermier vient se plaindre à son propriétaire de ce que celui-ci, dans ses dernières chasses, avait foulé et endommagé une pièce de blé. Le propriétaire, très consciencieux, demande à combien on estime le dommage. — « A cinq cents francs. » Il compte donc les cinq cents francs. Quelque temps après, il voit revenir le fermier. « A mon grand étonnement, dit celui-ci, le blé qui avait été foulé aux pieds s'est relevé et est devenu très beau. Je vous rapporte les cinq cents francs. » D'autres se seraient dit peut-être : « On me les a donnés, je les garde ». Mais on les lui avait donnés en vue d'une hypothèse qui n'existait plus ; sa conscience lui commandait de ne pas garder l'argent.

Eh bien ! pour être toute votre vie d'une probité irréprochable, commencez à être maintenant d'une probité scrupuleuse. Ne touchez jamais au bien d'autrui, ne prenez pas un fruit dans un jardin sans permission, une plume sur une table sans l'avoir demandée. C'est la fidélité dans les petites choses qui vous amènera à être fidèles en tout.

Probité des magistrats. — Il y a des gens qui cherchent à corrompre la conscience de certains fonctionnaires, afin que ces fonctionnaires décident en leur faveur quand même ils n'ont pas le bon droit. Celui qui repousse avec indignation ces offres coupables témoigne, en même temps que de ses sentiments d'honneur, d'un noble mépris de l'argent.

Vers le milieu du xviiie siècle, M. Dugas, membre d'une famille bien connue à Lyon, était prévôt des marchands de sa ville natale. Cet emploi correspondait à peu près à celui de maire aujourd'hui. Un jour, les boulangers viennent lui demander d'augmenter le prix du pain. M. Dugas répond qu'il examinera leur demande. En se retirant les délégués laissent sur la table une bourse de deux cents louis,

pensant influencer ainsi le magistrat en leur faveur. Quelques jours après, ils reviennent. « Messieurs, dit le prévôt, j'ai pesé toutes vos raisons dans la balance de la justice et je ne les ai pas trouvées suffisantes. Je n'ai pas jugé qu'il fallût, par une cherté que rien ne justifie, faire souffrir le peuple. Quant à votre argent, je l'ai distribué aux deux hôpitaux de cette ville ; je ne pense pas que vous en ayez voulu faire un autre usage. J'ai même compris que, puisque vous étiez en état de faire de pareilles aumônes, vous ne perdiez pas dans votre commerce, ainsi que vous le dites. »
Je vous laisse à penser le dépit des marchands qui avaient rencontré un honnête homme et un homme d'esprit.

DEVOIR DE L'ÉLÈVE

1. — Quand on commence à dérober des choses minimes la conscience s'endort et on arrive à des fautes plus grandes.
2. — La probité est la vertu de celui qui fait preuve d'une grande délicatesse de conscience à l'égard du bien d'autrui.
3. — C'est un grand éloge à faire d'un homme que de dire : Il est la probité même.
4. — Repousser des offres de corruption, c'est faire preuve de délicatesse et de désintéressement.

CHAPITRE VII

DEVOIRS DE CHARITÉ

LEÇON LXXXI

HUMANITÉ, CHARITÉ, BIENVEILLANCE

La justice ne suffit pas toujours. — Quand vous connaissez une personne qui remplit ponctuellement tous ses devoirs, qui rend à chacun ce qui lui est dû, qui ne fait pas de tort à ses semblables, mais ne leur fait aucun bien, vous sentez-vous pour elle un grand enthousiasme? Est-ce là l'idéal que vous vous formez de la perfection humaine? Non! n'est-ce pas? Vous l'admirez mais sans grands élans ; elle vous laisse froids comme elle est froide elle-même. Nous sentons instinctivement que l'idéal chrétien est plus élevé, que la beauté morale doit rayonner davantage autour d'elle. Et si nous rencontrons un homme qui cherche en tout et partout le bonheur de ses semblables, qui fait naître les occasions de leur être utile, qui ne ménage pour eux ni son temps, ni ses peines, ni sa fortune, notre sympathie va vers lui comme le fleuve à l'océan. C'est qu'aux devoirs de justice nous devons ajouter la pratique de la bonté et de la bienfaisance. « Ne faites pas aux autres ce que vous ne voudriez pas qu'on vous fît », c'est la première partie du programme ; la seconde nous dit : « Faites aux autres ce que vous voudriez qu'on vous fît. »

Ces devoirs de bienfaisance sont-ils aussi obligatoires que les autres? — Mes enfants, la vie n'est possible et la société n'est prospère qu'à condition qu'on les remplisse. Supposez une société où on se bornerait à ne pas se faire de mal les uns aux autres, mais où chacun vivrait pour soi, où on ne s'aiderait pas mutuellement. Que deviendraient les infirmes ne pouvant travailler ? Qui instruirait les ignorants quand ils n'auraient point d'argent pour payer des maîtres? Non! nous devons sortir de nous-mêmes pour nous intéresser à ceux qui ne peuvent se suffire. On dit d'un homme qui est sensible aux plaintes et aux besoins des autres, qu'il a de l'*humanité ;* c'est là un terme générique qui comprend diverses vertus sous diverses dénominations.

D'où vient que les uns ont de l'humanité et que les autres n'en ont pas? — Cette question m'amène, avant de passer en revue les diverses vertus dont je parle, à vous en indiquer la cause. Le principe de nos actes, c'est très souvent nos affections ; nous sommes portés à faire du bien à nos semblables ou à ne pas leur en faire, selon que nous les aimons ou que nous ne les aimons pas. Aussi le christianisme, avec sa connaissance profonde de la nature humaine, appuie moins sur la nécessité de faire du bien aux hommes que sur celle de les aimer, persuadé que, ce dernier point obtenu, le reste viendra toujours. Un grand docteur de l'Eglise, saint Augustin, exprime énergiquement cette vérité: « Aimez, dit-il, et faites ce que vous voudrez. » Saint Jean répétait sans cesse à ses disciples : « Mes petits enfants, aimez-vous les uns les autres ; ce commandement renferme tous les autres. » Je suis sûre que vous me comprenez et que vous trouvez facile d'être bons pour ceux que vous aimez. Eh bien ! mes chers enfants voilà le seul moyen d'être bon pour tout le monde. C'est sur votre cœur qu'il faut agir d'abord, et les actes en découleront. *Il faut développer en nous l'amour de nos semblables ;* en premier lieu, cet amour général qui fait que nous ne méprisons pas l'humanité malgré ses défauts, mais que nous voyons en elle l'image de la Divinité ; et puis il faut développer cette *sensibilité* qui fait que nous sommes émus à la vue des misères de chacun en particulier, que nous souffrons de ses peines, que nous jouissons de ses joies. Vous entendez raconter un malheur arrivé à quelqu'un, ne dites pas : « Qu'est-ce que ça me fait ? » ce serait la marque d'un mauvais cœur.

Peut-on agir sur ses sentiments? — Mes enfants, chacun de nous a bien par sa nature un cœur plus ou moins tendre, mais nous pouvons aussi opérer en nous de grandes transformations puisque nous sommes perfectibles ; nous pouvons aussi bien améliorer et diriger les affections de notre cœur que nous pouvons développer notre intelligence. Il faut pour cela s'habituer à ne pas penser qu'à soi, ne pas fuir la vue des tristesses et le récit des misères des autres sous prétexte de nous ménager. *Qui ménage trop sa sensibilité devient froid, égoïste et sans cœur.* Le christianisme, vous le savez, renferme tous les devoirs de bienfaisance sous le nom de charité. Or, dans son grand, dans son vrai sens, le mot « *charité* » veut dire « Amour ».

Amour de bienveillance. — Certainement on n'aime pas tout le monde de la même manière. Je mets de côté vos affections de famille dont nous avons traité ailleurs ; je mets de côté également la sympathie particulière qui vous porte à rechercher l'amitié de tel ou tel camarade ; l'amour que vous devez à tous les hommes est un sentiment général qu'on appelle amour de bienveillance. Ce dernier mot est un mot très bien fait qui indique tout de suite la nature de nos devoirs envers le prochain. La bienveillance consiste à vouloir du bien aux autres ; la malveillance, à leur vouloir du mal. Or, il est naturel que celui qui leur veut soit du bien, soit du mal, leur en fasse quand cela est possible. C'est donc dans la bienveillance et la malveillance que la bienfaisance et la malfaisance ont leur source.

Il y a des esprits froids et raides dont l'abord hostile vous décontenance ; il y a au contraire des personnes dont l'abord est facile, des personnes toujours portées à être agréables aux autres ; sans savoir si elles auront ou non l'occasion de se rendre utiles, elles sont disposées à l'être : voilà la bienveillance. Dans une voiture publique la personne bienveillante se gêne pour vous faire place ; êtes-vous chargés de paquets, elle vous les prend pour que vous montiez plus facilement ; avez-vous un enfant sur les bras, elle s'intéresse à lui ; l'égoïste s'étale et prend ses aises au risque de gêner les autres et ne porte intérêt qu'à lui-même. J'ai une démarche ennuyeuse à faire ; je vais solliciter un service ; la personne à qui je m'adresse n'est pas sûre de pouvoir me le rendre ; mais elle me reçoit avec *bienveillance*, écoute attentivement les raisons que je lui expose, me promet de faire pour moi tout ce qui sera possible ; je m'en vais encouragé, réconforté. Si au contraire j'ai affaire à un égoïste, il m'écoute à peine, je ne me sens pas compris, et quelques paroles brèves et superficielles achèvent de m'humilier ; je trouve dur d'être obligé de recourir à autrui. La bienveillance est donc une qualité qui attire les cœurs, qui les réchauffe, qui leur permet de se dilater et de s'épanouir. Elle vous fait des amis, bien plus que la richesse. C'est la monnaie de la fraternité, la racine de la bonté. Il y a des témoignages de bienveillance qui vous relèvent moralement plus qu'un grand bienfait.

Les supérieurs doivent être bienveillants envers leurs inférieurs ; les égaux doivent l'être entre eux. D'inférieurs à supérieurs, c'est la déférence qui est de mise ; mais là encore une certaine bienveillance a sa place ; elle nous empêche de mal interpréter les actions de nos supérieurs et d'avoir des préventions contre eux.

DEVOIR DE L'ÉLÈVE

1. — L'idéal chrétien va plus loin que la stricte justice ; il s'élève à la charité.
2. — Le mot charité veut dire amour ; on ne fait du bien aux hommes que si on les aime.
3. — Avoir de l'humanité, c'est aimer nos semblables et s'intéresser à ceux qui ont besoin des autres.
4. — La vie n'est possible et la société prospère que si les devoirs de bienfaisance et de charité s'ajoutent aux devoirs de justice.
5. — N'étouffons pas la sensibilité qui nous émeut devant les maux du prochain.
6. — La bienveillance est une disposition favorable de la volonté à l'égard de quelqu'un.
7. — Elle est la racine de la bonté et la monnaie de la fraternité.
8. — La bienveillance attire les cœurs ; elle nous fait des amis bien plus que la richesse.

LEÇON LXXXII

DE L'AUMONE

Est-on obligé de faire l'aumône ? — Parmi les secours accordés au prochain, en voici un qui se présente fréquemment : c'est le secours en argent, vêtements, nourriture, connu sous le nom d'aumône. Est-on réellement obligé de faire l'aumône, ou est-ce seulement un acte de charité méritoire et facultatif ? C'est un devoir strict pour qui a la possibilité de le remplir. Comme nous avons eu déjà l'occasion de le dire, ce devoir ne correspond pas au droit particulier de telle ou telle personne, c'est-à-dire nul ne peut vous forcer à donner à lui plutôt qu'à un autre, et à lui donner ceci plutôt que cela, mais c'est quand même une obligation imposée par Dieu et par la conscience. Le riche doit se considérer comme le dispensateur des biens que la Providence lui a confiés.

Que devons-nous donner ? — Il faut donner selon ses moyens, mais une grande latitude nous est laissée à ce sujet. Il y a de saintes âmes qui se privent de tout pour secourir les malheureux, qui vivent elles-mêmes dans la pauvreté par amour pour les pauvres, cela c'est l'héroïsme de la vertu ; mais si les vertus héroïques acquièrent de grands mérites, elles ne nous obligent pas, chacun peut garder le nécessaire et prélever la part des pauvres seulement sur son superflu.

Conditions à observer pour que l'aumône soit bonne. — En premier lieu, la *charité ne doit pas s'exercer aux dépens de la justice*, car ce serait une dérision. Ainsi un usurier qui consacrerait ses bénéfices à une œuvre de bienfaisance n'en serait pas moins coupable ; une dame qui donnerait beaucoup aux pauvres et ne payerait pas ses domestiques, serait dans le même cas. Ensuite je vous dirai : *Faites l'aumône personnellement ;* ne vous contentez pas de porter votre argent à des bureaux de bienfaisance ou de parader dans les fêtes et les ventes de charité ; voyez vous-mêmes les malheureux ; vous connaîtrez mieux leurs besoins, vous saurez mieux ceux qui méritent d'être secourus, votre cœur s'attendrira à la vue des souffrances d'autrui, et vous montrerez au pauvre cette affection, cette sollicitude qui est la vraie charité.

Après ces premières conditions, l'aumône doit encore avoir trois qualités.

1º Elle doit être faite avec discernement, c'est-à-dire qu'il ne faut pas donner à tort et à travers sans s'informer de la position de ceux que l'on secourt. On risquerait de favoriser des intrigants et de faire tort aux vrais malheureux. Il faut secourir les vieillards, les orphelins, les infirmes, de préférence à ceux qui peuvent travailler ; les gens timides, les pauvres honteux et les délaissés de préférence aux caractères hardis et entreprenants qui parlent beaucoup et savent se tirer d'affaire.

2º L'aumône doit être faite avec bonne grâce. — Il ne faut pas avoir l'air de mépriser le pauvre, lui donner son obole sèchement, d'une manière hautaine ; il en serait humilié, et la haine germerait dans son cœur au lieu de la patience et de la résignation. Nous devons avoir le respect du malheur, nous dire que celui qui souffre est notre frère. Il faut accompagner son aumône de quelques bonnes paroles et d'un sourire amical, s'asseoir quelques instants dans les familles qu'on visite, s'occuper de ce qui les intéresse, caresser les enfants surtout ; c'est ce qui gagne le cœur des pères et des mères.

3º L'aumône doit être faite avec discrétion. — Il ne faut pas divulguer le bien que l'on fait ; ceci est à la fois pour nous et pour les pauvres. Pour nous, car l'ostentation, la vaine gloire enlève le mérite des bonnes œuvres. Pour les pauvres, car publier vos bienfaits serait les froisser, les blesser, et la délicatesse demande que nous ne froissions chez nos semblables aucun sentiment honorable.

Ma position ne me permet pas de donner de l'argent. — Serai-je donc privé du bonheur de faire le bien ? Non ! Il y a tant de manières de pratiquer la charité que, si nul n'est dispensé de ce devoir, nul non plus ne peut trouver d'excuse pour ne pas l'exercer.

On peut faire l'aumône de son temps. — Je vais garder un malade ou un petit enfant pour que la fille ou la mère puisse assister à la messe ou faire des courses de ménage ; c'est une charité. Je fais la lecture à un aveugle, j'écris une lettre pour une personne qui n'est pas instruite, j'entreprends des démarches pour obtenir l'admission d'un vieillard dans un hospice, d'un enfant dans un orphelinat ; en tout cela je fais l'aumône de mon temps. Je puis encore employer ce temps à solliciter de plus riches que moi l'aumône que je ne puis tirer de ma bourse, j'aurai autant et même plus de mérite que si je l'avais donnée, car il est certainement plus pénible d'implorer les autres que de tirer de l'argent de sa poche.

On peut faire l'aumône de son travail. — Jacques est tombé malade à l'époque du labour et des semailles. S'il ne peut ensemencer ses terres, il n'aura point de récolte. Son voisin François a pitié du dénuement de sa famille ; il double la somme ordinaire de travail, ne prend pas de repos dans le milieu du jour, et laboure le champ de Jacques en même temps que le sien.

La meilleure charité à faire à une personne qui a encore de la force, c'est de lui procurer du travail. — L'aumône avilit celui qui la reçoit s'il est capable de gagner sa vie. Il faut éviter avec autant de soin d'encourager la paresse que de laisser le malheureux sans secours. Pour sauvegarder la dignité morale de l'individu, pour conserver les aumônes à ceux qui en ont un besoin véritable, procurez du travail à ceux qui en manquent, mettez-les en état de gagner leur vie.

DEVOIR DE L'ÉLÈVE

1. — C'est un devoir de faire l'aumône pour qui a la possibilité de la faire.
2. — Si vous avez beaucoup, donnez beaucoup, si vous avez peu, donnez du peu que vous avez.
3. — La charité ne doit pas s'exercer aux dépens de la justice.
4. — L'aumône doit être faite avec discernement, bonne grâce et discrétion.
5. — Celui qui n'est pas riche peut faire l'aumône de son temps ou de son travail.
6. — Quand on peut procurer du travail à ceux qui n'en ont pas et qui peuvent en faire, c'est la meilleure des charités, car elle sauvegarde la liberté humaine.

LEÇON LXXXIII

L'AUMONE INTELLECTUELLE

Il faut aider autant qu'on le peut au développement des intelligences. — Procurer la nourriture, l'abri, le vêtement à ceux qui ne peuvent se les procurer eux-mêmes, c'est bien, mais au-dessus des secours matériels accordés à nos semblables, il faut placer le bienfait qui consiste à cultiver les intelligences, à former les idées et le jugement. C'est là une charité d'autant plus grande que l'âme est plus au-dessus de la matière. Tous ceux qui instruisent la jeunesse ou contribuent à son instruction, rendent ce service ; ceux qui le font par profession s'ils mettent du cœur et du dévouement dans leur œuvre, et ceux qui le font par circonstance, uniquement pour être utiles aux autres. Les occasions ne manquent pas de rendre ce service. Vous voyez à la campagne un petit berger que des parents insouciants n'envoient pas à l'école ; vous allez, dans vos promenades, vous asseoir à côté de lui et vous lui apprenez à lire; vous ouvrez ainsi de nouveaux horizons à sa vie. Vous enseignez le catéchisme, la précieuse science de Dieu et de l'âme à des enfants qui ne l'apprennent point ailleurs. Vous soutenez de vos deniers les écoles libres où on ouvre l'âme des enfants aux grandes vérités. Vous avez les cours du soir, les écoles du dimanche pour les apprentis ou apprenties occupés dans la semaine; vous avez tout ce qui s'appelle cours d'adultes ou cours professionnels. Le champ est vaste de ces œuvres intellectuelles ; et elles sont précieuses. Bien que l'instruction soit très répandue aujourd'hui, on trouve encore des jeunes gens ou des jeunes filles que les circonstances n'ont pas favorisés à ce sujet et qui ne pourraient arriver à une position convenable sans un supplément d'instruction.

Ceux qui peuvent redresser des idées fausses font œuvre très utile. — Il y a malheureusement beaucoup d'esprits dévoyés par de mauvaises doctrines ; si on peut au moyen d'entretiens judicieux faire pénétrer en eux des idées plus saines, on leur aura rendu un immense service. Votre père, par exemple, a un de ses amis qui, abusé par de dangereuses lectures, voit les choses de la vie sous un jour faux et trompeur ; il se figure qu'il arrivera à la fortune par la révolution et non par le travail ; il croit à des rapports mensongers contre les ministres de la religion ; il fréquente de mauvaises sociétés qui étouffent en lui l'amour de la patrie ; votre père sait le raisonner doucement, il lui explique avec clarté certaines choses que l'ami comprenait mal, il lui fait toucher du doigt la fausseté et la vénalité de ceux qui le flattent ; il amène peu à peu son esprit à voir plus juste, à juger plus sainement ; ce sauvetage d'une intelligence qui sombrait dans l'erreur équivaut à l'action de sauver un homme qui se noie. Vous devez savoir cela aujourd'hui, mes enfants, afin d'en être instruits quand l'occasion se présentera plus tard d'agir à votre tour.

DEVOIR DE L'ÉLÈVE

1. — Procurer à quelqu'un la culture de l'intelligence, développer son jugement est un très grand bienfait.

2. — Si je puis contribuer à instruire quelques pauvres enfants abandonnés ou en retard, je ne manquerai pas de le faire.

3. — Redresser des idées fausses si on peut le faire sans heurter personne, c'est rendre un service aussi grand que de sauver un homme qui se noie.

LEÇON LXXXIV

L'AUMONE DU CŒUR

Y a-t-il des besoins, des douleurs que les moyens précédents n'atteignent pas ? — Donner des secours matériels aux malheureux qui souffrent du froid, de la faim ou de la maladie, procurer aux ignorants les moyens de s'instruire, voilà deux grands devoirs de charité. Pensez-vous, mes enfants, qu'il n'y ait pas d'autres occasions de faire du bien à ses semblables ? Si. Il y a un grand nombre de douleurs que ces moyens n'atteignent pas : ce sont les *peines morales*. Celui qui a du cœur et de la sensibilité se fait un devoir de consoler les affligés. On les console de mille manières différentes selon les circonstances, car les peines dont chacun peut souffrir sont très variées.

On relève le courage de ceux qui pleurent. — Voici, par exemple, un enfant qui a perdu sa mère ; il faut l'entourer, lui montrer de l'amitié, lui tenir souvent compagnie afin qu'il s'aperçoive moins du vide qui s'est fait près de lui. Voici un père et une mère qui ont perdu leur enfant ; il leur semble qu'ils n'ont plus rien à faire en ce monde et ils risquent de tomber dans le désespoir. Il faut que des amis judicieux et discrets remontent ces pauvres âmes, les fassent penser à l'autre vie où l'on se retrouvera, et leur apprennent, comme dérivatif en celle-ci, à s'occuper de bonnes œuvres en vue de leur enfant.

On entoure de sympathie ceux qui sont délaissés. — La mort n'est pas la seule cause qui amène des chagrins ; il y a des désunions dans les familles, des jalousies, des infirmités précoces qui aigrissent les caractères, des injustices subies qui font que quelqu'un est méprisé sans l'avoir mérité. Un vieillard, par exemple, se trouve isolé, délaissé, parce que tout le monde se porte vers les relations agréables ; que ferez-vous pour lui ? Vous irez le voir. Quelques petites visites de temps en temps, avec votre jeune gaieté, votre visage riant, avec les paroles affectueuses que votre cœur vous suggérera, cela réchauffera son cœur et mettra un rayon de soleil dans son triste logis.

On montre à ceux qui ont perdu leur fortune qu'ils ont conservé l'estime et la considération. — Une famille qui a occupé une brillante situation tombe dans la gêne ; beaucoup de gens qui se prétendaient ses amis l'abandonnent ; c'est à la fois une blessure d'amour-propre et une blessure du cœur, car l'ingratitude atteint profondément. Vous, au contraire, soyez plus aimables qu'avant, montrez à ces personnes qu'il est quelque chose en ce monde au-dessus des biens de ce monde : c'est l'estime des honnêtes gens, et que cette estime leur reste. On devient craintif et susceptible quand on est malheureux; on n'ose plus aller au devant des autres, et si les autres n'ont pas la délicatesse de venir au devant de vous, on tombe dans le découragement et le désespoir. La sympathie de quelques-uns vous relève au contraire le moral, elle est cause parfois qu'on a le courage de se refaire une position.

Le cœur est ingénieux. — Les moyens de faire du bien aux âmes varient à l'infini, justement parce que c'est le cœur qui les inspire ; *or le cœur a des délicatesses que la raison ne connaît pas.*

Une Sœur de charité soignait un soldat malade dans un hôpital d'Afrique. Le pauvre garçon avait autant le mal du pays que celui de sa blessure ; il se laissait aller au découragement. La bonne Sœur, sachant qu'il avait été jardinier, apportait tous les jours des brassées de fleurs sur son lit, et le jeune homme, les mains plongées dans les fraîches tiges, semblait revivre les jours de sa jeunesse. « Nous n'aurions pas trouvé ça, dit le chirurgien à ses aides, où est-ce que la Sœur a pêché cette idée? » Elle l'avait puisée dans son cœur; quand on aime les malades, on sent bien ce qui peut leur faire plaisir.

C'est souvent une charité de savoir écouter. — Quand vous aurez pour ceux qui souffrent toutes les attentions dont nous avons parlé, vous serez ce qu'on appelle *compatissants*. Le mot *compatissant* veut dire souffrir avec autrui. Si vous montrez à quelqu'un que vous souffrez de sa peine, que vous y prenez part, vous consolez cette personne. Eh bien ! il est encore un moyen de compatir et de prendre part, moyen qui est facile à tout âge, c'est de savoir écouter. Parmi les personnes qui sont malheureuses, les unes, selon leur caractère, tiennent leur douleur renfermée en elles-mêmes, d'autres ont besoin de s'épancher ; cela les soulage de dire leurs peines et de sentir qu'elles sont comprises. Si vous les écoutez distraitement, en donnant des signes d'impatience, en ayant l'air de penser que cela vous est égal, la pauvre âme froissée souffre plus qu'auparavant ; elle a honte de sa confidence. Mais si vous écoutez avec attention, même les détails qui vous paraîtraient fastidieux, si vous montrez que vous comprenez la souffrance ressentie, vous avez aidé ce pauvre cœur à se dégonfler, cet esprit troublé, à se détendre. C'est un grand talent de savoir écouter, et un talent qui fait plus de bien qu'on ne pense.

DEVOIR DE L'ÉLÈVE

1. — L'aumône du cœur consiste dans les témoignages de sympathie et d'affection donnés à ceux qui sont tristes, isolés, ou qui ont subi quelque malheur.
2. — Le mot compatir veut dire souffrir avec autrui. Sachons écouter les plaintes de ceux qui sont dans la peine, car cela les soulage.
3. — Donner de la joie, du bonheur, c'est une charité, et la meilleure de toutes.

LEÇON LXXXV

LA BONTÉ

La bonté consiste à faire autour de soi le plus d'heureux possible. — La bonté nous fait un cœur tendre qui s'apitoie sur les peines d'autrui et voudrait y remédier, un cœur délicat qui cherche à faire plaisir à tous dans les moindres choses. Elle est le résumé, la fleur, la quintessence de toutes ces dispositions qui complètent et couronnent la justice. Elle est donc la grande ressource des déshérités de ce monde ; elle est l'indispensable condition pour les relations cordiales de la famille ; elle est l'huile qui adoucit le frottement dans les rouages de la société.

Les jeunes filles surtout doivent s'attacher à être bonnes avec tout le monde : égaux ou inférieurs, étrangers ou personnes de la famille ; elles doivent s'oublier pour chercher la commodité et le bien-être de chacun. Une femme qui n'aurait pas de bonté et d'abnégation ne serait pas digne de son sexe.

Quelle différence y a-t-il entre la bonté et la charité? — La charité ou l'amour de nos semblables repose sur un principe surnaturel, c'est la plus belle des vertus ; on aime alors son prochain pour l'amour de Dieu. La bonté est une disposition naturelle à vouloir que tout le monde soit heureux. C'est une bien belle chose que la bonté, même avant qu'elle ait atteint ce degré surnaturel où elle est charité. La bonté, c'est l'idéal du bien. Voyez le nom populaire qu'on donne au Créateur : on l'appelle le « bon Dieu ». Il nous a donné, en effet, plus que le strict nécessaire. A côté du champ de blé qui vous nourrit, admirez les fleurs magnifiques qui sont le sourire de la terre ; voyez que de beaux spectacles dans la nature, créés pour le plaisir des yeux. Être bon, c'est ressembler à Dieu, c'est ne pas marchander ce qu'on donne de son temps, de ses peines, c'est ne pas se lasser de faire le bien quand même on aurait parfois rencontré l'ingratitude. Être bon, c'est accueillir gracieusement tous ceux qui nous approchent, se sentir au cœur de la bienveillance pour chacun, écouter patiemment quelque longue confidence, c'est excuser ceux dont on parle mal, relever celui qui tombe, porter le fardeau de celui qui est trop chargé, c'est consoler celui qui pleure, venir en aide à ceux qui sont dans la misère ; c'est oublier les injustices dont on a pu être victime ; c'est voir sans envie et sans amertume ceux qui sont plus heureux que nous.

Charme de la bonté. — La bonté, c'est le grand charme de la vie ; c'est par elle qu'on attire les cœurs et qu'on se fait aimer. On voit des personnes qui n'ont pas un brillant extérieur, peu de fortune, peut-être même une éducation fort ordinaire ; cependant on les recherche avec empressement, partout où elles se trouvent on se sent l'esprit à l'aise, l'esprit reposé, dilaté, réconforté ; c'est que ces personnes sont bonnes et leur bonté s'épanouit autour d'elles comme un doux soleil de printemps qui réchauffe les cœurs. Elles ont pour tous un mot aimable ; s'il y a un service à rendre, elles le devinent avant même qu'on en parle et le rendent sans bruit. Soyez donc bons, très bons, on ne l'est jamais trop, et vous serez aimés.

DEVOIR DE L'ÉLÈVE

1. — La bonté est une disposition naturelle qui nous porte à faire autour de nous le plus d'heureux possible.
2. — La bonté est le grand charme de la vie ; elle adoucit les rapports de la société.
3. — Une jeune fille surtout, une femme qui n'aurait pas la bonté et l'abnégation, n'aurait pas le caractère de son sexe.
4. — C'est par la bonté qu'on se fait aimer.
5. — Il vaut mieux être trop bon que de ne pas l'être assez. Etre bon, c'est ressembler à Dieu.

LEÇON LXXXVI

LE DÉVOUEMENT

Le dévouement c'est le don de soi-même, c'est tout ce que nous avons indiqué dans les précédentes leçons, c'est la charité poussée jusqu'à l'oubli de soi, jusqu'à la souffrance et à la mort supportées pour les autres. *Se dévouer* signifie se donner spécialement à une œuvre, à une entreprise ; cela peut exister dans tous les genres de charité. L'ouvrier qui, gêné lui-même pour vivre, adopte l'orphelin d'un de ses camarades et l'admet à son foyer, se dévoue pour lui procurer ce qui est nécessaire à la vie. Le religieux, la religieuse qui abandonnent dans le monde une situation brillante, une famille aimée pour instruire la jeunesse, consoler les pauvres, soigner les malades, se dévouent pour donner, avec les soins matériels, la vie de l'intelligence et de l'âme.

Le dévouement est une chose au-dessus du devoir strict; dans la plupart des cas on ne peut dire qu'il soit obligatoire. Nous sommes tous tenus de faire du bien à nos semblables, de les *aimer comme nous-mêmes*, mais Dieu n'exige pas davantage. Celui qui va au-delà, qui les *aime plus que soi-même*, qui, pour leur faire du bien, sacrifie son propre bien-être, sa santé, parfois sa vie, celui-là accomplit un acte méritoire, digne de notre admiration.

Multiples formes du dévouement. — Il y a, dans les grands dévouements, celui du soldat à la patrie, dont nous avons déjà parlé ; il y a le dévouement du médecin qui ne recule devant aucun danger pour remplir son devoir ; celui des religieuses qui soignent des varioleux, des cholériques, des pestiférés. On en trouve toujours pour aller en Syrie ou dans des îles écartées, s'enfermer en des léproseries dont elles savent qu'elles ne sortiront pas vivantes. Il y a des dévouements à la science, des gens qui usent leur vie à une recherche utile, vivant pour cela dans la gêne, s'accordant à peine le nécessaire. Pour les dangers accidentels il y a des sociétés de sauvetage, c'est-à-dire de nobles cœurs unissant leurs forces afin de venir en toutes circonstances au secours de leurs semblables. Les sauveteurs maritimes, par exemple, sont toujours prêts à courir pour sauver l'équipage d'un navire en détresse, et bravent pour cela le courroux d'une mer où plus d'un est resté englouti. Les pompiers exposent leur vie pour éteindre les incendies ou en arrêter les progrès.

La société a créé des décorations pour honorer certains actes de courage et les signaler au respect de la foule. Un homme de bien, M. Montyon, a aussi institué vers le commencement du siècle dernier des prix destinés à être accordés aux belles actions et aux actes de dévouement, même les plus modestes, comme seraient ceux d'une servante qui se dévoue pour nourrir son vieux maître dans le besoin, ou d'une ouvrière travaillant pour subvenir à l'entretien d'orphelins qu'elle élève. Chaque année on trouve des traits semblables dans le rapport que fait l'Académie sur les *prix de vertu.*

Les petits dévouements. — A côté des grands dévouements qui nous frappent d'admiration, il en est d'humbles et modestes que Dieu seul connaît ; il est des dévouements de tous les jours qui sont accessibles à tous. Vous-mêmes, chers enfants, rencontrerez souvent l'occasion de pratiquer ce que j'appelle les petits dévouements, c'est-à-dire de renoncer à votre propre plaisir pour le plaisir des autres. Ces occasions-là se présentent tous les jours parce que la vie est faite de détails plus que de grands événements ; elles se présentent à tout âge, car l'enfant qui a du cœur voit bien en quoi il peut se rendre utile aux siens ; et celui qui apprend ainsi tout jeune à s'oublier pour les autres, fait l'apprentissage du dévouement ; tout acte d'abnégation lui sera plus tard naturel et facile.

Il y a, je suppose, dans votre famille une course ennuyeuse à faire ; il y a une lettre à écrire dont chacun repasse la charge à son voisin ; l'enfant dévoué l'acceptera si la chose est possible, afin d'enlever aux autres ce souci, cette difficulté. Un jour de congé, votre mère ou votre jeune frère se trouve indisposé, une grande partie de plaisir était organisée : il faut que quelqu'un se dévoue pour tenir compagnie au malade ; l'enfant généreux se propose tout de suite, et il le fait spontanément, avec un tel élan, qu'on ne se doutera pas du sacrifice qu'il accomplit en renonçant à sa promenade. C'est là une petite chose ; cependant cela peut s'appeler du dévouement parce qu'il y a oubli de soi pour les autres.

DEVOIR DE L'ÉLÈVE

1. — Se dévouer, c'est se donner ; le dévouement est la pratique du bien et de la charité poussée jusqu'à l'oubli de soi.

2. — Le dévouement, le sacrifice de soi-même est le point culminant de la beauté morale.

3. — Se consacrer à l'éducation de jeunes enfants, au soin de parents infirmes, au service des malades, c'est une vie de dévouement.

4. — Exposer sa vie dans les incendies, les inondations, les tempêtes pour sauver la vie des autres, sont des actes de dévouement.

5. — Tous les jours on trouve des occasions de se dévouer dans les petites choses.

LEÇON LXXXVIII

PARDON DES INJURES, CLÉMENCE

Pourquoi il est plus difficile de pardonner que de se dévouer. — Le pardon des injures est un devoir de charité plus difficile à pratiquer que les autres, parce que, au fond de toutes les âmes, même les meilleures, il y a toujours un peu d'amour-propre. Or, dans beaucoup d'actes de justice et de charité, l'amour-propre trouve son compte, tandis qu'il faut ordinairement le sacrifier pour pardonner une injure. Vous vous êtes, par exemple, privé de vos récréations pour tenir compagnie à un malade ; la tâche n'était pas bien agréable mais elle vous attire quelques louanges, outre la satisfaction intérieure que vous éprouvez en vous disant que vous êtes utile. Mais voici autre chose. Vous apprenez qu'une personne a mal parlé de vous ; elle vous a supposé des défauts que vous n'avez pas, ou bien elle a divulgué ceux que vous croyiez cachés ; elle est cause que vous avez baissé dans l'estime des autres ; vous en souffrez ; votre amour-propre est blessé. Pour oublier cela, pour penser sans amertume à cette personne, il faudra certainement de grands efforts sur vous-mêmes.

La loi divine et la justice humaine. — La justice humaine ne saurait imposer le pardon des injures. Elle défend qu'on se venge de ses ennemis par de mauvais traitements ; elle punit les faits, c'est-à-dire les coups et les blessures ; mais elle ne saurait pénétrer dans l'intime de l'âme ; elle ne peut nous empêcher de penser ce que nous voulons. Le domaine de la pensée appartient à Dieu seul, et Lui qui voit le fond des cœurs, ne veut pas que nous y entretenions de la haine contre ceux qui nous ont fait du mal. « Aimez vos ennemis, nous dit l'Evangile, faites du bien à ceux qui vous haïssent, priez pour ceux qui vous persécutent. » Mais est-on obligé d'aimer ses ennemis de la même manière que ceux qui nous font du bien ? Non ! la loi divine n'exige pas que nous leur témoignions une sympathie particulière ; elle exige que nous ne leur souhaitions aucun mal, que nous soyons prêts à leur rendre service comme aux autres si l'occasion s'en présente : voilà en quoi consiste le pardon des injures.

Il faut écrire les bienfaits sur le marbre et les injures, sur le sable. — Cette maxime signifie que nous devons garder le souvenir des bienfaits reçus pour en avoir de la reconnaissance, et oublier les injures que nous avons subies afin de ne pas entretenir dans notre cœur des sentiments de haine. Ce n'est pas toujours facile de ne plus penser du tout à ces offenses ; il faut du moins faire son possible pour en chasser le souvenir par d'autres pensées. Si je repasse constamment dans mon esprit le mal qu'on m'a fait, d'abord l'imagination aidant, je le grossirai sûrement, puis mon cœur s'habituera à voir une ennemie dans la personne qui m'a offensé et je n'y songerai plus qu'avec amertume et rancune.

Voulez-vous un bon moyen pour vous défaire de la rancune ? — Saisissez la première occasion qui se présentera de rendre service à celui qui vous a offensé ; vous verrez que vous ne lui en voudrez plus. Ce que je dis là, c'est rendre le bien pour le mal. Il vous semble peut-être que ne pas rendre le mal pour le mal soit déjà beaucoup. Eh bien ! si tout d'un coup vous atteignez au plus haut degré du pardon, qui est de rendre le bien pour le mal, tout le reste vous paraîtra facile ; vous n'aurez plus dans le cœur ni haine ni amertume parce qu'on s'attache à ceux à qui on fait du bien.

Quand la disposition à pardonner se nomme-t-elle clémence ? — C'est quand le pardon descend du supérieur à l'inférieur. En principe la clémence est l'acte souverain par lequel les dépositaires de l'autorité épargnent le châtiment au coupable ou diminuent ce châtiment. Là, quand il s'agit d'injures personnelles, la clémence est une vertu sublime ; quand il s'agit de faits intéressant la société entière, c'est une grande responsabilité que le droit de faire grâce. Ce serait une chose malheureuse si, pour sauver la vie d'un coupable, on risquait celle de beaucoup d'innocents.

Corneille a immortalisé le trait d'Auguste pardonnant à Cinna d'être entré dans une conspiration contre lui après tous les bienfaits dont il l'avait comblé.

Je suis maître de moi comme de l'univers.
Je le suis, je veux l'être..........................
Soyons amis, Cinna, c'est moi qui t'en convie ;
Comme à mon ennemi, je t'ai donné la vie.
Et malgré la noirceur de ton lâche dessein,
Je te la donne encor comme à mon assassin.

Louis XII avait été vaincu et fait prisonnier par La Trémoille dans la guerre qu'il avait soutenue pour disputer la régence à Anne de Beaujeu, alors qu'il était duc d'Orléans. Quand il fut monté sur le trône on tremblait pour La Trémoille. « Le roi de France, dit Louis, ne venge pas les injures du duc d'Orléans. »

Notre bon Henri IV disait : « La satisfaction qu'on tire de la vengeance ne dure qu'un moment ; celle que donne la clémence est éternelle. »

DEVOIR DE L'ÉLÈVE

1. — Le pardon des injures est le devoir de charité le plus difficile à pratiquer.

2. — Ne pas rendre le mal pour le mal est le premier degré de ce devoir, rendre le bien pour le mal est le second.

3. — Nous ne devons pas entretenir dans nos cœurs des sentiments de rancune.

4. — On appelle clémence la disposition à pardonner quand elle réside dans les représentants de l'autorité.

TABLE DES MATIÈRES

PREMIÈRE PARTIE
Morale générale ou théorique.

Leçons		Pages
I.	Ce que c'est que la morale et pourquoi nous avons des devoirs	9
II.	Le bien et le mal. Deux degrés dans la morale.	12
III.	Sens moral et conscience	14
IV.	Formation de la conscience	17
V.	Le devoir	19
VI.	Responsabilité. Mérite et démérite. De la valeur morale	23
VII.	Qualités et défauts. Habitudes. Passions	27
VIII.	Ce que c'est qu'une loi. Caractères de la loi morale	30
IX.	Des sanctions de la loi morale	32

DEUXIÈME PARTIE
Morale spéciale ou pratique.

CHAPITRE PREMIER
NOS DEVOIRS ENVERS DIEU

X.	Divisions de la morale pratique. Preuves physiques de l'existence de Dieu.	37
XI.	Preuves morales de l'existence de Dieu.	40
XII.	Ce que Dieu est pour nous, ce que nous devons être pour lui	44

Leçons		Pages
XIII.	Le service de Dieu	46
XIV.	Le parfait honnête homme. Droits de l'homme et droits de Dieu. Liberté de conscience	49

CHAPITRE DEUXIÈME

DEVOIRS DE L'HOMME ENVERS LUI-MÊME

XV.	Nature de l'homme. Le corps et l'âme..	53
XVI.	Devoirs relatifs au corps. Conservation de la santé	55
XVII.	Alcoolisme	58
XVIII.	Suicide. Imprudences coupables	61
XIX.	Dignité personnelle. Modestie. Propreté	63
XX.	L'ordre. Ses avantages. Ses applications	65
XXI.	Grandeur et beauté de notre âme.....	68
XXII.	Nous devons cultiver notre intelligence. Les ignorants et les savants....	70
XXIII.	Il faut affermir sa volonté et diriger sa sensibilité	74
XXIV.	La correction des défauts............	78
XXV.	Orgueil et fierté	81
XXVI.	La famille de l'orgueil	82
XXVII.	Les gens modestes	85
XXVIII.	Honneur et loyauté	87
XXIX.	Courage, lâcheté, poltronnerie.......	90
XXX.	Douceur et colère	93
XXXI.	Amour du travail et paresse.........	96
XXXII.	Economie et prodigalité	100
XXXIII.	Mensonge, sincérité, franchise........	104
XXXIV.	Nos devoirs envers les animaux	108

CHAPITRE TROISIÈME

DEVOIRS DE L'HOMME ENVERS SES SEMBLABLES

Devoirs dans la famille.

XXXV.	La famille	111
XXXVI.	Rôle de la femme au foyer domestique.	114
XXXVII.	L'amour filial.....................	117

Leçons		Pages
XXXVIII.	Le respect dû aux parents............	121
XXXIX.	Nous devons honorer nos parents.....	123
XL.	L'obéissance	126
XLI.	Qualités et limites de l'obéissance....	129
XLII.	Assistance aux parents. Respect aux vieillards........................	132
XLIII.	L'amour fraternel	136
XLIV.	L'union dans la famille	139
XLV.	La bonne humeur et la politesse au foyer domestique..................	143

CHAPITRE QUATRIÈME

LES OBLIGATIONS DE L'ÉCOLIER

XLVI.	Le respect et l'affection dus aux instituteurs....................	147
XLVII.	Bonne humeur. Support mutuel. Concessions réciproques avec les camarades.....................	149
XLVIII.	Complaisance avec les camarades.....	152
XLIX.	De l'assiduité à l'école	155
L.	De l'exactitude.....................	158
LI.	Toute science vient de Dieu.........	161
LII.	Des travaux propres aux jeunes filles..	165

CHAPITRE CINQUIÈME

DEVOIRS ENVERS LA PATRIE

LIII.	La patrie...........................	168
LIV	Notre patrie au point de vue physique..	171
LV.	Notre patrie au point de vue moral...	174
LVI.	Notre patrie dans l'histoire	178
LVII.	Le patriotisme	182
LVIII.	Instruction civique. Le gouvernement de la France	185
LIX.	Pouvoir législatif	187
LX.	A quoi servent les impôts	188
LXI.	Le vote et le droit de vote...........	190

Leçons		Pages
LXII.	Pouvoir exécutif. Ministère de l'Intérieur. Département. Commune.	192
LXIII.	Ministère de l'Instruction publique et des Beaux-Arts	197
LXIV.	Ministères de la Guerre et de la Marine.	198
LXV.	Ministères des Travaux publics, du Travail, du Commerce, des Postes et Télégraphes	201
LXVI.	Ministères de l'Agriculture, des Colonies, de la Justice, des Finances, des Affaires étrangères	204
LXVII	Pouvoir judiciaire. Codes et tribunaux.	207
LXVIII.	Le service militaire. La paix et la guerre.	211
LXIX.	Le drapeau de la France	215
LXX.	La devise de la France républicaine. Les droits du citoyen	218

CHAPITRE SIXIÈME

DEVOIRS ENVERS L'HUMANITÉ

Devoirs de justice.

LXXI.	Différence entre les devoirs de justice et les devoirs de charité	222
LXXII.	Nous devons respecter la vie de nos semblables	226
LXXIII.	Nous devons respecter la liberté de nos semblables	228
LXXIV.	Liberté de penser. Liberté de conscience. Tolérance	231
LXXV.	Respect de l'âme d'autrui. Scandale. Bon exemple	234
LXXVI.	Nous devons respecter la réputation du prochain	238
LXXVII.	De la discrétion	241
LXXVIII.	Nous devons respecter le bien d'autrui.	242
LXXIX.	Différentes manières de faire tort au prochain	245
LXXX.	La probité	248

CHAPITRE SEPTIÈME
DEVOIRS DE CHARITÉ

Leçons		Pages
LXXXI.	— Humanité. Charité. Bienveillance....	250
LXXXII.	— De l'aumône	254
LXXXIII.	— L'aumône intellectuelle	258
LXXXIV.	— L'aumône du cœur	259
LXXXV.	— La bonté	262
LXXXVI.	— Le dévouement	264
LXXXVII.	— Pardon des injures. Clémence	267

LYON. — IMPRIMERIE EMMANUEL VITTE, 18, RUE DE LA QUARANTAINE

www.ingramcontent.com/pod-product-compliance
Lightning Source LLC
Chambersburg PA
CBHW050653170426
43200CB00008B/1269